俄罗斯哲学研究丛书

主编◎张百春 陈树林

复活事业的哲学

——费奥多罗夫哲学思想研究

Философия воскрешения

— изучение философских идей Н. Фёдорова

徐凤林◎著

黑龙江大学出版社

HEILONGJIANG UNIVERSITY PRESS

图书在版编目（CIP）数据

复活事业的哲学：费奥多罗夫哲学思想研究／徐凤
林著. －－哈尔滨：黑龙江大学出版社，2010.7（2021.8重印）
（俄罗斯哲学研究丛书／张百春，陈树林主编）
ISBN 978 - 7 - 81129 - 306 - 7

Ⅰ.①复… Ⅱ.①徐… Ⅲ.①费奥多罗夫 - 哲学思想 -
研究 Ⅳ.①B512.59

中国版本图书馆 CIP 数据核字（2010）第 124889 号

书　　　名	复活事业的哲学——费奥多罗夫哲学思想研究	
著作责任者	徐凤林	
出 版 人	李小娟	
责 任 编 辑	李小娟　梁秋	
责 任 校 对	许龙桃	
出 版 发 行	黑龙江大学出版社（哈尔滨市学府路 74 号　150080）	
网　　　址	http://www.hljupress.com	
电 子 信 箱	hljupress@163.com	
电　　　话	(0451)86608666	
经　　　销	新华书店	
印　　　刷	三河市春园印刷有限公司	
开　　　本	720毫米×1000毫米　1/16	
印　　　张	17.75	
字　　　数	191 千	
版　　　次	2010 年 8 月第 1 版　2022 年 1 月第 2 次印刷	
书　　　号	ISBN 978 - 7 - 81129 - 306 - 7	
定　　　价	48.00元	

俄罗斯哲学研究丛书
总　序

　　在世界哲学史上,俄国哲学不具有古希腊哲学和近现代西方哲学那样的经典地位,也不具有中国哲学和印度哲学那样的独特风格。但是,俄国哲学作为俄罗斯精神文化的集中体现,具有其浓厚的民族特色,而且在19世纪以后取得了丰硕成果,对世界现代哲学思想产生了深远影响。如果不是按照西方模式的纯粹哲学标准来取舍,而是按照广义的哲学观点来看待俄国哲学,我们就会发现,俄国哲学有其自己的思想传统和独特的表达方式,俄国哲学史中也蕴藏着丰富的思想资源和启发意义。

　　俄国哲学在不同时期出现了不同的思想流派。早在公元10世纪古罗斯接受东正教以后,某些俄罗斯主教、大公对基督教思想的解释中,就包含着俄罗斯历史哲学的开端。都主教伊拉里昂的《论律法与恩典》(11世纪)虽然从形式上看是写《旧约》(律法)和《新约》(恩典)之关系的,但作者没有局限于传统的教会学说和教义,而是从基督教历史哲学的观点论述了世界历史的进程和倾向。在12世纪基辅大公莫诺马赫的晚年著作《训言》中,则可以看到古代俄罗斯社会道德观念的转变:从野蛮的强权统治,到接受基督教道德标准、旧约和新约

1

诚命。

15—16 世纪俄罗斯东正教内部的约瑟夫派和禁欲派的斗争在俄罗斯精神生活中占有重要地位。按照尼尔·索尔斯基的学说,苦修的意义不是恪守外部行为诫令,不是在生理上同肉体作斗争。苦修是内心的修行,是精神向内集中,把守心灵不受外来的或从人的不良本性中产生的杂念和欲望的侵扰。这一学说中包含着心灵哲学、心理分析学思想。

18 世纪彼得大帝改革时期,俄国改变了从前以东正教会为主导的宗教文化占统治地位的状况,加强了与西欧文化的交流,上层社会更多地了解和接受了西方当时的世俗文化,特别是法国启蒙主义思想。这一时期的俄国哲学也不仅限于基督教－东正教世界观,而出现了对世界、自然和历史的唯物主义认识,出现了知识分子对个人自由和社会平等的理想追求。

到了 19 世纪,随着俄国的对外战争和国内政治斗争,俄国思想界更加复杂和多元化,各种思潮进行着激烈交锋,终于引发了西方主义与斯拉夫主义两大思想派别的持久争论。恰达耶夫的《哲学书简》成为这场争论的导火索。恰达耶夫对俄罗斯历史和精神文化的严厉批评,必然招致持对立观点者的反驳,后者强调俄罗斯宗教－历史和民族－文化的独特性,主张俄罗斯走不同于西方的发展道路。这种观点在 19 世纪三四十年代形成了俄罗斯社会思想的重要派别——斯拉夫主义。斯拉夫主义既是一种社会政治哲学,也是一种历史观和文化学说。斯拉夫主义与西方主义的分歧可以分为两个层面。首先是两种社会政治观点的分歧。前者主张俄罗斯未来的社会发展是应当以本民族传统宗教和道德为基础,走自己的独特道路;后者认为西方精神文化更具有先进性,西方历史和文化的发展代表着人类文化的先进成果,因此俄罗斯民族的未来发展必然要走西方民族所走过的道路。其次,在社会政治观点分歧的背后,斯拉夫主义与西方主义之间还存在着历史－文化观的分歧。西方主义者坚持理性主义的历史观和文化观,认为文化和历史是人类的自觉创造,是以社会精英为代表的人类理性自我设计、创造和实行的过程。这接近于黑格尔在法哲学和社会哲学中所主张的观点。斯拉夫主义则坚持有机论的世界观和文化观,认为真正的文化是民族精神生活的有机整体,它是在民众中自发地成长起来的,具有其自身的价值和意义。这方面思想后来也发展成为俄罗斯民粹主义。

19世纪中后期到20世纪初是俄国社会政治、文学、艺术、哲学等领域各思想流派斗争激烈的时期。斯拉夫派与西方派的论战进一步加剧,一方面出现了具有激进民族主义情绪的新斯拉夫派(斯特拉霍夫),拒绝一切外来文化;另一方面也有哲学家从基督教普遍主义观点对这一思潮的批判(索洛维约夫)。一方面有无神论的个人主义,强调个性的价值与尊严,反抗来自各个方面的对个性自由的压抑;另一方面也有宗教哲学,证明宇宙存在的万物统一,在信仰中寻求生命的价值与意义。一方面有主张个人内在修养和人格完善的道德哲学,另一方面也有坚持在社会物质生产基础上实现理想社会目标的马克思主义哲学。

俄罗斯思想固有村社传统的集体主义和道德主义精神,同时也具有为个人的完整生命和个性自由进行辩护的鲜明特点。这里所说的"个人主义"不是非道德的、个人至上的、反社会的利己主义,而是在现代思想和社会生活中,当个性受到来自各方面侵犯和压迫的时候,思想家力图反抗这些侵犯和压迫,维护个人自由。不同的哲学家具有不同的反抗路向。别林斯基维护个人自由,反抗理性的普遍性;赫尔岑维护个人自由,反抗抽象的自然和社会秩序;巴枯宁维护个人自由,反抗虚幻的上帝信仰和国家强制;皮萨列夫维护个人自由,反抗唯心主义的天真梦想。

津科夫斯基在《俄国哲学史》中认为，俄国哲学与宗教世界观的联系不仅是俄国哲学之特点的主要根源，而且是俄国哲学思想探索的动因。俄国哲学家力图以东正教价值为基础来解决西方世俗思想所难以解决的问题。这里的"宗教哲学"一词不是指以宗教为对象的哲学思考，而是从宗教世界观原则出发对人与世界进行哲学认识和解释，这与西方近代理性主义哲学的思想原则大不相同。如果说西方哲学家习惯于在知识和文化反映中思考问题，那么，俄国哲学家则常常直接"站在存在的奥秘前面"，这使得"俄罗斯思想更鲜活，更率真"（别尔嘉耶夫语）。当然，俄国宗教哲学家不是教会神学家，他们没有局限于宗教内部，不是依据基督教－东正教的教义信条和教会传统来思考，而是从自己的宗教体验和信仰出发，利用基督教的思想资源，来建立关于世界与人生的形而上学和认识论。因此，俄国宗教哲学也具有一般哲学意义和现代思想价值。

马克思主义哲学思想在俄国的传播和发展是与马克思主义的社会政治思想和俄国社会革命运动联系在一起的。普列汉诺夫、列宁、波格丹诺夫和布哈林都是社会活动家和革命者。他们在积极传播和维护马克思主义，反对民粹主义、合法马克思主义、经济主义、孟什维克主义等思潮的过程中，也对马克思主义的一般唯物论、辩证法、认识论和历史唯物主义进行了系统化和进一步发展。

19 世纪下半叶的俄国知识分子最关心的问题是推翻专制制度和建立人民政权的政治问题，以及各种经济问题和社会问题。到 19 世纪末和 20 世纪初，大多数俄国知识分子发生了思想目光和价值重心的转变：从外部转向内部，从表面转向深处。于是，在宗教和哲学领域出现了"新宗教意识"和"宗教哲学复兴"。

"新宗教意识"是 20 世纪初在俄国自由知识分子中产生的宗教哲

学思潮,以罗扎诺夫、梅列日科夫斯基、别尔嘉耶夫、吉皮乌斯等人为代表。这一思潮具有两个特点:第一,它不是宗教内部的神学思潮,而是关于人性与文化的新思想探索。"新宗教意识"思想家具有深切的人文关怀和社会关怀,他们力图克服和超越在个性自由、生活社会、道德文化等方面的传统价值观念,寻求确立新观念,实现新理想。为此,他们与无神论、旧唯物主义、实证主义、虚无主义、传统理性主义作斗争,赞同和运用基督教的基本观念和价值。第二,由于传统基督教某些观念也不能满足新理想的需要,因此"新宗教意识"思想家力图对基督教加以更新和改造,力图建立新的宗教,在"新基督教"基础上建立"新文化"和"新社会性"。这些思想家不仅继承了俄罗斯宗教思想传统,而且借鉴了现代西方哲学家叔本华、尼采、克尔凯郭尔等人的思想。

俄国哲学往往因对人的问题、宗教问题、道德问题、历史问题的特别关注,而与西方经典哲学论题有一定差异。但在 20 世纪的俄国哲学中有这样一个"纯粹哲学"流派,它所研究解决的问题正是传统的哲学认识论问题——这就是俄国直觉主义,即以对认识对象的直觉为基础的认识论学说,主要代表人物是洛斯基和弗兰克。

存在哲学是 20 世纪上半期西方哲学的主流之一。但与此同时,在俄罗斯宗教哲学中也有哲学家阐述了存在哲学思想,而且具有不同于西方哲学家的思想特点。西方存在哲学与西方古典哲学的区别在于,古典哲学只看到了世界的合理性和存在的意义,现代存在哲学家看到了世界与人生的非理性、荒诞和无意义。但他们断言这种荒诞和无意义就是客观真理,无可置疑,不可动摇,人被抛入其中便孤苦无望了。而俄国哲学家则在存在与完满存在或绝对存在的关系中考察存在,他们也深刻地揭露世界的荒诞与虚无,人的奴役与悲剧,但并不把这作为客观的终极实在,而是诉诸生命与存在的终极本原——最高创造者,不是传统意义上的上帝,而是现代性语境中的人的精神深处的上帝,力图通过这样的创造与斗争,来超越荒诞与悲剧,走向生命的完满。

20 世纪头 20 年,与东正教"耶稣祈祷"的灵修实践有关,在俄罗斯东正教神学内部产生了关于"赞名论"的争论,即在呼唤耶稣基督之名的时候,这个名称仅仅意味着一个人为的名词,还是意味着神的真正临在。这一争论后来引起了宗教哲学家的关注,于是争论扩展到哲学领域,成为对名称和语言本身的哲学研究。弗洛连斯基认为,在语言与现实之间存在着的不是主观的联系,而是本质的联系。事物的名称不是被主体偶然给定的,在名称中表现了事物的本质。唯名论观点认为,事物的名称只不过是人想出来的,名称里不体现事物的本质属性。与此不同,在弗洛连斯基看来,名称和词语是存在的能量的承载者。它们不是别的,正是向人显现的存在本身,是存在的象征。词语是人的能量,既是个人的,也是人类的,是通过个人而展开的人类的能量。词语作为认识活动,把思维能力带到了主观性的范围之外,与世界相连接,这已在我们自己心理状态的彼岸了。布尔加科夫认为他的《名称哲学》是自己最有哲学性的书,其核心问题是探讨词语 - 名称的产生及其与它的载体之间的关系问题。与弗洛连斯基一样,布尔加科夫也属于语言的实在论者。他强调语言的本体论本质,语言与存在结构的共生,语言也具有宇宙性、身体性、索非亚性。词语不仅属于它在其中发生的意识,而且属于存在,在存在中人是世界舞台,微观宇宙,因为世界在人身上和通过人来说话。

十月革命以后的前苏联哲学以马克思主义哲学为主导,这是我国思想界曾经相当熟悉的。这种哲学研究和教学模式曾深刻地影响了我国哲学界。当时中苏两国的相似国情使得中国的俄国哲学研究长期以来一直集中于马克思主义哲学领域。然而 20 世纪 90 年代以来,俄罗斯哲学状况发生了重大转变,各种哲学思潮、流派纷纷涌现,特别是原来被排斥的唯心主义哲学、宗教哲学等得到更为充分的展现。我国的俄国哲学研究也随这种变化而转变。除了一部分人继续关注前苏联哲学之外,更多的人开始关注19世纪末到20世纪初的俄国宗教哲学以及后苏联时期俄国哲学研究。

目前我国学界专门从事俄国哲学研究的学者圈子很小,但是,这支队伍一直没有间断对俄国哲学的经典研究和跟踪研究。由老一辈学者于1985年开创的每两年举行一次的"全国俄罗斯哲学研讨会"传统一直保持至今。2009年7月,"第12届全国俄罗斯哲学研讨会"在黑龙江大学成功举办,有多位俄罗斯著名哲学家出席会议。

我国的俄国哲学研究近年来出现了一个很好的趋势,这就是专业研究者与国内相关的学术研究机构和学术平台开展了广泛交流与合作,促进了俄罗斯文学、历史学、文化学、政治学、社会学等领域的研究的开展和深化,使得国内的俄罗斯哲学研究呈现出跨学科交叉研究的局面。

多年来,在俄国哲学的专业研究者和非专业研究者的共同努力下,我国的俄国哲学研究已从对一些经典哲学著作的翻译,到对一些哲学问题的研究,并积累了一些学术成果。而且这种研究在不断深入,可以说,目前已从文献的翻译介绍上升到了对重要哲学家思想的专门研究阶段。我们在黑龙江大学出版社的大力支持下推出的第一批《俄罗斯哲学研究丛书》,就是这种专门研究的成果。我们希望有更多的专题研究成果不断问世。

编者
2010年7月

目录
Contents

俄罗斯哲学的理想化思维（代序）

一个民族的哲学思维在最深层次上反映着这个民族文化的特性。俄罗斯哲学虽历史不长，却在世界哲学思想史上以其深厚的人文精神而独树一帜。关于俄罗斯哲学的一般特点，已不乏某些大哲学家和研究者的多方概括和总结，例如，津科夫斯基、洛斯基、别尔嘉耶夫，在他们有关俄罗斯哲学史的著作中，指出了俄罗斯哲学与宗教世界观之间的联系及其人中心论、泛道德主义等特点。如果我们站在一般世界观和哲学方法论的角度，可以看到，贯穿于上述特点之中或在它们背后，还包含着俄罗斯哲学的另一个重要特点——我们称之为俄罗斯哲学的理想化思维方式。

什么是理想化思维呢？简单地说，理想化思维是一种终极性的精神目标，是哲学家追求最高生命理想的哲学思维表现。我们可以在别尔嘉耶夫的一段话中看到这一思维特点。他写道：

> 哲学家们往往陷入粗糙的经验主义和唯物主义，但真正的哲学家都固有对超越世界界限的、对彼岸世界的兴趣，他不以此岸世界为满足。哲学总是一种从无意义的、经验的和从各方面强迫人的世界向意义世界、彼岸世界的

1

跃进。①

在这样一种理想化的思维方式之下,哲学思考的出发点和中心不再是客观的对象性的世界存在,而是理想的世界和理想的人。然而,怎样把理想的维度纳入哲学思维呢? 我们可以从四个方面来对此加以分析,从而理解俄罗斯哲学的理想化思维特点。

第一,终极性,"应有"论。不是着眼于经验现实,而是从存在的终极意义的高度、从未来的"应有状态"看待世界与人。俄罗斯宗教哲学贯穿着对世界和人的"应有状态"的追寻:存在具有自己的完善状态,它相对于经验存在来说被认为是第一性的,不是在时间上先在,而是在某种意义维度上优先。对完整的完善的存在的直觉,成为俄罗斯哲学思维的第一基础。

在俄罗斯哲学中,世界的"应有状态"首先是"完整性"。斯拉夫主义的著名代表基列耶夫斯基所提出的具有俄罗斯民族特点的"哲学新原理",就非常强调精神或知识的"完整性"。"把事物转化成语言和把生活转化成公式的逻辑意识,不能完全抓住客体,而是消除了客体对心灵的作用。我们在这样的理性中就像住在图纸上而不是住在房屋里,画完了图纸,我们就以为盖好了房屋。"②不是思想的形式支配着人的认识能力的集中,决定认识内容,而是从完整的思想中产生出对思想的真正理解。

有人对斯拉夫主义者的这一观点评论说:"斯拉夫主义者力图对历史进行有机的理解,特别珍视人民传统。但这种有机性只在

① Бердяев Н. А. Философия свободного духа. М., 1994. С. 232.

② Киреевский И. В. Критика и эстетика. М., 1979. С. 362.

他们梦想的未来,而不在现实历史的过去……他们企图在历史、社会和文化中寻找那种只有在心灵中才能找到的精神完整性。"①然而实际上,基列耶夫斯基不是想在时间上回到过去,恢复古代的体制,而是像中国新儒家所说的那样,要"返本以开新"。他深知,恢复死亡的形式,这是可笑的,也是有害的。重要的只在于"精神的内在建设"。基列耶夫斯基一直在说的是向"更高阶段"过渡。他在早年的浪漫主义时期曾经相信,这种更高阶段属于西方发展的连续进程。后来他相信这种更高阶段应当在俄罗斯文化传统中所保留的教父精神基础上被创造出来。可以指责斯拉夫主义者企图把精神理念在社会生活中实现的努力是不切实际的幻想,但人类精神生活的宗旨正在于对完善梦想的期望和为实现美好梦想的努力过程。

索洛维约夫特别指出了以往哲学发展的两个消极方面:一是哲学的目的和任务与神学脱离(这里不仅是哲学的过错,也有神学的过错——它脱离了日常生活);二是哲学思想的"非生活性"、抽象性。因此索洛维约夫赞同"实践哲学",他把这种"实践哲学"(与对"人民生活"毫无影响的"抽象"哲学相对立)理解为关于"应有"的学说。他发展了自己在莫斯科大学的老师尤尔凯维奇的有关思想,提出除了"是什么"这一理论问题外,还有"应当怎样"的人生实践问题。索洛维约夫认为正是抽象哲学造成了理论与实践、"学院和生活"的脱离,因此他表述了新的"应有哲学"的目的、任务和方法,只有这种哲学能满足综合世界观的要求,只有

---

① Бердяев Н. А. Русская идея. Русская судьба. М. , 2000. С. 39.

3

遵循这些公理才能达到真正的知识,领悟人在世界中的真正行为和在现实中的真正地位。他确认,真正的哲学应当指出克服知与行、任务与实现手段、理论与实践、思想与现实之脱离的途径和方法。从中世纪到近代的哲学都具有学院性质,这些哲学的任务只在于解决认识主体所提出的理论问题,而与人的愿望和意志问题无关。因此,索洛维约夫指出:

实际上,在永恒不变的对象性存在世界和人的认识之外,还存在另一种变动不居的、令人不安的现实——人的愿望、活动和生命的主观世界;同"什么是存在的?"这个理论问题并列存在的,还有一个实践问题:"什么是应有的?"也就是说,我想要什么? 该做什么? 信仰什么和依靠什么而生活? 对这个问题,理论哲学实质上不能给出任何回答,而这种哲学的最后一位巨擘黑格尔,竟直接否定这个问题并加以嘲笑。他说,一切合理的东西都是存在的,因此任何东西都不是应有的。假设真理和善良需要我们个人的活动来实现,这显然就意味着认为真理和善良是不现实的和苍白无力的,而不现实的真理已经不是真理,而是空洞的随意的幻想。这样的观点仅从理论哲学的角度来看,是完全必要的,但黑格尔的论据有一个不适宜的地方,这很说明问题:他的否定——当然,黑格尔没有注意到这一点——涵盖了全部历史现实。然而实际上,什么是历史,历史不正是人通过自己的活动不断实现自己的起初只是主观的、非现实的理想的过程吗? 现有的东西,从前只是应有的,现实的东西当时只是所愿望的;但意愿转化成了行动,而行动留下了物质结果。这样,在存在与应有之间,在现实的东西与所愿望的东西之间,在认识的世界和愿望的世界之间,没有绝对的隔离,而是一个在不断转化成另一个,两者之间没有界限,所以抽象哲学确认有这样的界限,只是以此确认了它自身的有限性。[①]

第二,动态性,过程论。理想化思维不是把世界和人仅仅看做静止不变的既成事实,而是看做一个过程,一个走向完善的过程,一个被灵性之光照亮的过程。在俄罗斯哲学家看来,不仅作为客体的外部世界是一个动态过程,而且作为主体的人本身、人的理性本身,也不是固定不变的,而是动态的,有待被提升的。

弗洛连斯基批评康德关于理性自足的观点,论述了理性的动态性和开放性。康德把真理的可能性归结为系统知识,把知识的可能性归结为先天综合判断,把先天综合判断的可能性归结为理性及其功能,然后就沉默不语了。弗洛连斯基说,我们的讨论要从康德结束的地方开始。我们要问:"理性本身是存在的吗?"他的回答是:作为一个不变的量的理性,是不存在的。

理性是某种变动的东西。这是一个动态概念,而不是静态概念。理性有自己的下限和上限,下限是先验理性,因为它是瓦解,是完全的虚无,是地狱;上限是超越理性,是完满和不可动摇……

理性不是一个用来盛东西的盒子或别的什么几何学容器,可以装任意什么东西;理性也不是粉碎机,既可以粉碎谷物,也可以粉碎垃圾。也就是说,理性不是一个永远发挥自己同样功能的机械装置,无论在任何条件下都同样适合于任何材料。不,理性是某种活的、追求目的的存在物,是有机体的器官,是认识者和被认识者的相互关系样式,也就是存在的联系。显然,它不可能总是同样地发挥功能,因为它本身,其"如何"取决于它的对象是"什么"。

[①] Соловьев Вл. Кризис западной философии // Сочинения в 2 т. Т.2. М., 1988. С.93 – 94.

理性的性质——是灵活的和多层次的,它如何起作用依赖于它的生命活动的强度。因此,认识者的任务不是在理性与任何客体的关系之外、在理性起作用的过程之外揭示理性的本质,因为这个任务实际上是不确定的,认识者的任务在于弄清理性什么时候、在什么条件下会成为真正的理性,它在什么时候会有自己的最高表现,它在什么时候会开出鲜花和吐出芳香。①

津科夫斯基批评托马斯·阿奎那的自然理性学说。他认为,托马斯·阿奎那的哲学把自然理性看做是不变的,没有看到基督之光对自然理性的更新、改造。

津科夫斯基指出,自然理性之光是存在的,有认识作用的,但它不是完满的、不变的,或者说人的理智、理性不是自足的、完善的、固定不变的;自然理性属于俗世的现实的自然人,因此它是有限的、应当或有待改善的,应当由基督之光来改善、更新。托马斯的错误在于把"自然理性"当做一个固定不变的概念,把自然理性知识和神启知识对立起来,仿佛二者是两个不同的级别。然而在基督教对待理性的态度上并不是对理性加以基督教式的运用,而是使理性在信仰中得到完善和改造。对基督徒来说,理性不是他的完整精神的较低等级,而是他的精神的一个活的领域,是神的恩典之光起作用的领域。使理性真理和信仰真理分隔开就意味着使启示之光仅限于人心灵的一部分——朝向神的部分,而不是全部,不承认在基督中的生命是对人的全部自然性的改造。②

这就是说,没有理由把人的认识看做是静止不变的、自我封闭

---

① Русская философия. Конец XIX – начало XX века : Антология. СПб. , 1993. С. 336 – 338.

② Зеньковский В. В. Основы христианской философии. М. , 1993. С. 12 – 13.

的,而应看做是变化的、动态的、开放的,不应当把认识仅仅局限于"自然理性"。自然理性之光学说的错误正在于此。"理智的更新"就是对自然理性的改造,不是根本废除,不是仅仅以信仰来对抗理性,而是对理性的继承和改造,以便使自然理性成果为基督之光所照亮。

第三,参与性,改造论。人也是这一世界完善过程的一部分,人自身不是已经达到完善的认识者、旁观者,而是完善化的共同参与者和建设者。所以哲学思维不是静观,而是创造活动,这种活动能够重建生命,并把现实从现有状态提升到应有状态,即最大的完善。

索洛维约夫在自己的道德哲学中提出一种"实践理想主义"。他指出,要克服人生理想与外在现实之间的矛盾,一般有三条可能的出路。其一,放弃理想,迁就与这一理想相对立的、确定的外在现实,屈从于现实中的恶。索洛维约夫认为这条途径会导致道德怀疑论和对人的仇视,这样的生命是没有意义的。其二,堂吉诃德式的幻想。这种幻想看不到与理想相矛盾的事实,而把这些客观实在宣布为欺骗和幻象。这条路也是行不通的,终将走向失败。第三条出路是最合理的,即"实践理想主义"之路。这就是:

> 不回避现实中不道德的一面,不是对此视而不见,但不要把它们认做是绝对不变的和不可避免的。而应当发掘那些真正应有的东西的萌芽和条件,依据已有的这些善的虽不完满却是真实的表现,来帮助善的因素得以保持、增长和取得胜利,借此而使理想和现实日益接近。[1]

---

[1]　Соловьев Вл. С. Собранные сочинения в 10 томах. Т. 9. СПб., 1913. С. 42.

人的精神对自然的改造和提升的观点,在别尔嘉耶夫的自由精神哲学中表现得十分突出。在现当代世界哲学家之中,别尔嘉耶夫往往被归属于存在主义哲学家之列,但他与西方存在主义哲学家有一个显著区别:西方存在主义者反对传统的理性乐观主义,深刻揭示了人的生存悲剧,即孤独、厌烦、恐惧、荒诞、绝望,表现出悲观主义情绪。别尔嘉耶夫的哲学是一种积极的存在哲学。虽然他也指出了人在世界上注定陷入客体化和奴役的生存状态,但他认为,从人性之根本在于神性这一原理出发,人性更多地体现为超越性、创造性、自由,人的力量和人的伟大。人能依靠固有的神性最终战胜客体化、改造这个世界并宣告这个世界的终结。这是一种积极创造的末世论哲学。

别尔嘉耶夫指出,当存在主义者海德格尔和萨特等人说人被抛向世界,注定生活在这个世界的时候,他们所说的是客体化的世界,这就是人的命运。人的生命注定遭此厄运,别无选择。别尔嘉耶夫说,我不把这种哲学叫做存在哲学,因为真正的存在哲学是主体性的精神哲学,而这些存在哲学家的哲学仍然在客观性的统治之下。这种哲学与古典本体论的区别只在于,它看到了荒诞的、无意义的世界的客观性,而古典哲学只看到了理性和存在的意义的客观性。这两者都受客观性的统治。

现代存在主义哲学家看到世界的荒诞、无意义,断言这是客观真理,无可置疑,不可动摇,人被抛入其中便孤苦无望了。但别尔嘉耶夫强调这还不是人的全部存在,人还有另外一种存在方式,即精神的存在。在客体化的自然世界中只有必然,没有自由。自然秩序中无自由。在自然世界中寻找绝对自由是一种幻想。别尔嘉耶夫指出，在自然世界、自然人和自然心灵中很难找到自由，正如很难找到不死一样。企图在自然主义形而上学中证明自由，就像在此证明不死一样，是十分肤浅的。自然永远是决定论的。在物理世界、自然主义形而上学中，决定论是正确的，通过理性方法不可能推翻这种决定论。这就是说，自由不是自然世界中的一种实在，自由是精神自由。它是一种精神取向和追求。精神自由不是人的自然状态，就像不死不是人的自然状态一样。精神自由是新生，是精神的诞生，是精神的人的展现。自由只有在精神体验中、在精神生命中才能展现。自由是进入另一种存在秩序，是进入精神存在的秩序。

第四，超越性，价值论。这种理想化不是把梦想或幻想当做现实，不是从主观愿望出发的主观主义，不是反对实事求是的科学精神。而是这样一种思维方式：它是在对人类存在的根本意义与目的的直觉和信仰的基础上，对现实性思维的内在超越。世界状况就是如此，恶是客观存在的，现实性思维的目标到此为止了，它把最终的决定权交给了必然性和客观规律，而理想化思维力图超越客观性，它继续追问：现实如此，那么人该怎么办，怎样维护和实现精神价值？因此，理想化思维应是一种人文精神的追求。这种理想化思维与现实性思维的不同，我们可以从舍斯托夫与西方哲学家的争论中清楚地看到。

有一次，舍斯托夫和胡塞尔面对面争论哲学是什么的问题。舍斯托夫借用普罗提诺的话说："哲学是伟大的和最后的斗争。"

胡塞尔立即尖锐地反驳道:"不,哲学是反思。"①

我们更容易接受胡塞尔的论断,而对舍斯托夫的定义则大惑不解。因为我们早从黑格尔那里就已得知了类似胡塞尔的定义,黑格尔说:"哲学的事实已经是一种现成的知识,而哲学的认识方式只是一种反思——意指跟随在事实后面的反复思考";"凡是志在弥补这种缺陷以达到真正必然性的知识的反思,就是思辨的思维,亦即真正的哲学思维"。② 我们也确信,哲学也和其他学科一样,是一门知识,一门学问。哲学怎么会是斗争,而且是伟大的、最后的斗争呢?

我们在自己的经验中看到,在现代社会中,哲学是大学或研究所里的一个专业化的理论学科,而哲学家是一种职业,是讲授或研究哲学这门学问的专业人员,在社会分工中占有自己的一席之地。这是哲学的外部存在形态。那么哲学是一门怎样的学问呢?或者说,哲学本身是什么? 我们认为,胡塞尔和舍斯托夫的上述定义不是非此即彼,而是都有各自的真理性,这种分歧背后是两种世界观,实际上他们所说的是两种不同的哲学,而不是同一种哲学。如果认为人是客观世界的一部分,人与世界的关系是建立在认识的基础上的,那么,哲学思维是一种客观的认知过程,其动机和目的无非是获得知识,无论如何也与斗争毫无关系,因此可以说哲学是"关于世界观的学问",是对世界本质的形而上学的沉思,哲学就是反思。这是从亚里士多德到胡塞尔的许多西方哲学家的"科

---

① Шестов Л. Памяти великого философа (Эдмунд Гуссерль) // Вопросы философии. 1989. No1. C. 147.

② 黑格尔:《小逻辑》,贺麟译,商务印书馆1982年版,第7、48页。

学"哲学观。然而俄国哲学家是从宗教人本主义世界观出发的,在这种世界观中,人不是客观世界的一部分,而是世界的价值核心,人的全部活动的动机和目的不是求知,而是人的价值和本质的实现过程,是克服必然性实现自由的过程,这也是生存斗争的活动,而哲学是人生存斗争的最高纲领和最高阶段,在这个意义上可以说哲学是伟大的和最后的斗争。

事实上,哲学作为一种专业学科的状况并非历来如此。在哲学的故乡古代希腊,哲学就曾经是某些哲学家的一种具体生活方式,而且其宗旨也不是像实证科学那样在现实生活中取得福利。苏格拉底为哲学而生为哲学而死,"对柏拉图来说,哲学是灵魂为得救而进行的探索,这意味着从自然界的苦难和邪恶中解脱出来"①。舍斯托夫赞同柏拉图,把哲学看做是生与死的事业。他说:

> 哲学的终极任务不是建立体系,不是论证我们的知识,不是调和生活中可见的矛盾,——这都是实证科学的任务,与哲学相反,实证科学是为生活亦即暂时需要服务的,而不思考死亦即永恒问题。哲学的任务是在生中摆脱死,哪怕是部分地摆脱。犹如人啼哭着出世或大喊着从噩梦中惊醒一样,从生到死的过渡也显然应当伴随着无理性的、绝望的努力,这种努力的相应表现是也将是无理性的、绝望的叫喊或疯狂的大哭。我想许多哲学家都懂得这种"觉醒",甚至试图讲述这一点(柏拉图曾经说哲学是死亡练习)。也有不少艺术家谈到这一点,如从前时代的埃斯库罗斯、索福克勒斯、但丁、莎士比

---

① 巴雷特:《非理性的人:存在主义哲学研究》,杨照明、艾平译,商务印书馆1995年版,第5页。

亚,以及近在 19 世纪的陀思妥耶夫斯基和托尔斯泰。①

我们看到,这已不是智慧者的安然沉思,而近乎圣经先知和使徒的痛苦求索。舍斯托夫圣经哲学所看重的正是后一种生命探索。"舍斯托夫思想与哭喊的先知和使徒们为伍。从圣经中,舍斯托夫领悟到,理性知识所提供的真被人类的苦难驳倒了,真实的至高真理乃是被钉死在十字架上的真,对于这种真,人类的眼泪比形而上学所揭示的必然性更有证明力。"②这样,哲学的理想完全不是能够把世界解释得清楚明白的、无矛盾的理论体系。舍斯托夫说:"我甚至希望这样一个时代已为时不远,那时,哲学家将获得如此坦白承认的特权:他们的事业完全不在于解决问题,而在于这样一种艺术,即把生活描绘得尽可能少些自然的东西,多些神秘和有问题的东西。那时哲学的主要'缺陷'——提出大量问题却完全没有答案——便将不再是缺陷,而变成优点。"③

然而,这还是哲学思考吗?显然,这是与通常的哲学不同的另一种类型的"哲学思考",确切地说,这里指的不是哲学思考或理性思维的过程本身的不同,而是指哲学思考的动因和任务的不同。通常的哲学思考可能是人在获得温饱之后所进行的智力游戏,也可能是处于正常状态下的人所进行的冷静的科学研究,为了得到关于世界的一般知识。这种思考是人人都可以进行的,但可能与生命的迫切需要没有直接关系,或者说是可有可无的。而舍斯托夫所看重的"哲学思考",不是在幸福或顺境中的人所进行的,而

---

① Шестов Л. Сочинения в двух томах. Т. II. М., 1993. С. 215 - 216.
② 刘小枫:《走向十字架上的真》,上海三联书店 1994 年版,第 30 页。
③ Шестов Л. Сочинения в двух томах. Т. II. М., 1993. С. 210.

是处于痛苦乃至绝望状态下的人所进行的抗争;不单凭智力,而是通过情感、意志等全部生命存在;不是为求知,而是为得救而进行的抗争。得救,这已是宗教的词语了。的确,宗教性或终极性,这是俄罗斯哲学思维的又一重要特征。

理想化不只是俄罗斯哲学的特点,也是俄罗斯文化的一般特色。如一位现代文学评论家所说:"19 世纪俄罗斯文化的特色在于它的高度理想感。什么理想呢? 道德理想、审美理想,还是社会理想? 任何理想,一般理想。也可以说,是精神理想……我们的哲学也具有这个特点。它没有创造出展开的理性主义体系,也就是哲学本身的体系,却非常具有对终极结果、对理想、对终成正果的强烈热情。"①

理想,在我们的现实生活中,往往是与梦想、幻想交织在一起的,而后者正是哲学思考所力图克服的东西。通观这种理想化思维,我们不禁会问,这种理想化有现实根据吗? 的确,与西方传统的理性主义哲学相比,这的确是过于理想—梦想—幻想化了,以至于难以给现实人生提供有益指导,不能给寻求指导的人提供帮助,所以常常令人感到它无成效。这是不是思想不成熟的表现,类似于年少轻狂,没有正确认清自己在世界上的地位,以及自己的能力界限呢? 难道西方理性主义哲学家是"有意识的石头",他们不懂得人是有梦想的存在物吗? 既然也懂得,却仍然要说梦想要服从于现实,是因为他们深刻地认识到必然性是不可战胜的,现实的人毕竟是要服从的。这是冷静的理智,仿佛老者智慧的忠告。这是

① Гусев В. И. Зов идеала // Вопросы философии. 1988. №9. С. 106.

我们在现实生活中必须遵循的。

但另一方面,反过来思考,俄罗斯哲学仍然不失其思想意义。第一,即便是在这个现实的世界里,在现实的人生中,也从来都不仅仅有老者的务实、冷静、智慧,而是一直存在着青年人的梦想、活力、创造、勇气和奋斗精神。第二,俄罗斯哲学本来就不是为现实世界的人提供忠告的,因为首先,俄罗斯哲学不是活在现实世界,而是活在理想世界;不是指望在此找到现实生活道路的指南,而是当下正在进行的精神努力;其次,在俄罗斯哲学的世界里根本就不存在现实的人,人就是理念的人和生成中的人,它所提供的是对人的理想生存状态的直接描述,是生命的真理,或者确切地说,是"真",而不是"理",不是超越真实之上的理性指导。西方理性主义哲学教导人服从必然性,但这个必然性本身有什么理由要求人必须服从呢?难道俄罗斯哲学家不懂得现实的人必须服从这个世界的必然规律吗?显然不是,既然他们也懂得,却仍然要说"受造的真理"和"非受造的自由",是因为他们要表达一种对人的理想境界的追求。这种追求不受制于静态的理性反思,而是着眼于动态的当下努力,不在"常理"面前止步,而是依靠精神的努力为可能性开辟道路。这仿佛正是人作为人的精神理念。

第一章　民间哲学家

　　一位非凡的奇世之人不在了。对稍稍了解尼古拉·费奥多罗维奇·费奥多罗夫的人讲他的高度智慧和广博学识、他的勤恳诚挚和道德纯洁,是多此一举的:他们无须提醒就会异口同声地说:"这是一位贤哲和义人!"而更接近他的人则会补充道:"这是世界赖以维系的为数不多的义人之一。"①

　　——俄罗斯哲学家科热夫尼科夫②在 1908 年出版的《尼·费·费奥多罗夫》一书的开篇辞

　　费奥多罗夫生前并不是名声显赫的哲学家,在经典哲学史著作中也没有位置。他在一生的后几十年间一直担任莫斯科鲁缅采夫博物馆(即后来的列宁图书馆,现在的俄罗斯国家图书馆)的图书管理员。费奥多罗夫的主要学说和著作都是这期间的业余作品。费奥多罗夫的"共同事业"学说只为少数友人所略知,因为他生前没有发表任何著作,因为他拒绝将自己的著作变成商品出卖。费奥多罗夫的著作是在其去世后由推崇他的年轻学者整理出版的。

---

　　①　Н. А. Бердяев о русской философии. Ч. 2. Свердловск,1991. С. 51.

　　②　科热夫尼克夫·弗·亚(Кожевников Владимир Александрович. 1852—1917),俄罗斯哲学家、政论家、诗人。

第一节　在思想巨人之间

费奥多罗夫有自己独特的生活方式。他没有什么个人财产，甚至把自己的微薄工资也分给他人，自己常年一身装束，甚至没有床，睡在箱子上。他身后之所以深得推崇，其缘由之一就是他的品德与个性：满腹经纶、胸怀宏伟、淡泊名利、清心寡欲。这不由得使人想起中国古代圣人孔老夫子对其弟子的赞语："贤哉，回也！一箪食，一瓢饮，在陋巷，人不堪其忧，回也不改其乐。"①只是费奥多罗夫更有一种基督徒的虔信与博爱，这大爱不仅面向邻人，而且上溯至祖先，外延至宇宙。这是一种"内圣"的精神境界。这在世俗功名利禄之统治日益强烈的现代社会，包括 19 世纪和 20 世纪的俄国，可谓实属罕见，因其罕见，便更为可贵。纯真与谦逊也是俄罗斯精神的理想品格，所以作家列夫·托尔斯泰努力在庸俗虚伪的社会背后揭示出真实高尚的内心世界，诗人帕斯捷尔纳克才有如此诗句：

> 做个名人有何体面，
>
> 这并不把你抬高。
>
> 莫去营造自己的档案，
>
> 休要将自己的作品视为珍宝……

当然，费奥多罗夫的非凡之处更在于他留下的独特而深刻的思想遗产，特别是复活祖先和改造宇宙的宏伟思想。正是这种"共

---

① 孔子：《论语·雍也第六》，中华书局 2006 年版。

同事业"的哲学深得一些杰出思想家的赞赏。与这些大思想家的交流和互动也是费奥多罗夫学说产生影响的一个重要原因。

费奥多罗夫与陀思妥耶夫斯基的联系与彼得松①有密切关系。彼得松早在19世纪60年代就开始记录他的朋友和老师费奥多罗夫的思想。主要是利用暑假期间。虽有间断,但彼得松渐渐形成了老师思想的完整观念。他为这些思想所折服,并想使其为更多人所了解。彼得松认为在精神上同自己的老师最接近的、能够接受这一学说并对此作出反应的就是陀思妥耶夫斯基。当然,他的这种看法也是以费奥多罗夫本人对这位伟大作家的高度评价为依据的。

于是,1876年初,彼得松寄给陀思妥耶夫斯基一篇关于合作问题的文章,其基本内容就是费奥多罗夫关于社会中的"不亲"与纷争的思想。其后,陀思妥耶夫斯基在1876年3月的《作家日记》中作出反应,在援引了该文的一部分文字之后指出:"这一切都是年轻的、新鲜的、理论性的、非实践性的,但在理论上是完全正确的,是以真诚而又带着痛苦的情感写成的……谢谢这篇文章,因为它使我十分满足,我很少读到比它更富有逻辑性的文章。"②

但同时,陀思妥耶夫斯基又对该文其他部分存有疑虑,而不敢"贸然引用"。这种既感兴趣又怀疑的反应致使彼得松对该文又作出进一步更确切的说明。1877年12月,他又致信陀思妥耶夫

---

① 彼得松·尼·帕(Петерсон Николай Павлович, 1844—1919)——费奥多罗夫的传记作者,《共同事业的哲学》的编辑出版者之一。

② Достоевский Ф. М. Дневник писателя: Избранные страницы. М., 1989. С. 182 – 183.

斯基,十分明确地叙述了费奥多罗夫学说的基本原则(文中未提作者费奥多罗夫的名字),这次引起了陀思妥耶夫斯基极大的兴趣,他在回信中说:

> 首要的问题是,您转述其思想的这位思想家是谁?若有可能,请告诉我他的真名。他引起了我的极大兴趣。至少请告诉我哪怕只有他是怎样一个人,如果可能的话。然后,我要告诉您,我在本质上完全同意这些思想,我认为这仿佛是我自己的思想。今天我又把它们读给弗·索洛维约夫。我是特意等着他,以便把您所叙述的思想给他读的。因为我在他的观点中发现了许多与此相似的东西。这使我们度过了美妙的两小时。他对这位思想家也深表赞同。①

信的最后,陀思妥耶夫斯基请求得到这些他为之深深感动的思想的更确切、更完整的叙述。

陀思妥耶夫斯基的回信也使费奥多罗夫深有感触:自己的学说能够被这位大作家所接受,这让他感到安慰。这仿佛为他开辟了新的光明远景——通过伟大人物向俄罗斯和世界展示自己的学说(而不是自己)。为此就应当使自己的观点表达得更完整、更明确、更有说服力。这还需大做一番整理加工工作。于是,趁暑假时间,他讲述,彼得松作记录并带回去整理。秋冬时节,彼得松把整理稿寄到莫斯科给他修改补充,然后他再寄给彼得松。文本就这样几经往返,但费奥多罗夫还是不甚满意,这样给陀思妥耶夫斯基的回答就拖延了下来。当文稿基本完成,准备寄给陀思妥耶夫斯

---

① Достоевский Ф. М. Полн. собр. соч. В 30 томах. Т. 30. кн. 1. Л., 1981. С. 13–14.

基的时候，却传来了这位天才作家不幸逝世的消息（1881 年 1 月）。这封"信"后来收入《共同事业的哲学》第一卷，即《关于兄弟之爱或亲，关于世界之不爱、不亲亦即不和状态的原因，关于复兴亲的手段问题》一篇的主要部分。

陀思妥耶夫斯基终未看到费奥多罗夫学说的完整表述。但彼得松在上一封信中所叙述的内容已在陀思妥耶夫斯基最后一部代表作《卡拉马佐夫兄弟》中反映出来。费奥多罗夫的思想主题贯穿在小说阿廖沙和"孩子们"的形象这一线索之中。陀思妥耶夫斯基把阿廖沙作为一个新型的正面人物。小说的开始部分就表达了这个青年的主要理想和他为自己提出的生活目标："我要为不死而生活，决不容许半信半疑的妥协。"小说的最后一幕，阿列克谢·卡拉马佐夫（阿廖沙）在死去的伊柳沙的石头旁表达了"孩子们"的信条："卡拉马佐夫！"科利亚喊道："宗教说我们死后都能复活，彼此能重新见面，重新看见所有的人，也能见到伊柳沙，难道这是真的吗？"阿廖沙回答说："我们一定能复活的，彼此一定会见面的，大家一定会高高兴兴地互相诉说过去的一切。"①这也是陀思妥耶夫斯基留给人们的最后遗言。其中所包含的信念，按照研究者布尔索夫的观点，就是费奥多罗夫学说所带给他的希望。②

1878 年夏，列夫·托尔斯泰携全家从萨马拉省迁居莫斯科郊区的亚斯纳亚波利亚纳。在火车上，托尔斯泰与彼得松邂逅。彼得松身边恰巧带着陀思妥耶夫斯基的信和自己复信的开始部分，

---

① 陀思妥耶夫斯基：《卡拉马佐夫兄弟》，徐振亚、冯增义译，浙江文艺出版社 1996 年版，第 935 页。
② Бурсов Б. И. Личность Достоевского. Л. ,1979.

他把这些信给托尔斯泰看。从此，托尔斯泰对费奥多罗夫学说也有所了解。他当初"不大喜欢"，但对彼得松所讲的自己老师的个性和生活方式颇感兴趣。几年后的1881年，当托尔斯泰经历精神危机的时候，曾去鲁缅采夫博物馆找费奥多罗夫，说"我认识彼得松"，从此二人相识。

托尔斯泰竭力宣扬平民化、爱邻人、爱仇敌等道德诫命，但对他自己来说真要切实做到这些却十分困难，而在这方面费奥多罗夫似乎做得更好：不是宣扬，而是"践行"，是自然而然的，未显出十分艰难。这使托尔斯泰深为惊叹。1881年11月，他从莫斯科致信阿列克谢耶夫写道："这里有许多人，我有幸与其中两位结交，一位是奥尔洛夫，另一位更主要的是尼古拉·费奥多罗维奇·费奥多罗夫。他是鲁缅采夫的图书馆员。您记得我曾给您说过，他制定了一个全人类共同事业的方案，这项事业之目的就是使一切人在肉体上复活。第一，这并不像想象的那样愚蠢。（请别担心，我不同意也未同意过他的观点，但我能理解这些思想，我感到在一切其他的具有外在目的的信仰面前，我能够维护这些观点……他六十岁，清贫，把一切都给予他人，却总是愉快和温和……)"①

从此，托尔斯泰经常去鲁缅采夫博物馆和费奥多罗夫的居室参加人数不多的沙龙。

虽然托尔斯泰对自然科学的进步持怀疑态度，但他对费奥多罗夫关于"自然调节"的某些思想仍有兴趣。他在1891年11月的一封信中写道："关于对云的运动施加作用，以便使雨不下回海洋，

---

① Толстой Л. Н. Полн. собр. соч. Т. 63. М. ,1934. C. 80 – 81.

而下到所需之处,这方面我一无所知,但我想这并非不可能,在这方面将要做的一切都是善事。这也正是尼古拉·费奥多罗维奇世界观的应用之一,对此我从来都是赞同的。"①显然是由于受到了与费奥多罗夫谈话的影响,在 1882 年的《那么我们怎么办?》一文中,托尔斯泰一反常规地把"人类与自然的共同斗争"作为"人类首要的无可置疑的义务"②。

在托尔斯泰的长篇小说《复活》中,作者以敬重而热烈的笔调描写了一位被流放的革命者西蒙松,其哲学信念就包括"共同事业"学说的成分:必须以人们自己的劳动与知识的力量使一切死去的人复活。托尔斯泰的长子谢尔盖证明说,这个人物的原型在一定程度上就取自费奥多罗夫的学生彼得松。但托尔斯泰的复活思想旨在唤起人的精神、道德的复活。"不是死者的肉体和个性的复活,而是唤醒其在上帝之中的生命。"道德复活的主题成为托尔斯泰 19 世纪 90 年代创作的核心。他在这些作品中进一步发展了自己的宗教道德学说。但这一学说的基本原理引起了费奥多罗夫的批评。费奥多罗夫认为这一学说的根本弱点在于没有一个明确的指导目标,缺乏创造性的理想,是"否定性的",只劝导人不做什么(勿以暴力抗恶、勿杀人……)。托尔斯泰的"天国在你们心中"的理想之所以是不能实现的,是因为存在着迫使人们行凶作恶和离心离德的外部力量——盲目的自然规律。③

两位思想家关系的最后破裂是在 1892 年托尔斯泰在英国《每

---

① Толстой Л. Н. Полн. собр. соч. Т. 66. М. ,1953. С. 85.
② Толстой Л. Н. Полн. собр. соч. Т. 25. М. ,1937. С. 381.
③ 关于费奥多罗夫对托尔斯泰道德学说的评价,详见本书附录一。

日电讯》上发表《论饥饿》的信以后。费奥多罗夫认为,托尔斯泰号召拒服兵役和抗税等等,不能带来爱的王国,而会导致敌对与斗争的激化。托尔斯泰甚至在英国报纸上直接呼吁叛乱,这有造成同室操戈的对抗的危险。此后,当托尔斯泰再来图书馆时,费奥多罗夫便不予理睬。甚至当托尔斯泰向他请教问题时,得到的回答却是:"不,我跟您无任何共同之处,您可以走了。"①

但这并未影响托尔斯泰对费奥多罗夫的精神上的敬重。当1895年有读者请他为写给费奥多罗夫的祝辞签名时,他欣然写道:"我很高兴为您写给尼古拉·费奥多罗维奇的所有祝辞签名。无论您在祝辞中怎样高度评价他的个性和工作,都无法表达我对他人格的深深敬意和我对他以自己的忘我活动所做之善行的赞扬。"②列夫·托尔斯泰关于费奥多罗夫还曾说:"我为能够与像他这样的人生活在同一时代而自豪。"

在1908年2月致彼得松的信中,托尔斯泰又忆起逝世的费奥多罗夫,称他是"可爱的令人难忘的"、"了不起的人"。在与 И.М.伊瓦金的谈话中,托尔斯泰评价费奥多罗夫思想说:

> 从哲学观点看,他的学说是正确的,他正确地给人类提出了这样的任务,此任务只有放在时间的无限延续中方能完成。③

如果说托尔斯泰所欣赏和称赞的主要是费奥多罗夫的个人品格和他"精神财富"的深刻、磅礴,那么,哲学家弗·索洛维约夫所为之倾倒的则是"共同事业"思想的实质本身。早在1877年,他

---

① Георгиевский Г. П. Л. Толстой и Н. Федоров. Огонёк, 1978. №37.

② Толстой Л. Н. Полн. собр. соч. Т. 68. М.,1956. С. 246–247.

③ Литературное наследство. Т. 69. кн. 2. М.,1961. С. 25.

就在陀思妥耶夫斯基那里听到了这位不知姓名的思想家的学说。此后不久,索洛维约夫去彼得堡大学开办公开讲座,内容很多都涉及了费奥多罗夫的思想。但使他深感失望的是,大学生们并不接受关于人类面临普遍复活任务的基本思想。也有另一种证据说,索洛维约夫的最后一讲《基督教的生命意义》给听众留下了深刻印象。其中有这样的话:"自然个体的毁灭并不是对个别与一般这一世界矛盾的解决,自然个体的复活和永生才是这一矛盾的解决。这一解决只有通过人的意志的合理的和自由的作用才能达到。"①

1882 年,索洛维约夫在莫斯科读到了费奥多罗夫学说的完整叙述稿,他为之深深感动,马上致信费奥多罗夫表达自己的强烈感受:

我贪婪地、充满精神享受地读完了您的手稿,花了一个通宵和次日部分上午,而接下来的两天,礼拜六和礼拜天,我对读过的东西作了许多思索。您的"方案"我完全赞成,无任何意见……自基督教出现以来,您的"方案"是人类精神在基督之路上的第一次前进。我从自己方面认为您是我的导师和精神之父。②

但总体说来,索洛维约夫受费奥多罗夫思想的影响是很大的。他在 19 世纪八九十年代之交所写的一系列哲学、美学著作都深含"共同事业"学说的精神,如《自然美》、《艺术的一般意义》、《爱的意义》等几篇论文。索洛维约夫把美的终极理想看做是实现宇宙的普遍联合或积极的万物统一。这不是像理想主义者那样使理想或观念脱离物质,而是使理想真正地加入物质,是内在精神与外在

---

① Сененова С. Г. Николай Федоров:Творчество жизни. М. ,1990. С. 106.
② Н. А. Бердяев о русской философии. Ч. 2. Свердловск,1991. С. 52.

物质的最深刻、最紧密的相互作用,而艺术的最高任务就是,"在我们的现实中完全体现这种精神的完满性,实现绝对的美,或建立全宇宙的精神有机体"①。

在关于《爱的意义》的长文中,索洛维约夫赋予爱一种超个人的宇宙意义,把爱同人类历史的共同任务和整个宇宙的改造联系起来。爱的真正意义和使命在于以下三个方面:第一,创造一种高尚的、完善的人格,这是爱的直接任务;第二,改变人与自然的关系;第三,实现整个宇宙和全部历史的最高目标,因为单独的个人只有和全体一道才能达到这一目标,这是爱的终极使命。②

后来,两位思想家在观点上也发生了严重分歧。索洛维约夫不同意"共同事业"、"方案"的非宗教性,认为离开基督教的复活是不现实的。他在与费奥多罗夫的一次谈话中曾说,要实现"共同事业"至少需要二万五千年或一万年(首先需要人类的紧密团结,然后再直接作用于自然),而要实现东西方基督教会的联合,使俄国转向天主教或归属罗马教皇,只需十五年就够了。所以首要的迫切任务是后者,谈论"共同事业"还为时尚早。

此外,19世纪90年代,当索洛维约夫对自己的神权政治乌托邦感到失望,从宗教社会活动回到理论哲学领域之后,就不再认为关于现实方案的思维具有很大理论价值了。从费奥多罗夫方面来讲,他则对索洛维约夫后来著作之宗教形而上学性以及其中只有思想而没有以人类共同理性改造自然力的方案而深感失望。费奥

① Соловьев Вл. С. Общий смысл искусства. Сочинения. Т. 2. М., 1988. С. 398.
② 参见徐凤林:《索洛维约夫哲学》,商务印书馆2007年版,第327页。

多罗夫认为自己的"方案"被索洛维约夫"译成了哲学神秘主义语言",没有务实的具体性,没有指出与科学探索新趋势相联系的自然调节的现实道路,仿佛索洛维约夫将"共同事业"学说之"新酒"倒入抽象思辨的旧瓶之中。①

第二节　思想传承

在 20 世纪初的俄罗斯宗教哲学复兴运动中,费奥多罗夫的思想受到了更多人的关注。随着他的著作被整理出版,人们关于其哲学的评述文章大量发表,出现了一批"共同事业"学说的追随者。此后至今,在俄罗斯(包括前苏联)和国外,这一学说在哲学、科学和文学界都有某些反响。

是什么独特的思想引起了俄罗斯大思想家们的共同赞赏和后人的关注呢? 是深切的道德之心、普遍的救世理想和宏伟的宇宙方案。

费奥多罗夫学说的基本宗教道德动机是对死的不容忍。当世间哲人们视"人必有一死"为天经地义而对死安之若命时,费奥多罗夫却为人之不能避免死亡而深感不安。因为人的死亡意味着个体生命的永远丧失,如果生命的意义在于追求永恒的依托,那么死亡则使生命完全失去意义。所以个性的完善道德、个人的完满生命不能容忍死亡,不仅不容许个人的死亡,而且也不容许父母兄弟以及所有人的死亡,完美的生活是所有人(不仅包括现有的全人类,还包括逝去的先辈)的和谐大家庭,因此不能容忍任何人的死

---

① 参见本书附录二。

亡,还要使先辈们复活。

这样,在费奥多罗夫看来,死是世上最大的恶,他把反抗死作为自己的生命事业,并制定了普遍复活的方案,欲使之成为全人类的"共同事业"。

带着深深的基督教—东正教精神,费奥多罗夫认定,人不是孤立的个体,追求个人的生活舒适与物质享乐是无道德的、无上帝的,这样的人是忘记祖先的"浪子";有道德、有上帝的人首先是父之子,因为我们后辈人的生命是以先辈们的奋斗和死为代价的,只有永远不忘这一点,才堪称"人子"。"人子"首先应当爱父,加入到使他们复活的伟大事业中。只有爱父,才能爱共同的祖先,即天父。只有对共同的父的爱,才有全人类之间的兄弟之爱,即博爱。

这是一种典型的俄罗斯宗教普世主义。基督教在俄国的长期独立发展,使它带有了某些民族文化特色。西方基督教(特别是加尔文派)的救赎观是一种"选择的拯救",其基础是将一切人分为两类,一类应得永生(上帝的选民),另一类当永受地狱之苦(上帝的弃民)。俄罗斯东正教则主张所有人都应得到救赎。与此相关,在俄罗斯传统文化中多有容忍、宽恕成分,注重公正理想,被广泛使用的"真理"一词也含有公正之意。这种普世主义是 19 世纪俄国大多数知识分子之道德与社会理想的共同之处。

费奥多罗夫的"自然调节"思想成为俄罗斯宇宙论(русский космизм)的先声。俄罗斯宇宙论分为自然科学宇宙论和宗教宇宙论。费奥多罗夫是宗教宇宙论的杰出代表,他从宗教和道德观念出发得出的试图按照人的理想来改造世界和走向宇宙的大胆"方案",包含着某些现实方面,对自然科学宇宙论有一定的影响。

可以说,现代宇航和空间技术已局部地实现了这一设想。而且,改造世界和走向宇宙,永远是人类的梦想和科学的课题,在这方面至今仍不乏各种各样的假说。

当然,"自然调节"方案中有许多脱离实际的幻想。这是由于科学技术的巨大进步和强大威力给当时人们的观念造成的影响,使人们相信科学知识和人类理性的无限力量。费奥多罗夫设想人们可以借助科学技术来建立一个符合基督教理想的现实世界,也就是要建立一个符合"精神王国"之标准的"恺撒王国"。在我们看来,这实际上是对基督教所划分的"两个世界"的混淆,或是建立"人间天堂"的幻想。

但这一乌托邦方案何以会有一批追随者呢?难道俄国有这么多脱离实际的幻想家吗?这首先与20世纪初的科学观念和社会背景有关,就是实证主义的理性乐观主义;当然还有一个原因,就是俄罗斯人共同的精神气质。在我们看来,与东西方主要民族相比,乌托邦性是俄罗斯民族性格之一大特点。这在哲学层面上体现为本书导言所述的理想主义思维;在生活中则体现为,俄罗斯人常常富于宏大的构想而乏于勤恳的务实。因幻想而懒惰的"奥勃洛莫夫性格",这就是俄罗斯性格的典型表现之一。① 俄国人从来不拒斥乌托邦,从16世纪的"莫斯科——第三罗马"开始到不久前经济改革的"休克疗法",就制造了一个个宗教的、政治的或社会的乌托邦。

---

① Лосский Н. О. Характер русского народа // Н. О. Лосский. Условие абсолютного добра. М. , 1992. С. 269 – 272.

费奥多罗夫关于死和不死的学说在俄罗斯文学和哲学史上都有其思想传统。18 世纪俄国启蒙思想家、哲学家拉吉舍夫在其主要哲学著作《论人，人的死与不死》中就提出了与费奥多罗夫相近的问题：克服死亡和人的无限发展。[①] 拉吉舍夫思想的基本动因与费奥多罗夫一样，就是对导致生命的一切都毁灭的死的不容忍。俄国诗人莱蒙托夫的早期哲理抒情诗也表达了对统治着世界的死的浪漫主义反抗。托尔斯泰对死有着真切的感受和深刻的思考，在他的名著《战争与和平》、《伊凡·伊里奇之死》中也有出色描写。

费奥多罗夫思想的宗教方面深受基督教神学著作的影响，尤其是《新约圣经》和早期基督教神学家—哲学家的作品，主要是奥古斯丁的著作。在东正教方面对他影响最大的是俄国宗教和政治活动家，圣三一修道院创始人谢尔盖·拉多涅日斯基（约 1314—1392）。费奥多罗夫对他予以高度的评价，称其为"俄罗斯大地的伟大凝聚者"[②]。《共同事业的哲学》中有许多篇幅是借用三位一体观念来论述道德和社会思想的。

费奥多罗夫关于"自然调节"的思想是受当时的物理学、气象学、生理学等科学领域的巨大成就的鼓舞而形成的。卡拉津[③]的科学和实践活动对费奥多罗夫的影响很大。卡拉津是一位自学成才的贵族科学家，主要研究气象、化学、土壤以及人工肥料，提出了一系列关于观察气象和借助电来干预天气的思想。

[①] 参见北京大学哲学系编译：《十八—十九世纪俄国哲学》，商务印书馆 1987 年版，第 87~122 页。

[②] Федоров Н. Ф. Философия общего дела. II. М., 1913. С. 65.

[③] 卡拉津·瓦西里·纳扎罗维奇（Каразин В. Н. 1773—1842）——俄罗斯和乌克兰科学家。

从费奥多罗夫哲学思想的影响方面来看,在他去世后出版的两卷本《共同事业的哲学》中的内容可以看出,费奥多罗夫熟悉莱布尼茨、康德、费希特、黑格尔、尼采、叔本华、席勒、穆勒、斯宾塞、费尔巴哈和施蒂纳等西方哲学家的著作和思想,这些哲学家在不同方面和不同程度上引起他的关注和受到他的批评。但费奥多罗夫是一个极端的斯拉夫主义者。他的某些观念承自老一代斯拉夫主义者霍米亚科夫和基列耶夫斯基,如把宗法制的俄罗斯古风理想化等观念。但另一方面,费奥多罗夫对西方工业文明和天主教的敌视比这些老斯拉夫主义者更甚,他甚至指责包括陀思妥耶夫斯基在内的斯拉夫主义者是"俄罗斯人不足,而西方人有余";他不能谅解霍米亚科夫说欧洲是"神奇之物的国度"。费奥多罗夫认为,在天主教中看到的只有地狱、毁灭、仇恨,而在东正教中则看到普遍拯救和对人际纷争的忧念。

俄国哲学家别尔嘉耶夫 1915 年在其论述费奥多罗夫学说的文章《复活的宗教》中这样总结道:

> 无论如何,费奥多罗夫现象对于俄罗斯精神、对于俄罗斯的内在追求与愿望来说,具有特殊意义。费奥多罗夫是一位典型的俄罗斯思想家,他勇敢地表达了俄罗斯特有的对人的苦难与死亡的悲切,表达了俄罗斯式的对普遍拯救的寻求。他是一位伟大的博爱者,这爱的目光不仅投向未来,而且投向过去,投向过去之人的痛苦。[①]

当然,在我们今天看来,"共同事业"的学说中也有一些消极的和错误的东西,如在一定程度上对个人权利与自由的忽视和抹杀、

[①] Н. А. Бердяев о русской философии. Ч. 2. Свердловск, 1991. С. 94.

对宗法制的美化、对工业文明的偏见,等等。但这一思想遗产中毕竟包含着许多有意义的成分,至今仍不失教益。如认识与实践、知识与道德的相互联系,对自然的合理调节,对生与死之奥秘的探索,对精神道德因素的强调,对世界的普遍和平与友爱的追求,关心未来与尊重过去的不可分割的联系,等等。正因为如此,时至今日,在俄罗斯和西方仍有对费奥多罗夫思想的研究。

第二章 莫斯科的苏格拉底

古希腊哲人苏格拉底的形象广为人知:衣衫褴褛,赤脚漫游于街道、集市、广场,侃侃而谈,滔滔雄辩,讲话极富魅力,周围聚集着一批门徒;他品德高尚,生活俭朴,不求名利,但求学问与真理,诲人不倦而又能身体力行。

后人称费奥多罗夫是"莫斯科的苏格拉底",因为他的生活与个性和苏格拉底多有相似之处。

第一节 忧郁少年

费奥多罗夫自己曾经说过:"人是亲缘诞生物,而非直接生成者。他是父母机体的摹写和仿造,带着他们的一切优点和缺陷……人的灵魂不是一块白板,不是一张白纸,也不是一方软蜡,可以随意捏塑成任何样子,而是由两个形象、两种生平叠加成的一个样式。认识方法愈精确,就愈是显露出遗传特征,愈是鲜明地重现父母的形象。"①

---

① Федоров Н. Ф. Сочинения. М. ,1982. С. 405 – 406.

那么,费奥多罗夫的父母是怎样的人呢?

费奥多罗夫本是贵族之后,其父帕维尔·伊万诺维奇·加加林公爵之家族,是俄罗斯最荣耀的姓氏之一,其远祖可以上溯到古代留里克王朝的创始人留里克大公和最早使基督教成为俄罗斯国教的圣弗拉基米尔大公。帕维尔之父伊万·阿列克谢耶维奇·加加林是沙皇宫府的国务大臣,两朝元老(保罗一世和亚历山大一世),官居"二品";帕维尔的其他五个兄弟也是"朝廷命官"或"地方乡绅"。但帕维尔却脱离了其父兄们的生活方式,他酷爱艺术、戏剧和音乐,成了一名卓越的戏剧艺术活动家。终于家境败落,自己也身陷窘境。

关于帕维尔的卒年有两种说法,一说他与其父死于同年(1832年),并说他们死后费奥多罗夫之母与亲生子女一起被逐出公爵庄园;另一说法认为帕维尔活到19世纪60年代初。罗日科夫斯卡雅在其所著的《十九至二十世纪初基希涅夫的戏剧生活》一书中有一章题为《帕维尔·伊万诺维奇·加加林剧院》的文章,其中援引许多报刊、回忆录和档案资料,证明帕维尔在19世纪40年代中期的活动,譬如1845年11月在敖德萨组建了第一个常设剧院。

帕维尔·伊万诺维奇丝毫不像一个一本正经的俄国贵族,他极富演员气质,多才多艺。他酷爱文学,其大量藏书占据了宽大的工作室的一整面墙,从地板直到顶棚,大部分是法文图书。他还喜欢精巧的手工制作,房内摆设着许多自制的手工艺品。以演奏音乐来解除烦闷是他生活中不可缺少的内容。在生活最艰难的日子里,每当夜深人静,帕维尔·伊万诺维奇总是独自一人拿起小提琴,不开灯,在幽暗之中用琴声将自己的苦闷与烦恼诉诸深沉的夜

幕。他的另一子——费奥多罗夫的异母弟弟,俄国戏剧明星亚历山大·连斯基①有这样一段对父亲的回忆:

> 我多爱听他那忧郁的即兴演奏呵!……乐曲多是俄罗斯民歌主题。夏天,他站在打开的窗口演奏,一双大眼直视夜空,琴声总是在高音符上渐渐停息。这些幽婉的乐曲飘过宽阔的花园,传入我的卧房,我每每在这些如泣如诉的旋律中进入梦乡。
>
> 我父亲为何忧伤,他的琴为何哭泣,我当时无从知晓。每当剧烈的精神激动时刻,父亲都把自己反锁在工作间,长时间倒背双手来回踱步,还不时弹着手指。
>
> 当琴声响起的时候,就意味着他的痛苦已在胸中发酵成熟,在琴声中找到了宣泄的出口。琴声停息了,父亲的嘴角露出一丝忧郁的微笑…… ②

可以说,这种抒情式的精神气质也是费奥多罗夫性格的遗传基因。

费奥多罗夫的母亲,在 20 世纪 80 年代中期以前,人们对其身世乃至姓名尚一无所知。曾有人臆测她是一名女奴,或被俘的契尔凯什人,或是从高加索带回的格鲁吉亚美女等等。但 20 世纪 80 年代末,在坦波夫省档案馆发现一份材料,从中得知她原来是贵族小姐,名叫叶莉扎维塔·伊万诺夫娜,仅此而已。其形象、性格、精神修养均不得而知。但可以想象,费奥多罗夫俊雅的面颊和双眼来自他母亲。

费奥多罗夫 1829 年(一说 1828 年)6 月 12 日出生于俄国南

---

① 连斯基(Ленский А. П. 1847—1908)——俄罗斯演员、导演、舞台艺术理论家。

② Ленский А. П. Статьи, Письма, Записки, Изд. 2 - е, Дополненное. М., 1950. С. 27.

部坦波夫省的萨索沃庄园。他的姓和父称不是取自生父,而是来自教父费奥多尔·卡尔洛维奇·别里亚夫斯基,因为他是父母的私生子。这种起名方式为当时所常见。不能随父姓,不能享有公爵特权,加之父亲方面的亲戚对他的鄙视,这些非正常的身份和地位不能不在未来思想家的幼小心灵上留下深深的印迹。他后来坚决回避一切关于自己过去的任何话题,还曾如此说明形成人的心理创伤的两个基本要素:"人的本质特征是两种感受——死的认知和生的羞耻。"①

他7岁前是在父亲的萨索沃庄园度过的。这时他就已形成了对某些事物的独特感受。他后来写道:"我的童年留下了三种回忆:我看到黝黑的面包,听说每逢荒年农民都要以此糊口。我从小就听人给我讲何为战争,这曾令我大惑不解:战争中人们互相残杀。最后,我得知了什么是亲人和外人,什么不是,我还知道,亲人本身并不是亲人,而是外人。"②这些感受进入到他正在形成的个性深处,于是,饥饿、死亡和非亲,这些人类所遭受的基本灾难,成为思想家之"共同事业"学说的主要改造对象。

1836年7月,费奥多罗夫进入沙茨克县立小学学习。1842年7月毕业时,学校记录在案的评语是:一般行为表现——良好;宗教课、俄语课——完全及格;算术、几何、历史、地理、习字、绘画——良好。

1842—1849年,费奥多罗夫就读于坦波夫中学,当时正值该

① Федоров Н. Ф. Сочинения. М. ,1982. С.398.

② Сененова С. Г. Николай Федоров:Творчество жизни. М. ,1990. С.20.

校历史上的辉煌时期,此后便每况愈下了。该校既为大学输送学生,也为社会培养官吏。但其教学方式主要是古典性质的,此时的校长十分重视语言课教学,学校开设了法语、德语等课程,1838—1839 学年还增设了希腊语课。教师都相当出色。费奥多罗夫在语言方面的丰富学识无疑得益于中学时代的良好功底。

费奥多罗夫对自己中学时代的老师印象最深的是历史教师伊兹玛伊尔·伊万诺维奇·苏玛罗科夫。据一篇纪念文章的评价,该师热爱自己的事业,对学生十分仁厚,具有高尚品德和无私精神。[1] 这些品质显然对费奥多罗夫的性格和生活方式的形成起了重要作用。因为上述个性特点也为他所有,而且有过之无不及,他自己日后也成为一名历史和地理教师,对待自己的事业有忘我的热情,他无私助人,道德纯洁。

1849 年初,费奥多罗夫中学毕业,同年 8 月进入敖德萨市里舍利厄高等法政学校财经部。该校创建于 1817 年,因纪念敖德萨的奠基人法国公爵里舍利厄(又译离塞留)而得名。该校建校初期是具有中学性质的学校,1837 年正式改为大学建制,开设了数理部和法学部,相当于大学的系。1841 年又在农经教研室基础上成立财经部,培养目标是自然科学和经济学专门人才。这是俄国第一个财经教学部门。当时俄国最为紧缺的是国家经济和地区经济管理人才,于是少年费奥多罗夫就选择了这个部。他直言不讳地说:我不喜欢理论性的、袖手旁观的、学术性的专业,我喜欢积极干预人生与社会之经济和生命需求的实践活动。

---

① Тамбовские губернские ведомости. 1833. №100.

学校开设的公共必修课有:经文神学与劝诫神学、教会史、逻辑学、心理学、伦理学、俄国文学、世界史和俄国史、法语、德语、英语。财经部的专业课有:政治经济学及财政学、商贸、物理、自然地理、化学、农学、林学、自然史、工艺学、俄国法律概论和建筑学(选修)。全校都是三年制。从零散不全的该校档案材料中可以查到费奥多罗夫在二年级即 1851 年春季考试的成绩如下:新约教会史 5 分;俄国文学史口试 4 分,笔试 2 分,总评 3 分;化学 3 分;逻辑学 5 分;法语口试 2 分,笔试 3 分,总评 3 分;植物学 3 分。其他科目的考试他均未参加,因为此后他已因家境贫困而辍学。他的生父帕维尔·伊万诺维奇早在他上中学时就已破产,离开了坦波夫省,他被留给其叔叔康斯坦丁·伊万诺维奇抚养。1851 年,康斯坦丁去世,费奥多罗夫失去了继续学业的物质保障。

古往今来,生活道路之艰难坎坷往往成为人生的一种财富。1851 年这个多事之秋,费奥多罗夫失亲失学,心灵的伤痛和情感的激荡成为其思想发展的重要动因。和蔼善良的叔叔之死使他想到:

> 关于亲与死的问题本是彼此密切相关的:当死尚未涉及我们视之为亲人和同类之人的时候,它便不会引起我们注意,它对我们也无关紧要;只有当死夺走了我们亲人的时候,才使我们对亲情赋予最高意义,对失落的感受愈深,使其复活的愿望就愈强;使人深感孤独与悲伤的死亡,乃是对冷漠的惩罚……①

亲与死,这两种情感和意识的骤然交织,使费奥多罗夫产生了

---

① Сененова С. Г. Николай Федоров:Творчество жизни. М. ,1990. С. 28.

对其学说的核心思想——复活的顿悟。这个新的"复活",亦即取代诞生的普遍复活,就出现在这个秋天(1851 年)。费奥多罗夫在生命的最后一年这样写道:

> 这个思想、这个方案的诞生,已满五十二年了。我过去以为,现在仍然以为这是一个最伟大也是最平凡的思想。不是臆想,而是自然所生! 自然通过我们,通过理性存在物而达到自我意识和自我管理的完满,重建一切在盲目中被毁坏的东西,从而履行上帝的意志……

或许,履行上帝意志的被拣选者,"必先苦其心志"。年轻的费奥多罗夫选择了与众不同的生活方式。

第二节　超凡脱俗

1851 年秋至 1854 年初的大约两年半的时间是费奥多罗夫的自由生活时期,他不曾在任何地方任职,因此没有留下生活足迹。但这也许是他精神生活最激烈的时期,正是这段时间,他对许多事物有了重新发现和重新评价,获得了看世界的独特"眼光";在生活方式上也作出了新的选择——抛弃了常人的生活追求:家庭、后代、金钱、名利,选择了禁欲主义的生活之路。这种思想和精神的转变有如基督教所说的"第二次诞生"。这种现象在某些大思想家身上不无先例。从此,费奥多罗夫渐渐成为一位真正超凡脱俗的理想主义思想家。

何以有此转变,是一个颇耐人寻味的问题。他自己的不幸出身和俄罗斯社会的浓重宗教传统无疑是两个重要因素。

私生子在家庭中所受到的冷遇是可想而知的。只有教堂才让费奥多罗夫备感亲切,在这里他才感到"与亲人同在,而不是与外人同在",这里是他心灵成熟的圣殿,这里使他体验到现实地加入了全人类共同体,这个共同体从远古而来,联结生者和死者,并走向天国。

费奥多罗夫悟出了东正教的礼拜、节日和教历具有积极的生活教育意义。复活节在东正教中具有特殊意义。复活节是俄罗斯东正教最大的节日。布尔加科夫说:"基督复活节是全部基督教世界的共同节日,但在任何地方都没有像在东正教中这样欢快和神圣,还可以补充一句,在任何地方都没有像在俄罗斯大地上这样,把复活节和欢乐隆重的春节共同庆祝。欢腾快乐的复活节之夜把我们带向未来世纪的生活,带向新的、永远的快乐。"①

西方对基督复活的形象描绘是依据《福音书》的描写,往往是基督从棺木中站起来的情景。东正教认为基督复活的奥秘是人所无法理解和描绘的。根据拜占庭东正教传统,复活节圣像是《下地狱》(或《进入阴间》),这是根据伪经《尼哥底母福音书》的情节来描绘的:基督复活后不久,打破地狱之门,进入阴间,使人类始祖亚当和夏娃从死里复活。

正是这样的气氛使费奥多罗夫在许多祈祷的时刻,仿佛全身心地体验和看到了神的训诫与关于未来道路的预示。他后来说,他的主要感悟就是:

> 基督是复活者,而基督教作为真正的宗教,是复活的宗教。以复活定义

---

① 布尔加科夫:《东正教——教会学说概要》,徐凤林译,商务印书馆 2001 年版,第 164 页。

基督教是确切而完满的定义。[1]

费奥多罗夫把自己的学说叫做"新复活"说。应当指出的是，在费奥多罗夫那里，"复活"的主要含义是"使复活"(воскреше-ние)，即使父辈和祖先复活的活动，而不同于通常所说的"自我复活"或"被复活"(воскресение)。

费奥多罗夫还不止一次地说，自己是在"受难日礼拜和复活节晨祷中成长起来"的人。他对东正教礼仪有自己的独特理解："可以说，这些礼仪是按一种基本礼仪类型建立的，这就是受难日和复活节的礼拜，这表明了基督教的本质。"[2]

对教礼的深入洞察使费奥多罗夫产生一种信念："宗教就是所有活人共同为所有死者祈祷。"譬如，东正教弥撒的各种形式皆与追悼死者有关：彻夜祈祷(教堂的早晚课)就是一种虔诚的祭祷，只是把死者之墓代之以他的画像；奉献节祈祷就是给所有死去的人和活着的人上贡；圣餐是祭祷和奉献节祈祷的完成；每日祈祷是为当日去世或安葬者再行葬礼；等等。

这里，费奥多罗夫把教堂内弥撒的意义推广到教堂之外，这是一种使宗教回归现实世界的尝试。宗教是人类历史上源远流长的精神和社会现象，本具有现实生活的根源。但经过了漫长的思想流派和理论体系之沿革，宗教学说渐已确立起这样一种理想，就是要克服"此岸世界"之律法，追求彼岸之天国。实际上，宗教永远与人的精神生活共生，也就永远具有"精神王国"与"恺撒王国"这

---

① Федоров Н. Ф. Философия общего дела. II. M. , 1913. C. 65.
② Федоров Н. Ф. Философия общего дела. II. M. , 1913. C. 34.

两个世界的矛盾性。在笃信的基督徒心中,"精神王国"——天国才是更真实的永恒的世界,只是它现在已成为俗世所"失落的世界"和被俗世所淹没的世界。俗世的物质生活只是流变的现象,所以要克服这"此岸世界",追求精神的天国。而对于世俗之人来说,这个感性的、物质的世界才是实在的,天国只是虚无缥缈的幻想,宗教以此为目标便是脱离实际地生活在幻想中。所以宗教与现实生活无干,只是人类内在灵魂的专用品,只具有心理安慰或精神寄托之功效。

费奥多罗夫的复活和宇宙改造方案仿佛要解决这个矛盾,他的理想是这样一个时代的来临,届时,基督教将超越区区教堂之限,由祈祷变成"事业",弥撒也将给世界带来现实的作用,能使昔日的遗骸变成活生生的血肉之躯。

1854年2月23日,费奥多罗夫被任命为坦波夫省利彼茨克(Липецк)县立中学历史和地理教师,在这里教书三年整。1858年10月他又被派往莫斯科省的波果罗茨克县立中学任历史和地理教师,任职六年。就在这最后一年,1864年,他结识了一位年轻人叫彼得松,从此,费奥多罗夫的生活有了历史见证人。彼得松后来成为费奥多罗夫的传记作者,《共同事业的哲学》的编辑和出版者之一。

和19世纪六七十年代的许多俄罗斯青年一样,彼得松也曾是一名满怀浪漫的革命理想的青年学生,进入莫斯科大学不久就因参加学潮而被开除,于是十七岁的他成为托尔斯泰开办的乡村小学的十二个教师之一。托尔斯泰曾这样描写这些教师的变化:"来时每人的手提箱中都是赫尔岑的手稿,头脑里都充满革命思想。

但不足一周,他们无一例外地都焚毁了手稿,抛弃了革命思想,教农家孩子们神的历史和祈祷,布置他们回家读《福音书》。这是事实。"①

但学校没有维持多久。1862年,托尔斯泰婚后又醉心于家庭生活,把自己的教育理想弃之脑后,乡村小学关闭了。彼得松又回到莫斯科大学。他很快又加入了秘密革命组织"伊舒金"（Ишутинцы）小组,其成员主要是他在中学和贵族学校时的同学,包括后来在1866年4月4日行刺沙皇亚历山大二世未遂的卡拉科佐夫。但在此事未发生之前两年,彼得松就放弃学业去波果罗茨克当代数和几何教师了。但据他后来的回忆,"此行之目的是宣传革命思想和建立革命组织"。

1864年3月15日到达波果罗茨克后,满怀革命热情急于开展宣传活动的彼得松就马上去拜访一位当地闻名的特殊人物,听说此人非但不追求反而拒斥市侩钱财,一人独居,是个十足的禁欲主义者,还常常周济贫苦学生——这一切使彼得松抱有一大希望:此人将成为自己的革命战友!

这位非同寻常的先生相貌如何?这年费奥多罗夫三十五岁,但在年轻的彼得松看来显得略老些:"他当时四十岁上下,一头乌亮的美发,中等身材,一双漂亮的褐色眼睛,而不是淡蓝色的,如托尔斯泰在回忆录中所言。"这是唯一的费奥多罗夫年轻时的肖像描写。其他许多对他的外貌描写都是针对他在莫斯科当图书管理员时期而作,当时他已年逾花甲。

---

① Толстой Л. Н. Полн. собр. соч. Т. 60. М. ,1949. С. 437.

晤面后，彼得松即以充满激情的言辞鼓动费奥多罗夫参加为消灭物质贫困和争取社会公正的斗争，而费奥多罗夫的一番话使他记忆终生：

> 我不懂您在忙碌什么。照您的信念，全部事业都在于物质福利，而您为那些并不认识的人争取物质福利而抛弃了自己的物质福利甚至牺牲生命。然而倘若物质福利对那些您所为之忙碌的人并不重要，就像对您自己一样，那么您还忙碌什么呢？①

这一出乎意料的观点使彼得松深受触动，有如一个平凡的真理。费奥多罗夫的话表明，牺牲了自己的物质利益的革命者本身就不承认物质财富是最高价值，这种社会公正不能成为人的最高愿望。这样，费奥多罗夫把谈话提高到了新的高度——阐明了什么是最高的善和与此相对立的最大的恶。接下去他讲到了作为法国大革命之响亮口号的最高价值：自由、平等、博爱。他说，其中暴露了这些口号的创造者的"极端轻率"，因为所宣扬的"博爱"理想无论如何也不可能来自"纵欲与任性的自由和贪婪的平等"。这样一种"自由"和"平等"（正如革命本身）只能带来纷争、敌对和同室操戈。费奥多罗夫继续说："什么是一般的自由？就是不去关切新生儿也注定要死这一事实；而一切对此的关切都将给我们加上一种责任，使我们成为不自由的……卢梭说，仿佛所有人都是生而自由的。可这是走向哪里的自由呢？——走向死亡。"②

彼得松可谓是那个时代青年的典型代表。他们是一群血气方

---

① Петерсон Н. П. Воспоминания, ОРГБЛ, Ф. 657.
② Сененова С. Г. Николай Федоров：Творчество жизни. М. ,1990. С. 45.

刚的激进革命者,在哲学上接受了庸俗唯物主义的观点,认为整个世界上只有物质是时时处处起决定作用的,人正是在这种物质进化过程中诞生的,因而必受物质规律的支配。这是一种自然进化论。费奥多罗夫明确反对这种进化论的消极被动观点。他看到,在这样一种物质总过程的深处,随着精神—道德的产生,似乎孕育出一种意想不到的转折,世界进程将为此根本改观。他说:

物质及其所固有的力量确实通过进化而创造了具有理性的存在物——人,从此世界上又出现了一种新的力量,它能支配那些人和万物赖以生存的力量。总之,这种新的力量无所不能……

但是创造了这种力量的人——理性的载体——却不能不因创造物被毁灭——而意识到创造之无意义。莫非理性的作用仅局限于对世界进程的反映、对世界是什么之观照? 倘若如此,则世界何以还需要理性,既然理性也像世界万物一样面临消亡的厄运,它又为何出现在世界上呢? 当人意识到这一点时,他还能容忍或无动于衷吗? 人不仅是理性存在物,而且是感性存在物,还是行为存在物;他不仅意识到为了被破坏而被创造是无意义的,而且感受到世界被毁坏和丧失亲人的痛苦……他的活动目标正是摆脱这种导致死亡的痛苦……

按照进化论者的观点,理性在自然演化中无任何意义,且永远也不会有意义:进化论者不怀疑,人固有一死,人永远把自然界看做仓库,可以从中得到为短暂生命的舒适和享乐所需的数据,人将永远处在消费和挥霍自然界千百年所积累的财富中。就是说,进化论者把具有理性的人仅看做是破坏世界和加速世界末日来临的代理人。进化论者也不怀疑,人类将永远停留在敌对种族和阶级的纷争状态,永远不会联合起来,不会使理性的力量成为支配一切的力量,从而给现实带来和平,给自然力带来秩序、规律性与合目的性、预防世界的毁灭。①

这些非同一般的思想是初出茅庐的彼得松闻所未闻的,也与他在革命小组中的信仰和当时社会思潮之主流背道而驰。他感到此中包含着在更高层次上对善与恶的本质、人在世界上的使命的深刻理解,于是他被深深吸引并为之倾倒。

从这一天起,他们二人几乎形影不离,同去学校,课后,彼得松在家吃过午饭就又去找费奥多罗夫,一起散步,边走边谈,然后一同去喝茶,边喝边谈,直到深夜才分手。彼得松还常常留在费奥多罗夫处过夜,和主人一样,无被褥枕头,在光秃的木箱或长凳上和衣而卧。

彼得松可以说是费奥多罗夫的第一个名副其实的学生。在波果罗茨克的密切交往中,费奥多罗夫把自己对 1851 年秋所悟出的主要思想所进行的十几年的思索成果传授给了这个学生。这些精神活动、理性思考和感性直觉的成果虽未见诸文字,但这些深藏于思想家头脑中的思想已在与彼得松的交谈中第一次系统地表达出来。从后者的回忆中我们得知,费奥多罗夫表述了关于作为全人类之"共同事业"的复活的学说:关于"亲"与"不亲",关于自然调节及其若干具体"方案",关于人进入太空,关于人自身机体之改造,等等。彼得松后来说:"尼古拉·费奥多罗维奇和我在波果罗茨克共同度过的日子并不长——仅三个月;但这三个月给予我的,比我此前的全部生活更多。这三个月的共同生活使我永远不能和他失去联系。我们每年都共度假期,直到他去世。我们在一起不

---

① Сененова С. Г. Николай Федоров: Творчество жизни. М. ,1990. С. 45 – 46.

仅交谈,还边说边写,也就是尼古拉·费奥多罗维奇口授,我记录。我想把这种使我折服的学说整理出版,但尼古拉·费奥多罗维奇总是反对,说时机不到,说学说本身未充分展开,说表达不充分明确。"①

作为一名教师,费奥多罗夫总是严于律己,工作勤恳,敢于维护学生的利益,全力帮助贫困学生。有一次,一个学生的父亲病重,无钱就医,他就捐献了自己的所有钱财。可是病人还是死了,并无钱安葬。于是他又卖掉了自己的唯一一件文官制服,把钱送到死者家中。这样,上课时他只好穿一件很破旧的衣服。不幸的是,恰巧这天有位上司来校视察,他认为费奥多罗夫的穿着有失教师体统,要求将其立即辞退。只因副校长出面竭力保护,此事才得以平息。但后来,终因同样的事件,费奥多罗夫于 1864 年 6 月底离开了这所学校。

费奥多罗夫的教学方法有什么特别之处? 他教地理和历史,认为这两门课应给孩子们提供关于世界的第一必要的知识。他的教学原则是使学生积极参与到认识之中。他不认为教科书是教学的基本形式,而代之以一般提纲,特别是师生一起获得的知识材料——这些材料来自对家乡所在地区的地理特点、动植物界概况及其历史的直接研究,来自对自然现象的观察。

《星空》成为第一本教科书。彼得松回忆说:"他讲解什么是北极之前,先给学生指点哪颗是北极星,让他们夜晚观察,这颗星不动,其他星绕它旋转。在春分和秋分日,给学生讲太阳光此时直

① Сененова С. Г. Николай Федоров: Творчество жизни. М. ,1990. С.48.

射地球的圆周就是赤道等等。"费奥多罗夫设想未来的学校都该建造一个经常观察天空的高台,以培养学生参与"宇宙生命"而不是只局限于今天的"市民生活"。他说:"若不面向太空,则今日之学校就如船舱,乘客在其中总是在渡海。而我们的教育应当让学生走出船舱登上甲板……经常上甲板能使学生感到自己是一个游渡者,时而亲自驾驶地球船穿越彗星尾部和流星雨,时而游过罕见的宇宙物质颗粒或尘埃的太空沙漠。"[1]这样,学校将培养学生的星球感、宇宙感,向他们展示理性的人的宇宙使命——"把地球看做出发点,整个宇宙才是我们的活动舞台"[2]。

他还认为,地理教学应与历史教学紧密联系起来,因为空间与时间是不可分的。我们和我们的前辈所在的地球空间,也深深蕴藏着吞没一切生命的时间之流。"地理给我们讲作为住所的地球,历史给我们讲作为基地的地球。"[3]

离开波果罗茨克中学后,费奥多罗夫在不到三年中几易其地任教职。1866 年 4 月 4 日沙皇被行刺事件后,彼得松因曾是"伊舒金小组"成员而被捕,费奥多罗夫也因与彼得松的关系密切而被捕,但两周之后他就被无罪释放,而彼得松被判八个月苦役。1866年 12 月,彼得松刑满获释后便来到莫斯科,靠做家教、抄写和打零工为生。1867 年春,他来到费奥多罗夫的新工作地与其共度复活节。这年 4 月末,费奥多罗夫辞去教职,同他的学生一起前往莫斯科。从此,费奥多罗夫开始了他生活的最重要阶段——莫斯科时期。

---

① Федоров Н. Ф. Сочинения. М.,1982. С.370.

② Федоров Н. Ф. Сочинения. М.,1982. С.371.

③ Федоров Н. Ф. Философия общего дела. II. М.,1913. С.218.

第三节　图书馆员

　　莫斯科之春，乍暖还寒。初到第二都城的费奥多罗夫和彼得松无依无靠，不得不为生计奔波。他们二人只有一份家教工作，不足糊口，时常挨饿。好在时间不长，到了 1867 年夏末，彼得松终于找到一份固定工作——切尔特科夫图书馆助理馆员。生活稳定下来，他便娶妻生子，忙于家务。费奥多罗夫独自一人又到郊区的波多尔县立中学（Подольское уездное училище）当了一学期地理和历史教师。1869 年 5 月，彼得松受任坦波夫省斯帕斯克地方调节法官委员会秘书，他走马上任后，便把莫斯科的家教和图书馆员之职留给了老师费奥多罗夫。

　　切尔特科夫图书馆为纪念俄罗斯第一个图书收藏家亚历山大·切尔特科夫①而得名，1863 年正式建成开放，当时是莫斯科唯一一家对所有人开放的图书馆。可以说，图书馆是一所极好的自修大学。它较之一般大学教育更有其独到优势：这里无须记录讲义和咀嚼现成的东西，无须被动接受，而是可以自由摄取知识和进行独立研究。图书馆的工作为思想家费奥多罗夫的广博和独到学说的形成和发展提供了有利条件。

　　切尔特科夫图书馆只存在了 10 年，1874 年前夕，该馆藏书被迁往莫斯科鲁缅采夫博物馆。1874 年 11 月 27 日，费奥多罗夫定

---

　　①　切尔特科夫·亚·德（Чертков А. Д. , 1798—1858）——俄罗斯考古学家、收藏家。

职为该馆阅览室值班员。从此,他与这里结下 25 年的不解之缘。

这段时间是费奥多罗夫一生中最辉煌的时期,他的精神和道德形象完全确立,他的学说也日臻成熟完善。而这一切都是在知名与不知名的同代人、作家、科学家、费奥多罗夫的同事和读者的回忆录中得到说明的。因为费奥多罗夫在世时坚决反对任何关于自己的宣传,甚至是提到自己的名字。直到他谢世之后,许多报刊纷纷登载讣告和回忆文章,才使他一时名声远扬,"仿佛是一个突然发现,找到了无价珍宝"①。有一篇悼念文章生动形象地确定了他的社会地位:"俄国历史上新的麦基洗德②去世了。他传播永恒,但他不是由任何教会来涂圣油。他不是在教堂,而是在大街上吟唱着自己的复活经典。"③

在一般人眼里,图书出纳员的工作近乎平凡无比,但费奥多罗夫却视自己的工作为"神圣事业"。他认为图书馆是联结古今的不朽之环,因此具有复活历史的特殊意义。他主张,一切印刷品,哪怕是日历、草图、条例、声明、广告,等等,都带有时代和作者的印迹,都该保留下来,收藏起来。应当有目的、有组织、有系统地进行这项工作。

费奥多罗夫认为,在每本书的背后,我们首先看到的是书的创作者。他说:"书是作者思想和灵魂的表现,对书本应当像对生气

---

① Исторический вестник, СПб. ,1904. №2. С. 663.

② 麦基洗德——《圣经》中的人物,古犹太撒冷(后来的耶路撒冷)之王,"不符律法"的最高司祭(参见《圣经·创世记》14:18 – 20;《圣经·诗篇》110:4;《圣经·希伯来书》7:1 – 28)。

③ Покровский П. Я. Из воспоминаний о Н. Федорове // Московские ведомости. 1904. №23. С. 7.

勃勃的活人一样。如果作者死了,则应把书看成是遗体,作者仿佛将赖此而复生。"①他还有一个鲜为人知的愿望——建立一个作者去世日历图书馆。在这里,读者每天都去读在历史上的今天死去的一位或多位作者的书,这样,每本书都将有一天被读到。读书如见人,从中唤起"作者的活形象",这便已是使作者复活的第一步。因为,正如他所言,"研究不意味着斥责和赞许,而是在恢复生命"②。

　　这里费奥多罗夫突出了图书学的意义。他认为,这门时下"备受冷落和蔑视的科学"实际上包含着"知识的钥匙"。他说,什么是图书学?图书学应当通过引导阅读和研究书籍而纪念逝去的生命和时代。因此它所面临的新任务就是建立以作者逝世日为序的图书目录,还有专门收录所有作者的词典,类似教堂中的追悼亡人的名簿。

　　然而,毕竟不能强行把一切图书馆工作都归结为只研究作者,所以在《作者的义务与图书馆的权利》一文中,费奥多罗夫提出一个更为现实可行的方案:在图书馆原有的保存部和阅览部之外,增设一个展览部,其业务是按照纪念和研究的原则每天都展示相应的图书、作者画像和半身雕像,等等。这样,图书馆的道德意义就得以充分表现:"图书馆应当不仅是图书收藏处,而且是为先辈建造的纪念碑,其中的图书就是作者的灵魂,而半身塑像就是他们的躯体……如果把书库比做坟墓,那么阅读或研究就是使作者脱离

① Федоров Н. Ф. Философия общего дела. I. Верный, 1906. С. 679.
② Федоров Н. Ф. Философия общего дела. I. Верный, 1906. С. 683.

49

坟墓,而展览就仿佛是复活。"①

费奥多罗夫还在图书学领域提出过许多创意,如馆际和国际图书交流以及私人藏书在阅览室的利用,等等。他第一个制作了鲁缅采夫博物馆藏书的系统目录,还专门论述图书内容提要卡片的作用,认为应由作者本人撰写,要尽量"完整而简练"②。

据同时代人的回忆,费奥多罗夫对馆内藏书了如指掌。"未必有哪一家图书馆敢于像鲁缅采夫博物馆那样自诩有熟知自己所有藏书的馆员。而尼古拉·费奥多罗维奇了解鲁缅采夫博物馆藏书的内容,这简直是不可思议的现象。"③关于费奥多罗夫的博学甚至具有传奇色彩。许多俄国科学家(从东方学、宗教学到海洋事务)都满怀感激之情地回忆起尼古拉·费奥多罗维奇的帮助。"这简直是一部名副其实的活百科全书,他的记忆简直浩无边际。"④

虽说在图书馆的职位低微,但费奥多罗夫德高望重,是鲁缅采夫博物馆的知识和精神权威。以至于画家列·帕斯捷尔纳克⑤在多年后写回忆录时竟把费奥多罗夫错记成馆长。看来这个记忆错误要比史实更能说明问题。

每天3点博物馆开馆后,乃至星期天,鲁缅采夫博物馆的目录厅都成为真正的辩论俱乐部。当时莫斯科的许多名流都来参加。

---

① 费奥多罗夫以笔名发表在当时报纸上的文章:Долг авторский и право музея-библиотеки // Дон, 1 Июля 1897。
② 费奥多罗夫的笔名文章《什么是图书内容提要卡片》// Дон,1896. No. 119.
③ Московские ведомости. 1904. No23. C. 5.
④ Московские ведомости. 1904. No23. C. 5.
⑤ 帕斯捷尔纳克,列昂尼德·奥斯波维奇(Пастернак Л. О.,1862—1945)——俄罗斯肖像画家,著名苏联作家和诗人鲍里斯·帕斯捷尔纳克之父。

当各种意见纷争相持不下之时,"老师"总能以出色的综合能力使各种矛盾走向和解①。

这位与众不同的老图书馆员的日常生活几乎让人不可思议。他的作息时间大致如下:下午5点从博物馆下班回到自己的卧室,吃一点面包,喝一杯不放糖的茶,这就是他的主食了。然后,以书当枕,和衣而卧于光板箱子上,睡大约一个半小时,然后读书和写作到凌晨3—4点,然后再睡2—3小时,再喝一点茶,早上7—8点就又上班去了。

如此寒来暑往,年复一年。无论严冬盛夏,他总是穿着一件古旧的单排扣大衣。他从不轻易花一戈比用于自己的消遣。"他在博物馆的月薪是三十三卢布,但自己只花八卢布:五卢布买煤,三卢布用于吃饭,也就是买面包和喝茶"②。这样就不难想象,他何以有可能以自己的微薄薪水周济他人和购买图书。每月20号(发薪日)都有一些更贫困的人来找他,他就把刚发的大部分工资分给他们。馆长曾不止一次想给他加薪,他总是把机会让给其他同事,说对自己的现状已心满意足了。他还常用自己的钱设法为图书馆买些必要但买不到的书籍。

这种自己选择的贫寒生活,仿佛是对物质与精神这一人类永恒纠葛的问题所作的真实注解。在古代宗教世界,人类精神的弘扬曾走入禁欲主义的极端,然而,近代以来,在"人的发现"、"人的解放"的口号下,人的精神在物质的挤压下有所失落或变得单调

---

① Кожевников В. А. Н. Ф. Федоров. М. , 1908. С. 5.

② Покровский П. Я. Из воспоминаний о Н. Федорове // Московские ведомости. 1904. №23. С. 4.

了,物成为更普遍的价值标准。所以有人感叹现实社会正处于物欲横流的时代,呼吁人文精神之振兴。新任东正教莫斯科和全俄牧首区大牧首基里尔,2009 年 3 月,在访问加里宁格勒大学的演讲中指出,当今世界的时尚是建立在人类的物欲基础上的,他提醒青年学生要学会在这些喧闹"噪音"的背后,分辨出和把握住"基础价值"的有益"信号"。

当年,费奥多罗夫以自己的言行拒斥物的统治,维护人的内在精神之美与力量。有一次他在一个学生 C. M. 谢维罗夫家看见有许多藏书,就说:"这都很好。但要记住,最坏的事是对物的偶像崇拜,嗜物成癖,成为物的俘虏。"他在另一个场合还写道:"物占有人,束缚人,使人不自由,给人的世界带来纷争"①,使人"永远处在童年,长不大","削弱人的肉体,扭曲人的灵魂"。

人的灵魂之美并不表现在华丽的服饰上。在费奥多罗夫看来,华丽的服装只是一种生活游戏,是供消遣的"手工玩具",是一种欺人的外表,只为掩饰人的缺陷、畸形、病态和肉体的易朽。"服装只是我们易朽之躯的更易朽之外壳。"房屋在他看来也不是舒适的享乐之所,而是一种生活表面的假象,"这些房屋……造成一种印象,仿佛建造房屋是为了使人忘记死亡与腐朽还依然存在;房屋好比面具,掩饰了我们面对自然的无能为力","它可能很漂亮、方便、舒适,但它会让人失望,会带来恐惧"。②

衣食住行,费奥多罗夫都如此"超凡脱俗"。"这是一个自然

---

① Федоров Н. Ф. Сочинения. М. ,1982. С. 417.
② Федоров Н. Ф. Сочинения. М. ,1982. С. 414, 413.

的禁欲主义者和老童男,他不要任何物质享乐和生活舒适,除了温暖之外。他喜欢热茶和阳光。"①——沃伦斯基这样总结道。

在同时代人的回忆中,这位神奇的老馆员的外表是:中等身材,微微驼背,几乎秃顶,但在头顶下部长着一圈卷曲的长发。他的年纪很难判断。在几十年间他仿佛总是那一副老者形象,几乎没有什么变化。他的穿着也使他显得老气,一身古旧的衣服,但丝毫不脏破,且十分得体。他最喜欢说这样一句话:"别看你今天绫罗绸缎,明朝就要破衣烂衫。"

他貌似年迈,其生命精力却令人惊叹:"活跃,好动,甚至动作敏捷,声音洪亮,讲话迅速生动,思想丰富多彩且深刻尖锐——这一切都表明这个非同寻常的人没有年老体衰,却像年富力强。"②众所周知,费奥多罗夫在图书馆上班时从来不坐在桌后,而是总看见他在不停地走动,穿行于书库、阅览室和书架之间。甚至到了他工作的最后几年,他的双腿重病时,他还是轻轻地扶着椅子站在那里。这似乎是在践行他自己的一个思想:人的直立状态是对使人匍匐于地的引力的抗拒。

费奥多罗夫的最显著外貌特征表现在他的脸上:椭圆脸形,高额头,线条优美,外围是长长的银灰色胡须,一双儿童般明澈的眼睛发出"热烈而敏锐的目光",透射出"聪明的智慧、旺盛的精力和刚强的意志"。正如一位作者所言,"从他的全身让人看到一种自觉的苦行,不是为标新立异和沽名钓誉,而是为最高任务和最高愿

---

① Сененова С. Г. Николай Федоров:Творчество жизни. М.,1990. С.73 – 74.
② Сененова С. Г. Николай Федоров:Творчество жизни. М.,1990. С.74.

望而自我修炼"①。

费奥多罗夫的虚怀若谷甚至有些过分。他虽在莫斯科和圣彼得堡文化圈中广为人知,但大家所知的只是他的名和父称——尼古拉·费奥多罗维奇,至于他的姓——费奥多罗夫,则鲜为人知,包括馆内有很多人都不清楚。有人曾问该图书馆看门人,他们的这位著名馆员姓什么,得到的回答是:"——姓什么?尼古拉·费奥多罗维奇,就这些。他没有姓。"费奥多罗夫去世时大部分莫斯科报纸都登载讣告。《莫斯科导报》上的讣告标题非同寻常,"纪念尼古拉·费奥多罗维奇",没有写姓。开头一句是"尼古拉·费奥多罗维奇不在了"。

若不是朋友们略施小计,甚至这位非凡人物的肖像都不会保存下来。他们让画家列·帕斯捷尔纳克悄悄躲在阅览室的书架后面,才得以偷画下他的肖像草图。1919 年,画家在此基础上画了一张大肖像,这就是今天人们在莫斯科费奥多罗夫纪念馆所看到的费奥多罗夫像。费奥多罗夫更反对有人给他拍照。有一次,一个崇拜者把照相机带进阅览室企图给他偷偷拍照,他发现后十分气恼。以后每当摄影师到来,他总是躲避起来。他对自己肖像的态度与列夫·托尔斯泰迥然相异。费奥多罗夫不止一次地为这位著名作家的矛盾态度表示困惑不解:一方面,托尔斯泰激烈否认圣像画,把它们叫做"小木牌",他感受不到圣像画是一种圣灵的形体化;另一方面,他自己却非常乐于摆好姿势让画家和摄影师作画和拍照。他不敬拜圣像,却把自己的画像四处传扬。

---

① Сененова С. Г. Николай Федоров: Творчество жизни. М. ,1990. С. 74.

费奥多罗夫的独特个性无法归结到任何一种类型,更难以找到类似者。他过着苦行僧的生活,却全然不是逍遥于世外桃源的遁世者。他热爱人民和社会。出版家尤里·巴尔捷涅夫(Юрий Бартенев)确切地描绘了这种禁欲生活的意义:

> 孩子病危的母亲会夜不能眠,食不甘味,忘记一切与孩子无干之事,并表现出异乎寻常的力量:尼古拉·费奥多罗维奇就是在这种状态下度过自己的全部生命。为自己的事业,他忘记了我们所沉迷其中的一切。①

当然,也不能说这种生活方式完全由他的学说所主使。"共同事业"学说要求生命的完满性和积极性,要求人的能力的高度发展。况且他从来不曾企图以自己的生活方式作为他人之榜样,只是他自己只能这样生活。但是,如果说他的生活不是他学说的一切要求的绝对反映,那么,却可以说,这种生活至少在理论上体现了这一学说所产生的热切愿望——与死作斗争,试图消灭死亡,至少是在文化中对死之不幸作出补偿。所以成为禁欲主义者,不关心所穿何衣所吃何食,拒绝一切物质享乐,就是为了把自己的一切物质与精神力量凝聚于一处:全身心致力于共同事业——消灭死亡,找回逝去的东西。这就是费奥多罗夫的生活目标。他号召不要沉湎于现有的短暂易逝的生命,苟活于充满肉欲的尘世而忘却可怕的终结,更不要以文化的精巧花纹来粉饰我们生活的粗糙表皮。

第四节　日常教堂

富于幻想的思想家并没有在书斋中与世隔绝地营造思想大

---

① Русский архив. 1904. №1. С.192.

厦。费奥多罗夫以自己独有的方式积极关注和努力参与当时的许多文化、历史和社会事件,甚至在某些方面还提出了建设性的可行方案。他从"共同事业"学说出发发表的观点(总是匿名或用笔名,有时用别人的名字)往往关涉一些具体的,甚至迫切的问题,比如主张亲近法国、建议开展国际图书交流、讨论如何应对干旱与饥饿,对关于即将到来的世界竞争以及关于裁减军备进行辩论,等等。他发表于 1898 年 10 月 14 日《新时代》上的《裁军》一文提出,应把军队变为自然科学力量。该文在俄国舆论界引起不小反响,还引起了某些英国社会活动家的兴趣。

当然,费奥多罗夫的主要视线还是投向那些为大众所忽视的边缘问题。他对这些问题不是在现实历史上的政治阴谋、改革、战争等事件上就事论事,而是面向一种尚未写就的历史,这是重新抉择的历史。

自 1812 年拿破仑入侵后,几乎在整个 19 世纪,俄国知识界都在热烈讨论俄罗斯民族性及其历史使命问题,由此产生了斯拉夫派、西方派、民粹派、乡土主义等各种思想流派。新斯拉夫派与索洛维约夫曾就俄罗斯民族特性及对世界未来的贡献是什么的问题展开争论。前者认为俄罗斯民族特性在于深远的宗教传统,在于东正教;后者则坚持俄罗斯民族的历史优势和对未来的贡献在于其强大的国家组织性。费奥多罗夫对此则有自己的独到的见解。他从人们所不曾留意的事实出发,认为俄罗斯民族的深刻独特性包含在"日常教堂"(Обыденные Храмы)之中,正是在这里孕育着俄罗斯民族的未来希望。

何谓"日常教堂"?这是一种特殊现象。原来,在古俄罗斯,主要是在俄罗斯民族精神更加浓重的北部地区,有这样一种习俗:人们齐心协力共同在一个或几个昼夜之内建起一整座教堂,在其中进行日常的祈祷和礼拜。这种同心同德的精神和神奇的劳动热情只有在非常状态下才是可能的,譬如,面临饥饿与瘟疫等天灾或防御外敌入侵时。在这种共同行动中包含着一种特别的大众心态——同心同德的品质。人们往往不去深究这种心态的潜在目的是什么。在费奥多罗夫看来,这一潜在目的的外部标志,它的象征形式,就是"日常教堂"。"这不仅仅是心理统一和意见一致的纪念物,而且是拯救和普遍复活行动的征兆。"所以,"这种习俗是独立生成的自发现象,并且是蕴含了我们民族性的最本质特点的特殊现象;总之,关于'日常教堂'的问题即是关于俄罗斯民族性、俄罗斯民族精神及其在经济、国家和宗教事业中的表现的问题"①。

在古老的俄罗斯大地上,自古就有这样的习俗:当某一户农家在收割、脱粒或建造房屋的时候,同村人都自愿帮忙一日,无须任何报偿。这种现象在俄国北部和东部叫 помощь,南部叫 толока,都是"帮忙"之意。在费奥多罗夫看来,"日常教堂"活动将这种自古就有的自愿劳动热情引入了"神圣事业"。这种自愿的帮工活动使参加者被唤起了一种类似"四海之内皆兄弟"的亲情。这种劳动及其所赋予的情感仿佛包含着柏拉图所说的,对另一个世界的灵魂回忆,闪耀着无私奉献的遥远的光芒,带来了伊甸园中的纯真的善与美……对费奥多罗夫来说,自愿的品质是存在之最高秩序的主要特征。"完全的自愿性是成年的表现。"不断扩展这种义

---

① Сененова С. Г. Николай Федоров:Творчество жизни. М. ,1990. С. 687.

务劳动范围,在自身和整个集体中培养这种自愿品质,就意味着新的存在秩序之幼芽的生长壮大。所以他说,关于"日常教堂"的问题"是最实质和最根本的问题",它给全部哲学赋予了另一种取向,"把理论哲学和实践哲学合而为一,成为方案哲学"①。

19世纪末,西方学者塔尔德②以充分证据说明了,在群体中每个成员的道德和智力水平都有急剧下降,因为有某种心理传染,能瞬间波及全体成员。这里强调的是群体的消极作用。费奥多罗夫了解这位社会学家的"犯罪的群体"理论。他自己则反其道而行之,要证明除群体对个人确有使其堕落的影响之外,还存在着相反的情况——群体对个人也有使其道德高尚的作用,消除自私自利的狭隘欲念,以团结一致的热情释放出巨大的创造力。他说,应以集体行为的这些特点为集体平反,这些特点正是"共同事业"之可能性的希望。

费奥多罗夫比较了俄罗斯与西方宗教的不同特点。他指出,神的原形不是作为抽象教条或直观概念进入俄罗斯的基督教意识的,而是作为精神与肉体完美结合的积极榜样,即三位一体而进入俄罗斯的基督教意识的。所以他高度评价俄国第一座圣三一教堂的创立者谢尔盖·拉多涅日斯基的精神功绩。

费奥多罗夫比较了两种宗教热情:一种是西方式的,被广泛谈论的所谓"复兴"(ревиваль),也就是"兴奋"(revival),即对宗教情绪的鼓动。比如1857—1858年在纽约发生的"兴奋派"运动,

---

① Сененова С. Г. Николай Федоров:Творчество жизни. М. ,1990. C.690.
② 塔尔德(Gabriel Tarde,1843—1904)——法国社会学家。

在大批民众中爆发了忏悔自己罪孽的狂潮,招致许多过激行为:拉扯头发,号啕大哭,浑身痉挛,彼此争吵,打架甚至杀人。结果忏悔变成犯罪。这使西方心理学家把群体的集体活动看做心理流行病的成因。"与西方作者的观点相反,在我们这里,集体活动不是导致心理病,而是对心理病的治疗。"①另一种类型的宗教热情是鲜为人知的俄国式的——建造"日常教堂"。它把忏悔置于一项神圣事业之中,尽心竭力地工作,因此代之心理狂躁而产生的是感动、喜悦和仁爱。与此相关,俄国与西方的教堂建筑也有显著不同:俄国是在一两天之内就建起一座"日常教堂",规模不大,紧贴地面,仿佛保存着祖先的圣迹;西方的教堂则是哥特式的庞然大物,数年才建成,竭力伸向天空。在这种向高空的无限伸展中,在这种以建筑表达的精神"兴奋"中,表现了某种柏拉图主义的灵魂超越肉体的倾向。而在不大的东正教堂中,则更多地保留着人类的形态,物质仿佛更少脱离精神。此外,西方教堂少有钟,而且响声不大洪亮,这在一定程度上表现了这些教堂的召集力、凝聚力较弱。

第五节　思想不朽

1898 年 9 月 15 日,鲁缅采夫博物馆馆长批准了年近古稀的尼古拉·费奥多罗维奇的退休申请。申请是在此之前的半年提交的,此间馆委会、同事和读者曾一再挽留,甚至在费奥多罗夫离去

---

① Сененова С. Г. Николай Федоров:Творчество жизни. М.,1990. C.728.

数日后,几乎全馆人员还联名写信请求他回来:"多年听您指教,如今馆里没有您,我们和读者无不深感孤立无援……谨望您不要拒绝我们大家的共同请求,回到我们中间,一如既往地重做我们在图书馆业务中的无可取代的领导……"①

彼得松在 1899 年 3 月 19 日致科热夫尼科夫的信中解释了费奥多罗夫坚持退休的原因:"图书馆找书的工作相当繁重,他一日写信给我说,他的有生之年不多了,这不多的日子他应当更有意义地度过。您会发现,离开博物馆后他会做更多事情。"②

的确,费奥多罗夫的晚年是学术成果卓著的几年:《共同事业的哲学》第二卷和第三卷(尚未出版)中的所有篇章实际上都是这几年之内写成的。主要的是继《关于兄弟之爱或亲,关于世界之不爱、不亲亦即不和状态的原因,关于复兴亲的手段问题》一文之后,他再次试图完整地概述自己的学说,这就是《最高道德主义,或普遍综合》一文,其中将自己的思想浓缩在 12 个"复活问题"之中,仿佛一种新的"基督教《福音书》"。

年迈的费奥多罗夫依旧保持着原有的生活方式。虽有些年老体衰,但精力仍然旺盛。不幸的是,有一次,在寒冬腊月的一天,他在友人的说服下改变了旧习,脱掉常年不变的单衣,换上皮大衣,而且坐上他从不肯坐的马车。结果却得了感冒,进而发展成严重肺炎,经医治无效。就这样,尼古拉·费奥多罗维奇在一所贫民医院不幸病逝,时间是 1903 年 12 月 15 日,享年 74 岁。

---

① Сененова С. Г. Николай Федоров:Творчество жизни. М.,1990. С.112.

② Сененова С. Г. Николай Федоров:Творчество жизни. М.,1990. С.114.

据科热夫尼科夫言,在生命的最后时刻,费奥多罗夫所说的话没有一句是关于他自己、自己的病和死,而都是关于"事业"……这就是他的最后遗训。

费奥多罗夫被安葬在莫斯科诺沃斯拉波达街(Новослободская улица)的哀悼者修道院(Скорбященский монастырь)公墓。

逝者之墓是生者缅怀的标志。然而斗转星移,时代变迁,这位思想家之墓在 1929 年被拆毁,夷为游玩之地。这似乎正中了费奥多罗夫本人关于道德野蛮化的不祥预言,其征兆之一便是"墓地变成游乐场",而"人子变成在先辈之墓地之上饮酒作乐的浪子"。

费奥多罗夫去世后,彼得松和科热夫尼科夫立即着手将老师所有文稿整理出版的工作。这是一项相当繁杂的工作。作者字迹细小、模糊不清,常常是在夜里昏暗的油灯下用铅笔写在单页纸或纸片上。所以,要把先师的哲学遗产整理清楚和系统化,需付出大量耐心细致的劳动。终于,在 1906 年,《共同事业的哲学》第一卷在沙皇俄国的遥远边区维尔内(今哈萨克斯坦首都阿拉木图)出版,共印 480 册。遵先师嘱托,所出之书"不为出售"。其中一些册分别寄往各图书馆,另一些给愿收藏者无偿拿去。第二卷是过了 7 年以后,1913 年在莫斯科出版的。第三卷也曾准备就序,包括一系列文章和书信,但由于战争与革命风暴接踵而至,加之科热夫尼科夫和彼得松于 1917 年和 1919 年相继去世,该卷未能问世。直到与第二卷出版相隔整整 80 年之后,其部分内容才被发表在俄罗斯《哲学问题》杂志 1993 年第 1 期上。

20 世纪 90 年代以后,费奥多罗夫的独特个性和学说重新受到一些俄罗斯研究者的关注。1993 年,由两位研究者 C. Γ. 谢苗诺娃和 Л. C. 巴格罗娃在莫斯科创办了费奥多罗夫图书陈列室(Музей-библиотека Н. Ф. Федорова),设立在莫斯科工会大街的中央儿童图书馆内。展出内容包括费奥多罗夫的生平、创作和思想命运以及费奥多罗夫作为图书管理员和博物馆学家、俄罗斯宇宙论者的思想等项目。

值得一提的是,2009 年是费奥多罗夫诞辰 180 周年,由俄罗斯国家图书馆和费奥多罗夫的家乡萨索沃市文化局等多家单位联合发起,于 2009 年 6 月 2 日至 6 日在莫斯科、沙茨克、萨索沃三地联合举办了第七届纪念费奥多罗夫国际学术报告会,规划的论题包括:

——费奥多罗夫的生平、创作与思想命运;

——"共同事业的哲学"与俄罗斯哲学思想;

——费奥多罗夫与世界哲学;

——俄罗斯宇宙论思想在 20 世纪文学和文化中的反映;

——俄罗斯侨民思想家对费奥多罗夫"共同事业的哲学"的精神探索;

——费奥多罗夫的图书文化哲学及其图书馆和博物馆活动与现代图书馆学和博物馆学;

——费奥多罗夫的记忆哲学与数字传统;

——从费奥多罗夫思想看教育问题;

——宇宙论哲学与当代世界全球化问题;

——费奥多罗夫的不死哲学与现代不死学(иммортология)。

第三章 "事业"哲学的基本特点

20 世纪初的一天,在德国海德堡大学的一间教室里,文德尔班①正在讲述自己的关于决定论和命定论观点。有一位来自俄国的青年学生忽然站起来提问,于是展开了学生与老师之间的一段对话:

——如果一切皆为必然,那么犯罪者是否应受到惩罚呢?他所做的一切不是必然的吗?

——这与哲学无关,是法学的事。

——那么罪恶又是什么呢?根本还有罪恶这回事吗?

——那是宗教的事,不属于哲学问题。

——您个人的意见又如何呢?

——如果您要听我个人的意见,请到我家里来;这个问题不属于教室。

这位俄国青年名叫费·奥·斯捷蓬②,后来也成为著名哲学家,慕尼黑大学教授。

---

① 文德尔班(Windelband, W. 1848—1915)——德国哲学家,新康德主义的杰出代表。

② 斯捷蓬(Степун Федор Августович, 1884—1965)——俄罗斯哲学家、历史学家、文化学家、作家。1902—1910 年间在海德堡大学师从文德尔班学习。

这段对话生动地反映了西方思维与俄国思维的一个显著不同：西欧思维长于学院式的理论体系，而对俄国人来说，思想理论与实际生活是不可分离的。

可以说，费奥多罗夫的"共同事业的哲学"，便是这后一种哲学思维的极端体现。

第一节　方案的哲学

从一般哲学类型上看，"共同事业"学说与那些在心与物之间从先后问题上争执不休的唯心主义、唯物主义等西方哲学流派确实大异其趣。这种学说是全人类在知行统一中追求最高理想的活动"方案"。

费奥多罗夫的"方案"哲学与抽象理论体系是相对立的，它秉承了俄国斯拉夫主义思想中关于理论知识之不完满性的观念。早在19世纪三四十年代，老一辈斯拉夫主义者霍米亚科夫和基列耶夫斯基就开了批判西方抽象哲学之先河。基列耶夫斯基指出，黑格尔哲学在使理性发展到极限的同时，也表明了纯粹理性之缺陷；对真理的认识不能局限于理性规律的逻辑发展，必然要求人的精神的"内在完整性"。霍米亚科夫则宣称，西方哲学派别无论唯物主义还是唯心主义，都陷入了抽象的片面性；从抽象思想中不可能重建丰富生动的现象，单凭逻辑之路不足以获得真理。此后，年轻的哲学家索洛维约夫进一步论证和发展了这一思想，展开了"抽象原理批判"。

《共同事业的哲学》的作者没有仿照西方哲学家的传统做法，

先以抽象概念构造一个本体论的世界图式,然后在此基础上营造出精致的哲学殿堂。费奥多罗夫原则上反对为世界存在设立一个确定结构。世界是混沌无序的还是具有合目的性的?

> 这个问题靠哲学的抽象方法,单靠思维这一种资源是不可证明和解决的。哲学把自己定义为知识,进而承认自己是一种闲散的好奇心,由此势必一无所获,甚至也不能得到知识。

> 如果说确认世界现状之中存在着完全的合目的性是荒谬的,则完全否认这种合目的性也同样荒谬。[①]

因此,哲学之器官、纯粹理性本身不能解决问题,只有创造活动、共同劳动,只有受高尚理想的激励而进行实践活动,才能通过对世界的根本改造而达到对世界的认识。在费奥多罗夫看来,绝对的知识在本质上只有在人类共同创造的世界中(而不是在外在于人的盲目自然界中)才是可能的。他喜欢援引亚里士多德的格言(为康德所重复):我们只知道我们自己所造就的东西。一切外在于我们的客体的终极知识仅当该客体成为我们的创造物,进入我们所设定的结构、秩序之时,方为可能。这仿佛又回到了康德的先验知识论问题。在我们看来,实际上,主观与客观、理论与实践、知与行的问题,是哲学史上千古常新的难题,知与行之关系,无绝对孰先孰后之分,只应辩证看待。知行合一有其深刻意义。但完全否定理论之认识功能的"理论"本身,亦难免有自相矛盾之嫌。

那么,照费奥多罗夫看来,哲学理论学说终将依托何处呢?在演示了一切思辨方法都同样有局限和同样错误之后,他仿佛为自

---

① Федоров Н. Ф. Сочинения. М. ,1982. C.531.

己的学说找到了一个更必然更可靠的依据,这就是对人自身之应有理想的道德体验和内在体悟的绝对性。所以,"要摆脱消极的抽象思辨之绝境,唯有一条现实的事业之路"。倘若世界是无序的,其中必无确切知识,则我们就应当把世界引向有序,依此宗旨来扩展知识,强化力量。这已不是只要单一思维、单一知识即可满足了的,而是要求与知识不可分离的"事业"。

但这里马上就出现一个问题——人难道不是自然的产物、自然的一部分吗?人何以有权做自然万物之主?何以不是"道法自然",却要按另一种原则生活?人何以能够"制天命而用之",欲将整个世界置于自己的意志之下?人又何以有如此的勇气与能力?

这大致有两种原因。一是人的内心自由与自然之外在规律之矛盾。无论如何,在外部秩序中,自然规律不可能容许人有名副其实的绝对自由的实现。且不说来自自然规律的种种限制与威胁,只"人必有一死"便是对人的自由的最大打击。所以哲学只有无可奈何地承认"自由是对必然的认识",或干脆放弃自由与抗争,"知其不可为"而安之若命,还要以"道法自然"的"智慧"来自我安慰。只有宗教敢于以人的意志、理性和愿望来统治盲目的自然力,相信人的真正绝对自由之可能实现。当然,可以认为这样的宗教只不过是脱离实际的幻想,虚无缥缈的神话。但问题在于,人是一种奇怪的存在物,在人的内心深处,并非只有外部现实才是唯一真实。二是基督教的世界观。"义人"费奥多罗夫自觉不自觉地接受了基督教本体论——人似神,故人为万物之灵、宇宙之心的观念。此外,人还应当成为神的拯救意志的积极履行者,这些基本信念是不证自明的。

但费奥多罗夫与其他基督教思想家的不同之处在于,其世界观基础来自基督教的"第一推动力",而其余"上层建筑"有许多世俗的、自然科学的、唯物主义的、实证主义的成分(我们看到,这也是他与其他某些宗教思想家产生分歧的主要原因)。诚如他自己所言:

有两种唯物主义,一者是屈从于物质的盲目力量的唯物主义,另者是支配物质的唯物主义——不是仅在思想中、游戏中、办公室或实验室中,而是在自然本身之中,使自然受理性调节。[①]

这第二种改造性的唯物主义,"道德唯物主义"正是费奥多罗夫自己的理想和信念。

实际上,这种"道德唯物主义"所强调的完全不是从物出发,而是恰恰相反,是要使物质世界服从于人的理性、意志,也就是符合道德。因此,这又近于唯心主义,尤其是近于索洛维约夫所主张的"实践唯心主义"或"实践理想主义":

不回避现实中不道德的一面,不是对此视而不见,但不要把它们认作是绝对不变的和不可避免的。而应当在其中发掘那些真正应有的东西的萌芽和条件,依据已有的这些善的虽不完满却是真实的表现,来帮助善的因素得以保持、增长和取得胜利,借此而使理想与现实日益接近。[②]

索洛维约夫还批评西方哲学仅把自己的任务局限在确定存在的一般原理及事物的永恒本质上,他提出真正的哲学应当指出借以克服知与行、目标与实现手段、理论与实践、思想与现实之脱离

① Федоров Н. Ф. Сочинения. М. ,1982. С. 627.
② Соловьев Вл. С. Собранные сочинения в 10 томах. Т. 9. СПб. 1913. С. 42.

67

的途径和方法。这些都与费奥多罗夫的思想原则同属一路,也是俄罗斯哲学思维的一个特点。

如本书导言所说,费奥多罗夫学说也符合俄罗斯式的理想性思维,其基本出发点是"应有的存在",而非我们所说的"客观实在"。他不去关注和争辩"世界是不依赖于人的意识的客观实在"还是"宇宙即是吾心,吾心即是宇宙",他没有以精神的自我发展构造出世界过程,也没有以"物自体"之不可企及而将人的认识界定在现象之域。在他看来,

> 世界不是给人观赏的,世界观不是人的目的。人总是认定能对世界发生作用,能按自己的愿望改变世界。①

这样,费奥多罗夫拒绝了对世界的消极反映和抽象的形而上学,转而确认世界万物之应有秩序的价值,制定人类改造活动的方案——他认为这正是哲学中的根本变革的意义所在:"仅被理解为思维的哲学,是尚处于童稚时期的人类的作品……把哲学理解为不是纯粹思维,而是事业之方案,这才是走向成年。"②

费奥多罗夫对哲学和科学的不同任务作了划分,这在当时俄国思想家中也是一种常见现象。众所周知,19世纪为科学昌明时代,受科学技术进步所带来的工业革命的影响,西方曾出现并盛行试图将哲学归结为科学的机械论和实证主义。俄国思想界对此则产生了三种不同反响。一是追随西方实证论,产生了俄国实证主义流派,他们欲抛弃哲学或以实证科学方法取代哲学,这一派以卡

---

① Федоров Н. Ф. Сочинения. М. ,1982. C. 427.
② Федоров Н. Ф. Философия общего дела. II. М. , 1913. C. 178.

维林①为代表;二是拒斥科学技术统治下的工业文明,向往生活的古朴、纯真,托尔斯泰便是如此;三是不否认科学的作用,但又强调科学有其自己的界限,不能取代哲学,费奥多罗夫与索洛维约夫都属此类。费奥多罗夫写道:

> 哲学是对应有之物的认知,它是所有人都有的活动计划;而科学所研究的是实有,仅提供行动手段。②

这样,哲学就应当是对存在之应有秩序的积极规划。

在费奥多罗夫的哲学思维领域,不仅有能动的意志因素,而且有感觉成分。他写道:"假如本体论不仅仅是被思想的,而且是被感觉的,那么就不应当把它同应有学(деонтология)分割开来,亦即不该把实有与应有分开。"③在这里,理想不仅仅是与行动意志不可分的思想,而且是受心灵感受所指引的思想。对实在的知识、对真理的认识、本体论,最终都应服务于"应有学",服务于应有者,亦即善。他说:"真理只是走向善之路。"这样,在人类最高价值体系——真、善、美之系列中,他把善,即事物的应有秩序,提高到了较真理或世界之现状更高的地位。这接近于索洛维约夫的一句格言——"绝对者通过真理在美中达到善。"

在"共同事业"学说中,哲学理性概念被代之以"方案"。"方案"是理论理性与实践理性之综合的结果,方案是"应有"之现实化的第一步,是使"应有"变为现实的第一步,是通往行动的桥梁。

---

① 卡维林(Кавелин К. Д.,1818—1885)——俄国哲学家、历史学家、法学家、政论家。

② Федоров Н. Ф. Философия общего дела. I. Верный, 1906. С.546.

③ Федоров Н. Ф. Сочинения. М.,1982. С.161.

在我们消极经验中的现有世界,只是借以实现我们思想观念中的世界的手段的总和,这种感性世界之外的观念世界对我们来说是更本质的;但它的实现或重建应当是内在的。①

所谓"内在"的实现,即是在现实的物质世界中真正实现,而不是"超验"的实现,即在宗教的"彼世"或哲学的"理念世界"抽象的实现。

这种世界之应有状态、"方案"的实现,只能是以全人类的共同行动改造整个世界的结果。"客体……是全部自然界,亦即推动着生与死的盲目力量",而主体是一切人,"学人和非学人,他们应当构成知识与事业的总主体"。② 这样,"共同事业"学说是一个"总的主体对完整的客体(即整个地球—整个太阳系—整个宇宙)的共同作用的方案"③。

这是一种包容一切的最高理想:号召无一例外的一切人去从事涉及一切人的"共同事业"。这是一种完全意义上的"集体主义"思想,"大家为大家而共同生活",来共同对付大家无一例外所共有的天敌——自然灾害和死亡。

第二节　人类宇宙论

自从苏格拉底将希腊哲学从以自然研究为主转到重人事伦理之后,在欧洲哲学传统中仿佛就产生了自然哲学与道德哲学两者

---

① Федоров Н. Ф. Сочинения. М. ,1982. С. 298.
② Федоров Н. Ф. Сочинения. М. ,1982. С. 478.
③ Федоров Н. Ф. Философия общего дела. I. Верный, 1906. С. 426.

各行其道之势。于是有了自然中心论与人类中心论之划分与对立。基督教世界观便是一种彻底的人类中心论——地球为宇宙中心,人则是地球中心。而费奥多罗夫从人对自然宇宙之特殊意义这一基督教观念前提出发,实现了从"人类地球中心论"到"人类宇宙论"的转变。他既强调人作为唯一有思想的宇宙存在物,是整个世界的主人和改造者,同时又承认人亦非某种独立自主之物,人的道德理想受自然和宇宙演化之命运的制约。这种人类宇宙论区别于自然本体论,即以自然宇宙为本,人只是其中的消极被动的部分,即便有一定的能动性与力量,也终究难逃自然之律;这种人类宇宙论也不同于主观唯心论,即主体自我包容世界,"万物皆备于我",为我而存在,我是超然物外的绝对价值。人类宇宙论所讲的是,其一,人在宇宙进化之中,故人的价值不可能是绝对自足的,人的道德也要依赖于自然;其二,人又是超越自然之物,人负有改造自然的使命和具有改造的力量。所以,这种人类宇宙论也就是我们后文中所讲的能动进化论。

从这样一种人类宇宙论出发,在"共同事业的哲学"中,善恶的根本问题不在纯粹人性之中,而是与自然紧密相关的。没有本体论上的性本恶,恶的现实存在是与自然界之盲目力量、与死亡相关的,恶只是世界的缺陷和不完善,而非存在的本原之一。反对恶就是与自然之偶然性、非理性、盲目性、"堕落"性作斗争,就是把整个世界变成合目的的、"自觉的"、"负熵"的过程。

费奥多罗夫指出世界观的两种历史类型:一是印度与德国的哲学和宗教——泛神论,亦即以恶作为构成存在与生命的必要条件的学说,故此消除恶的唯一手段就是消灭生命和存在自身;另一种是斯拉夫民族的世界观与生活观——不以恶为存在和生命的必要条件,而把与恶作斗争作为历史存在之目的。

我们看到,怜悯、宽恕、普遍拯救——这些俄罗斯精神的典型特征,都与不认为人性本恶的观念有关。索洛维约夫的道德哲学不是善恶斗争,而是"善的证明",恶只是善的不完善状态。托尔斯泰的"不以暴力抗恶"学说,其论据之一是一切恶人皆有弃恶从善之可能,没有绝对的恶人。

费奥多罗夫的特别之处在于,他没有把一切道德律都局限于人际关系之域,而是看到了人的道德原则及其胜利对物质自然秩序及其自觉把握的直接依赖性。可以设想,假如地球上的人类经过世世代代的劳动、痛苦和牺牲而实现了最高道德律,即建立了一个以公正、友爱等道德原则为基础的社会,这种社会可以培养出完善的、和谐的人,然而,这些完美的人,这种实现了最高道德律的社会,仍将是未被驾驭的盲目自然力的牺牲品。人愈伟大,人的精神愈精致,则他受疾病与死亡的制约性就愈使他痛苦不堪,即便是社会本身,带着人类千百年来创造的一切物质财富和文明成果,也可能在地球或宇宙的一次自然灾难中毁于一旦。所以,道德不完全取决于人的内在良心,还要依赖于一定的物质条件。中国古人讲"仓廪实而知礼节,衣食足而知荣辱",也是说社会道德不仅在于人自身的修身养性,还要受外在物质因素的影响。当然,这丝毫不是在贬低内在道德修养的必要性。

托尔斯泰主张人的行为要服从"内在理性"而不是"外在信条"。他反对教会的强制和生硬的教义条文,而强调每个人的内在道德修养是社会道德的决定因素。费奥多罗夫说这种道德理想之所以不能实现,正是由于存在着强迫作恶的外在力量,这就是造成淘汰和死亡的盲目自然规律。

理想主义者费奥多罗夫的哲学所关注的问题确实不同于以往的自然哲学、认识论或社会哲学、道德哲学。他仿佛站在更加宏伟的宇宙发展之高度进行哲学思考,所以其哲学基本问题是制约一切的关于生与死的自然问题。他要"把贫困问题(人为的、社会的贫困化)代之以生死问题(自然的贫困化)"。人们习惯了各种形式的彼此之间的窝里斗,却忘记了所有人共同的主要敌人。

> 谁是我们的共同敌人,这个唯一的、无时无处不在的、在我们身内和身外的、同时又只是暂时的敌人? 这个敌人就是自然。当我们还软弱无力、尚未成为它的意志之时,它是一种强大力量,当我们缺乏理性,尚未给它赋予理性之时,它是一种盲目力量……当自然在人子手中由盲目的破坏力变成重新创造的力量之时,这个暂时的敌人就会成为永远的朋友。[①]

对于费奥多罗夫来说,主要的贫困是人在自然方面的"贫困",即人的生命的根本无保障,而在人被赋予的短暂一生中,又存在着健康的无保障。但这并不意味着这位俄国思想家否认社会公正,他明确指出,必须把贫困问题放在更宽泛的生死问题之中。因为这第二个问题所涉及的是普遍的、全人类的贫困,这是任何百万富翁和尊贵的国王也无法挽救的,他们在自然进程面前也像乞丐和奴隶一样无能为力。只有共同致力于对自然界的"普遍调节"才能战胜这些力量。所以,在他看来,为争取人的本体论自由、为使人摆脱对毁灭与死亡的依赖性而进行的斗争,较之一切其他斗争,

---

① Федоров Н. Ф. Сочинения. М. ,1982. С. 521.

譬如社会斗争或政治斗争,更具有本质意义。因为前者不会把人分化成个体或集团、多数和少数,因而不会造成彼此的对抗与纷争,而是相反,与盲目自然力量的斗争把人们团结起来反对共同敌人。这样,就会带来世界和人的本质在最基本水平上的和谐化。

第三节　批判认识论

费奥多罗夫不是西方意义上的哲学家,但他也从自己的观点对当时流行的康德、黑格尔、尼采哲学作出了独特的评价。

19 世纪末,正值康德哲学和新康德主义在欧洲盛行的时代,康德的批判哲学仿佛成了"基督教所期待已久的最后审判终于来临",而"欧美知识界都承认这种审判是公正的,至今未对其判决提出抗议"。但在费奥多罗夫看来,这是由于西方受到"康德的桎梏"造成的。

首先,康德哲学之局限在于把理性存在物看做是单一的、无活动的、在时空上有限的。费奥多罗夫则从人类宇宙主义观点出发看待人,在他看来,如果说宇宙在时空上有界限,那仅仅是因为其中没有能动的理性,而理性存在物之局限在于其没有活动或缺乏强力。

康德把心理学独立于宇宙学,这在事实上(在现有状况下)是正确的。然而屈从于事实就是一个巨大缺点!宇宙需要理性才成为宇宙(和谐有序)而不是现有的混沌,而理性存在物需要强力。宇宙(现状而不是应有)是缺乏理性的强力,而人(暂时)是缺乏强力的理性。怎样才能使理性具有强力、强力成为合理呢？强力只有在理性、知识的支配下才能成为合理的。[①]

　　其次，"康德哲学之错误与局限在于否认或不承认共同事业"。纯粹理性囿于狭窄的牢狱，只是关于此岸现象的抽象判断，不能进入"自在之物"，这就使理性陷入不可知、不可见的永恒黑暗境地。实践理性则更为不幸，只劝导人从善如流，却没有消除恶的责任；只能给人解决些细枝末节问题，却没有指出伟大的共同事业。不承认共同事业，单凭孤立个人的活动，是不足以消除恶的。"康德所带来的最大不幸是把理性一分为二，亦即承认这种分化是永恒的、不可消除的。认知理性注定走向不可知，而实践理性必然导致单独行动，即把能动性限于个人琐事。前者不能达到真理，后者也不能达到善。"[②]

　　再次，康德哲学的范畴，除时空等范畴的不足外，他还没有提出"死"这一范畴。在费奥多罗夫看来，"批判哲学"之最大缺陷应当是没有引入，或确切地说，就是忽略了"死"这一范畴。"批判哲学没有指出，全部知识范畴之共性是死，而全部行为范畴之共性是不死（或走向不死之路）。"正因为如此，理性才获得了既非主观亦非客观的意义，而是方案的意义。这种制定方案的能力将理论理性和实践理性结合起来。[③]

　　费奥多罗夫说黑格尔哲学的许多"正题"、"反题"之综合看似泛逻辑主义，实则是反逻辑主义，不能达到绝对真理，而"要使泛逻

---

①　Федоров Н. Ф. Сочинения. М. , 1982. C. 535.
②　Федоров Н. Ф. Сочинения. М. , 1982. C. 536.
③　Федоров Н. Ф. Сочинения. М. , 1982. C. 544.

辑主义成为真理,使一切都由思想、理性来指导,就需要共同事业"①。因此他提出将黑格尔逻辑学之框架予以改装的设想,即把"绝对观念"的发展换成"事业",将主体换成进行思想和活动的人,把三段论加以首尾倒置:原有第一阶段"存在"变成"再存在"(重建),从而成为终结;原有第三阶段"概念"变成"方案",从而成为开端,而中间之"本质"变成"实现",即认识了存在之本质以后便可以由果知因,由现象知动力,从偶然到必然。

假如黑格尔的精神哲学是事业哲学,则《精神现象学》作为感性知识向理性知识的过渡,就会成为消极向积极的过渡,其中一切生理学过程及构成人类学对象的一切现象,就会通过理性认识而受意志支配,生理学就会从属于心理学,这样,精神就会成为凌驾于主观性之上的客观向导。

在费奥多罗夫看来,尼采的伟大功绩在于否认作为道德之本体的善恶的存在,这与费奥多罗夫的宇宙主义伦理观是一致的:善恶只是对人调节自然过程的能力大小及宇宙受理性支配的程度高低的判断。但尼采没有进一步走入这一更广阔天地。尼采也感觉到对人来说必须有一种更高的东西,于是他提出"超人"说。但"超人"并无本质上的超凡之处,与其他同类并无根本差别,这种差别并不像想象的那样巨大。就像浮士德一样,发现自己与其他所有有死的东西有一点小小不同,尼采就把这微不足道的差异当做"超人"的巨大优越性,然而,

人的超越之处不应是高于同类存在物,而是高于盲目的、不合理的、有死

---

① Федоров Н. Ф. Сочинения. М., 1982. C.546.

的自然力量,而醉心于自由与权力的尼采对这种自然力量则漠然置之,他在竭力渲染超人对侏儒的优越之时,却未注意共同的强敌——自然的死亡。他号召与同类战斗,却没有呼吁向死这种万恶之源作斗争。①

虽然从外部看来,费奥多罗夫在认识论上与实证主义原则有相近之处,他也承认,实证主义在对知识的批判上,在断言知识不能根本解决问题上,在对"形而上学"的拒斥上是正确的,但他又立即指出,实证主义也像形而上学一样,仍然是以理论理性与实践理性之分离为基础的,仍然没有行动、没有"共同事业"作为证据。所以实证主义仍然是形而上的经院哲学的变种,实证主义者也依旧是一个学派,而不是研究世界"不亲"(неродственность)之原因并制定"共同事业"之"方案"的委员会。此外,实证主义只居功于划界和否定,而不去肯定和进取;只否定神话和幻想的东西,却不致力于以真实的东西取而代之。

费奥多罗夫还批判了当时流行的进步理论。按照卡列耶夫②教授的定义,"进步就是一般人的发展水平之渐次提高,在这个意义上。进步的原型是个人心理发展,这种发展不仅是可察觉的客观事实,而且是意识的主观事实:于内在经验中意识到知识逐渐增长,思想逐渐明晰,思维水平不断改善和提高;这一个体心理学事实会在集体心理中重复出现,于是,全社会成员便都产生了自己较前辈的优越感"③。

费奥多罗夫指出,首先,这种优越感会导致年龄利己主义。因

---

① Федоров Н. Ф. Сочинения. М., 1982. С.555.
② 卡列耶夫(Кареев Н. И.,1850—1931)——俄国历史学家、社会学家。
③ Федоров Н. Ф. Сочинения. М., 1982. С.75 – 76.

为社会由长辈和晚辈、父母和子女构成,按这种进步规律,晚辈不仅对逝世的祖先,而且对在世的长辈都会产生优越感。假如长辈对晚辈说:"你要长大,我要老了",这是善意,是慈爱;若相反,晚辈对长辈说:"我要长大,你该行将就木了",则这种优越感不是爱,而是恨,是"浪子"之恨。其次,这种以个性发展、个人自由为目的的进步不能带来团结友爱,而只会导致分裂斗争。此外,这种进步不能提供生命的意义与目的,因为,在费奥多罗夫看来,只有表达最高的爱与敬的东西才能提供生命的意义,而这种进步论主张晚辈对长辈的批判关系,并直接反对复活。总之,这种进步理论没有内在联合和外在的全人类共同事业,因此只是一种自然现象,显示不出人与物、人与兽的根本区别。而真正的进步,其目的应当是使一切人参与共同事业——认识和改造那些带来饥饿、瘟疫、死亡的盲目力量,进而达到天随人愿。

费奥多罗夫坚决反对把哲学作为认识论、作为消极的纯理论知识,他称此类哲学是"未成年的属性,是脱离现实事业的虚假作业",他所理解的哲学应当是对现实的积极改造,应当是有积极实效的"方案哲学",亦即"共同事业"学说;他建议哲学家要从事该做的事业——研究世界"不亲"、不和状态之原因,寻求重建亲和关系的办法。这样,他也宣告以往哲学的终结和"事业"哲学的开始。

"事业"哲学不容许将认识仅仅局限于纯思维,而认为只有通过全人类的积极活动方能获得,知识靠事业来证明,思想来自行动,只有在行动中才能认识真理。也就是在知行关系上主张行先知后。"只有在做、在实现某种东西之时，才能理解它。"①

　　在关于认识的学说上，费奥多罗夫是典型的俄国思想家。一般说来，俄国哲学对认识的理解，总是道德动机高于形而上学的理性动机，认识总是完整精神的认识，而不是抽象理性的认识。从斯拉夫主义者到索洛维约夫再到 20 世纪俄国宗教哲学家，莫不强调这一特点。费奥多罗夫表现得更为极端，他宣称自己的认识论是与古希腊的"认识你自己"的思想势不两立的，他认为，谁从认识自己开始，谁就已经拒绝了"亲"（родственность）与"孝"（сыновство）。

　　苏格拉底的神说："要认识你自己"，也就是说，不要相信父辈，不要相信传统，不要相信他人或兄弟的证据，只认识自己。笛卡儿回应说："我思故我在"，费希特解释说："自我—认识者也就是存在者；一切其他之物都是被认识者，也就是仅仅是被思想者，因此是非存在者。"这样，施蒂纳和尼采得出结论说："要全心全意地爱你自己"，也就是在自己身上找到自己，这是唯一的真实存在，除此之外不要承认任何他人……②

　　与这种个人主义的、利己主义的认识论相对立，费奥多罗夫提出认识的孝道、友爱和共同性原理。这首先要求的不是"认识你自己"，而是"要彼此认识"。在认识事业中，也要像在其他事业中一样，要做不忘亲情的父之子。能够认识真理的不是从自己开始起步的自主的孤独个人，而是记住先辈遗训的，与大家一道认识和为了大家而认识的"人子"。

　　在笛卡儿的著名格言"我思故我在"中，费奥多罗夫也看到了

---

① Федоров Н. Ф. Философия общего дела. II. М., 1913. С. 88.
② Федоров Н. Ф. Сочинения. М., 1982. С. 483.

一种恶的个人主义和对"亲"的否定。因为笛卡儿是从独立自主的自我的思想出发的,这一思想不依赖于任何东西,也不与任何东西相联系。他对笛卡儿的这一出发点作了双重反对:首先反对笛卡儿通过思想证明自己的存在,而不是通过行动;其次,反对笛卡儿通过孤立的个人、通过个人的自我确立来证明这一点,而不是通过亲的、爱的统一。

这样,费奥多罗夫认为欧洲哲学之根基本身就已经堕落,全部近代哲学都是叛父忘亲的"浪子"所创造的。

> 从利己主义的"我思故我在"中所产生的是无灵魂的知识,而只有从"我感到失落"中,从孤儿感中,才能产生追求统一、追求复活的愿望,产生关于不亲和死亡之缘由的知识……在人们紧密团结,不仅有统一情感,而且在统一行动的情况下,"我思"就意味着我加入复活的共同事业。[①]

可见,在费奥多罗夫哲学之特殊认识论中,认识诞生于丧失先辈的失落感和使他们复活的需要,而不是出自好奇心和揭示存在之奥秘的愿望。认识是与死作斗争。在这一哲学认识思想的深处,潜藏着俄罗斯精神对人类痛苦的同情心和对普遍拯救的责任感。当然,我们说他对古希腊和近代欧洲哲学认识论的理解和评价,未必是十分正确与公允的。

第四节　实证知识论

从上一节对一般哲学认识论的批判中我们看到,在费奥多罗

---

① Федоров Н. Ф. Философия общего дела. I. Верный, 1906. С. 137.

夫身上,俄罗斯之心的道德感压制了理论知识的价值与意义。这使得他的知识学说具有实用主义和实证主义倾向。在这方面他是与宗教神秘主义思想倾向完全对立的。他曾激烈批评索洛维约夫的思想重神秘轻现实,进而指出什么是现实之路:

> 索洛维约夫不是把恢复现实的东西,而是把确立神秘的东西看做是最高的善,他为"语文"和哲学而离弃物理—数学系不是偶然的,因为对他来说,物理学告诉人们的现实力量,较之神秘哲学和魔法所赋予人的虚幻力量来说,是微不足道的……只有当现实手段尚未出现时,神秘手段才能被认可,而当今时代这种现实手段已经不少了,虽然它们还应当更多:试图调节气象过程、降雨、冰雹、雷电、极光;试图避免地震;试图根除传染病,抗拒机体衰老;最后,试图使机体复活……这才是一条现实之路,不是走向物质世界的消灭,而是走向物质世界的完善,走向现实的复活,而不是神秘的灵性化。[①]

费奥多罗夫宣扬一种行为的实证主义(相对于知识的实证主义)。他说:"关于复活的学说可称之为实证主义,但是属于行为的实证主义,因为按照复活学说,不是把虚构的知识代之以实证的知识,而是把神话的虚构行为代之以实证的行为,也就是现实的行为。"[②]

这仿佛是一个唯物主义者对宗教神秘主义的批判。的确,费奥多罗夫是19世纪科学技术乐观主义的典型代表,他甚至比任何一个实证主义者都更相信实证知识的无穷力量。对他来说,死本身只来自无知,战胜死要靠知识和启蒙,人们的友爱也依赖于知识以及知识的深度和广度。他提出这样的公式:"没有启蒙,就有死

① Федоров Н. Ф. Философия общего дела. II. М. , 1913. C. 180 – 181.
② Федоров Н. Ф. Философия общего дела. I. Верный, 1906. C. 26.

81

亡,没有知识,就有永恒毁灭,——别无出路。"这种知识是指大众所掌握的实证科学知识。

从我们现代的观点来看,这种知识观具有科学万能论的时代局限性和幼稚性。到了 20 世纪,接连出现的世界性的革命、战争、精神危机,向人类提醒了科学实证论的这种局限性,使哲学又更多地关注人的内在方面、精神世界。在此,20 世纪俄国哲学家别尔嘉耶夫的思想与费奥多罗夫恰恰相反,费奥多罗夫视人的内在之路为自私自利的自我封闭,是逃避对大家的责任,是脱离"亲"与"孝"的道路;别尔嘉耶夫则把内在道路作为生命和自由之根本,因为只有内在道路才能揭示出人的神性,走向精神王国和自由天地,外在道路只能带来客体化和奴役。别尔嘉耶夫从人的精神来理解外部经验,外部世界被认为是人这一微观宇宙的一部分,他的哲学专注于人的内在精神现实,在人之内部揭示全部存在之奥秘。在他看来,精神体验所揭示的现实更加真实,所以,他认为,费奥多罗夫关于自然调节的思想的深刻意义并不在于对自然的外部改造,而在于对作为微观宇宙的人的自我意识的调节。①

俄罗斯哲学的道德性与实践性,在费奥多罗夫的认识与知识学说中达到了极端化,以至于否定了思想理论的自我价值和意义,这种实证主义和实用主义甚至达到了功利主义的地步。这里也包含着明显的矛盾:他一方面相信知识的无限力量,认为知识具有调节自然、改造世界的任务;另一方面又认为知识本身无能动性,因而无意义,只有以知识为基础的技术、行动才有价值和意义。他只

① Н. А. Бердяев о русской философии. Ч. 2. Свердловск,1991. С. 63.

把认识看做是实用工具,却没有看到,认识本身已经是一种创造行为,认识行为本身也是对世界的直接改造,它给存在带来真理之光。因此认识也是创造,知识也是力量。

第五节 哲学乌托邦

一般哲学史上常见的概念范畴有存在、观念、意识、物质、经验、知识、主体、客体等等,现代存在主义哲学家又把一些主观情绪化的范畴引入形而上学,如恐惧、厌烦、冲动、恶心等等。费奥多罗夫与此二者皆异,在他"共同事业"学说的叙述中包含了一些独有的核心词语—范畴:"学人"(учёные)、"非学人"(неучёные),"亲"(родственность)、"不亲"(неродственность),"人子"(человеческий сын)、"浪子"(блудный сын),"成年状态"(совершенолетие)、"未成年状态"(несовершенолетие)。在他的"方案"中还有这样一些重要词组:具有复活意义的博物馆、学校—博物馆(школа-музей)、学校—教堂(школа-храм)等。具有重要意义的还有被他赋予新意的基督教概念和偶像:"三位一体"、"教堂外弥撒"(внехрамовая литургия)、"复活节游行"(пасхальный ход)等等。

费奥多罗夫提出,世界上最主要的分化不是贫富分化,而是思想与事业的脱离,"学人"与"非学人"的分化。这种分化"较之贫富分化来说是一种更大的灾难"。它把原始的"亲"的共同体分裂成两个领域:一是思辨理论的、纸上谈兵的领域,另一个是机械劳作的、缺乏精神性的实践领域。这是一切分化中的最大不幸,必须在未来进行富有成效的结合,即重新结合。他认为,从纯粹的分化方面看,"学人"之主要过错在于他们对世界的消极直观的、理论认识的关系。这种关系的直接后果就是世界成为表象、成为虚构。而大部分"非学人"则对世界有另一种关系,他们以自己的实践劳动直接介入了世界的绝对物质实在之中。

人在本质上是活动者;正是野蛮人把自己和世界想象为应有的样子,亦即将自己看做是能动的,将世界看做是活生生的。①

但"非学人"在世界中的作用具有狭隘的实用主义之弊。应以光明的知识和最高的目标来赋予他们更广阔的创造天地。这正是"学人"的重要职责。虽然"学人"的存在本身就是"不亲"的表现,但他们有义务也有能力重建世界之"亲",最终解决世界的分化问题。"在从道德观点理解的历史上,城市阶层从乡村阶层、学人阶层又从城市阶层划分出来,不能有其他意义,而只意味着临时差遣。"这种"差遣"之目的就是制定改造世界的"共同事业"方案。"学人"与"非学人"、知识与事业、理论理性与实践理性的对抗,只有在"共同事业"之进程当中才得以克服,在这一进程中大家无一例外地共同参加对世界的认识和调节。

"不亲"是费奥多罗夫对整个世界之现状的深刻描述。"不亲"表现为相互排挤和斗争。"所谓不亲状态,我们指的是一切经济—法律关系、等级划分和民族间的纷争。"②这仿佛是在重复一切社会乌托邦主义者的古老愿望——通过实现团结友爱而走向人

① Федоров Н. Ф. Сочинения. М.,1982. С.88.
② Федоров Н. Ф. Сочинения. М.,1982. С.63.

间天堂。但实际上并非全然如此。"不亲"在费奥多罗夫这里不仅仅是对人际关系或社会关系世界的否定性的规定,如霍布斯所言"人对人是狼"的状态,而且是一个伦理宇宙论的范畴。"不亲及其根源充满了作为盲目力量的和未予理性指导的整个自然界。""不亲"是以互不兼容和分化原则为基础的自然存在秩序的内在本质,这种自然秩序使我们成了"新老更替这种淘汰法则的工具"①。

在常人看来,新老更替是不可抗拒的自然法则,这是类的生命的延续方式,至于其中所包含的个体的毁灭,也是千古不变的规律,个人对此只能安之若命。人们对此如此习以为常,乃至若有谁想违抗此律,就会被认为是幻想家或神经病。费奥多罗夫则从具体个人的愿望、情感与道德出发,把这种自然规律看做是宇宙存在的不合理性,并把改造这种不合理性作为全人类历史的"共同事业"。而且,与那些关于平等博爱的温情主义的宣传家有所不同,费奥多罗夫懂得,"不亲的根源不是随意变幻的,只靠言辞不能消除,单凭愿望不足以消灭不亲的原因,为此必需知识与事业的共同劳动,因为这是一种生根于人之身内身外的痼疾,不可于瞬间治愈"②。

这位思想家首先号召共同研究"不亲"的原因,然后再致力于消除它们。由于"不亲"是存在本身的根源之一,是构成存在的"不应有"的结构,所以研究"不亲"的原因就等于研究这一结构本

① Федоров Н. Ф. Сочинения. М. ,1982. С. 67,66.
② Федоров Н. Ф. Сочинения. М. ,1982. С. 63.

身和进行消除不亲的尝试。"亲"——不是伟大的道德律令,而是靠行动、靠事业来达到的事业,它首先是知人知己即认识人的生理及心理本质的事业,然后是知世界的事业,最后是完成调节与复活的事业。

在费奥多罗夫的独特眼光中,人不是具有自我目的和自我价值的自由个人,人首先是"人子",即为人之子。否则就是"浪子"。不忘父,积极加入复活祖先之"共同事业"的人,就是"人子","人子"应具有为子之道或"孝"(сыновство),忘记"孝",忘记对父的义务,只追求自我享乐的人,就是"浪子"。以父养育子来维系的社会,只是人类的"未成年状态",只有当社会从父养育子过渡到子复活父的时候,才开始人类的"成年状态"。

在古今哲学家、思想家之大家族中,费奥多罗夫应当在乌托邦主义者或理想主义者这一谱系中占据一席之地。人们常常把他与傅立叶一类空想社会主义者相提并论——他们都超越现实地描绘了自己理想中的社会生活蓝图,但有所不同的是,这位俄国思想家的学说不是社会乌托邦,而是"宇宙乌托邦"。他的"方案"所追求的不仅仅是某种理想的社会制度,而且是全部自然界、整个宇宙的应有秩序。如果说其他某些乌托邦主义者的思想基础是建立公正、平等、友爱、幸福的人类社会这一永恒理想,那么,费奥多罗夫的"方案"的思想动机则是一种更大胆的理想——完全把握生命奥秘、战胜死亡,在改造了的世界上使人具有似神的能力。

"乌托邦"一词系拉丁语"utopia"之音译,源于希腊文"ou"(无)和"topos"(处所),意即"乌有之乡"。当初英国学者托马斯·莫尔在1516年出版的一本书中描绘了一个公有制、无私产、人人劳动、按需分配的理想社会,他把这样的未来社会称做"utopia"(乌有之乡)。后来,"乌托邦"一词被用以泛称那些不能实现的设想、计划,成为"空想"、"幻想"的同义语。于是构想未来社会乌托邦的人被称为"空想社会主义者"。

我们认为,就社会政治而言,"乌托邦"式的空想固然不可取,然而从哲学思维的角度看,"乌托邦"思想家所侧重的不是对结果的异想天开,而是思维过程本身,这是一种特殊的理想主义思维方式。乌托邦论者思想的发生和进一步发展的动力都是理想。在这种人人具有的"理想思维"中,包含着一种独特的认识方式——不是作为现实的反映,而是成为改造现实的方案。在这里,由因到果的消极客观进程被代之以由最高目的到实践的顽强追求,直观反映让位于行动方案。"遵照理想"的思维是遵循目的、遵循最高幸福的思维。终极目的即是世界万物之应有秩序的顶峰,也是其理论构造的出发点。

俄国社会思想家普列汉诺夫在批评法国空想社会主义者圣西门及其同类的社会乌托邦主义者时,论述了一个深刻的观点。一般看来乌托邦主义者仿佛是夸大理想,而普列汉诺夫恰恰指责他们对理想没有充分的信仰,情愿屈从于"合法的天命",屈从于事物的自然规律。因为他们"把规律同人们改造这一规律之作用的愿望对立起来。一旦人类有了这样的愿望,则这一愿望本身便构成人类理智发展史的一个事实,于是规律应包含这一事实,而不是陷入彼此冲突"①。按照这一观点,我们应当在费奥多罗夫的立场上看到具有合乎理性规律的"人类理智发展史的事实"。

在某一具体的理想主义哲学家心中产生的作为认识最高目标之工具的理想,总是在某种程度上反映世世代代人的共同愿望。在这种理想的底处往往是人类深层的潜意识或无意识。按照瑞士心理学家荣格的术语就是"集体无意识",它与个人潜意识不同,是一种经过人类的世代追求而沉积于人类文化和心理之中的"客观潜意识"。费奥多罗夫所表达的人类"潜意识"较之社会公正、普遍幸福的愿望更深一层,他要消灭威胁人世一切幸福之树,使之凋零、枯萎、死亡。

乌托邦——乌有之乡。实则并非绝对"乌有",它不在外部,而在人的心灵深处。"应当怀有理想"——这不是鼓动人们在甜蜜的梦幻中虚度时光,而是要唤起只有人才拥有的规划未来的能力。必须自觉地把握理想,这种对理想认识方法的高度重视,是和要把理想作为无益的幻想加以消除的狭隘功利主义观点相对立的。

人类在几千年历史上,通过体力和智力劳动所创造的一切,当初都曾是人的理想,只不过此理想在与现实的冲突中不断修正自身。在任何一种乌托邦观念中,一般都包含两方面:愿望本身及其变为现实之路。后一方面往往是薄弱环节。许多没有正确反映社会历史客观进程的个人信念和普遍规划都不可避免地遭到悲剧命运。然而也有许多理想,其核心观念往往提供了未来现实的若干

① Плеханов Г. В. Избранные философские произведения в 5 т.. Т. 1. М., 1956. С. 541.

萌芽。值得注意的是,费奥多罗夫本人并没有把自己的"自然调节"和"复活先辈"的方案看做是乌托邦,而是当做一种最彻底的"作业假说"——这是一种前所未有的关于应有世界的假说。这种方案假说要求人类全部历史经验和宇宙实践的检验,而不是单凭某段局部就可证明或证伪。这里,我们不妨再次回顾托尔斯泰对费奥多罗夫学说的那段评价:"从哲学观点看,他的学说是正确的,它正确地给人类提出了这样的任务,此任务只有放在时间的无限延续之中方能完成。"

第四章 "事业"哲学的主要问题

与西方哲学家建造世界之抽象模式的体系化方法不同,费奥多罗夫喜欢用"问题"式的风格来叙述自己的学说。我们在上一章提到,他试图系统表述自己学说的两篇长文,第一篇是《关于博爱或亲、关于世界之不爱、不亲亦即不和状态的原因,关于复兴亲的手段问题》写得比较早;而第二篇《最高道德主义,或普遍综合(亦即普遍联合)》["Супраморализм,или всеобщий синтез(т. е. Всеобщее объединение)"]一文,则是在他去世前一年即1902年写的,表述更为成熟和简练,其中他把自己的学说浓缩为12个"问题"。

的确,对他来说,人生要遭受不测和死亡,这是有待解决的问题(而不仅仅是不可违抗的必然规律)。整个世界也是个扩大化的问题,它要待得到充分调节的条件下才可能解决。关于世界的知识也是问题,一旦它具有自足的无可置疑性,就会变成僵死的教条。

第一节 贫富与生死

费奥多罗夫首先对题目中的"普遍综合"和"最高道德主义"两个概念作了解释。普遍综合的含义是:其一,两种理性的综合,即理论理性和实践理性的综合;其二,三种知识和活动对象的综合,即上帝、人和自然的综合,其中人是上帝理性的工具,同时他自身也成为宇宙的理性;其三,科学与艺术在复活事业中的综合。

什么是最高道德主义呢? 费奥多罗夫写道:

最高道德主义——也就是对父辈—祖先的义务,使他们复活,这是最高的和绝对普遍的道德,这种道德对于拥有理性和情感的存在物来说是自然的义务,人类的命运依赖于这一义务的履行。我们说把对父辈—祖先的义务,复活的义务叫做"最高道德主义",是使用了那样一些人的语言,他们完全不懂"对父辈—祖先的义务"、"复活",因为他们可以说是外国人,是尼采分子。他们远离父辈的坟墓,不仅不带走父辈的一块遗骨,而且与他们完全断绝关系,就像著名的里舍①那样,他把祖先称做令人厌恶的——"这些令人厌恶的祖先",大多数现代知识分子也表达了同样的意见和感受。

最高道德主义——这不仅是基督教的最高道德,这是基督教本身,在基督教中,一切教义都成为伦理学,这一伦理学是与知识、艺术、科学、美学不可分割的,这些学说都应当成为伦理学的工具,而礼拜活动本身应当成为复活的事业。②

费奥多罗夫还把最高道德主义理解为"关于两种纷争的问题和两种统一的问题":两种纷争也就是关于富人和穷人的外部纷争和关于"学人"和"非学人"的内部纷争。他指出,要解决这个问题,就必须把生活的普遍富有的问题替换成生命的普遍复活的问题,也就是把人为的生活、人为的事业替换成自然的生命,也就是

---

① 夏尔·里舍(Charles Richet,1850—1935)——法国生理学家、心理学家,他还曾写过许多文学作品。

② Федоров Н. Ф. Сочинения. М., 1982. С.473.

自然本身在我们身上创造的生命。

费奥多罗夫认为,对于我们城市生活经验来说,人人都趋之若鹜的人为生活,就是人的"自然事业",而普遍复活似乎显得是非自然的,甚至可以说是最不自然的。但这并不意味着普遍复活事业真的是非自然的,而只意味着,我们自己已经过于"人为化了",扭曲了我们自己的自然本性。

对于从无意识状态进入意识状态的自然界来说,复活是如此必要和如此自然的事业,就像诞生与死亡对于盲目自然界来说是自然的一样。自然界在人子身上,在逝去的父辈之子身上,开始意识到自身,这种意识在过农村生活的人们那里应当被认为是自然的,而对于脱离了土地、离开了父辈的坟墓的城市居民来说,就像浪子一样,意识的自然性已经丧失了。最远离自然性、最人为性的意识是学人的意识,在他们那里"父辈的神"变成了抽象的神,"人子"变成了无规定性的"人",这样的人获得了完全自由,但同时也失去了生活的意义和目的。[1]

最高道德主义可以通过 12 个"复活问题"(пасхальные вопросы)来表述。按照费奥多罗夫的观点,这些问题要求所有诞生的人明白和感觉到,诞生是从父那里接受、获取生命,也就是剥夺父的生命,由此就产生了复活父的义务。这些问题是在从无意识的互相消灭的历史向有意识的复活方案的历史的转化中提出来的。正如复活义务是绝对普遍的一样,复活问题是对所有人提出的,这些问题涵盖了当代生活的各个方面。

问题 1:关于贫富的社会问题和关于生死的自然问题,哪个是

---

[1] Федоров Н. Ф. Сочинения. М. , 1982. С. 474 – 475.

更重要的。

　　前一个问题也就是普遍富有的问题,后一个问题是普遍恢复生命的问题。后一个问题不是在理论意义上提出的,即"存在者为什么存在",而是在实践上要求解决的,即"生存者为什么死去"。

　　应当指出的是,费奥多罗夫在这里所说的关于富有的问题是有特定含义的,是指"关于手工玩具和娱乐的问题",而不是关于必不可少的糊口之粮和卫生保健问题,后一个问题属于普遍恢复生命的问题。

　　"只要有死亡,就会有贫穷。"哪个问题应该提到前面,是解决关于贫富的社会问题,还是解决关于生死的自然问题? 哪个更重要,是社会的贫困(也就是人为的贫困)还是普遍的自然贫困? 是富有是善,贫穷是恶,还是不死的生命是真正的善,死亡是真正的恶?[①]

　　关于贫富的问题是关于两种称号或两个阶层(富人和穷人)的问题,——这是无法解决的问题;而关于生死的问题则是关于恢复生命的共同使命问题,这一共同使命把富人和穷人团结起来。第一个复活问题也要求用生死问题取代贫富问题,生死问题是富人和穷人的共同问题,它为知识和事业提出了对象,就是自然界,盲目的自然力量,使生命诞生和死亡的自然力量。这一问题也要求两种理性或两个阶层的联合,即学人和非学人,他们应当构成知识与事业的共同主体。

　　如果把贫富问题等同于普遍幸福问题,那么,在存在死亡的情况下,普遍幸福就是不可能的;而生死问题则等同于完全的和普遍

---

① Федоров Н. Ф. Сочинения. М. , 1982. C.477.

的拯救问题,取代了(西方基督教的)不完全的和不普遍的拯救,也就是一部分人(罪人)被判永远受苦,而另一部分人(义人)则永远直观这些苦难。

贫富问题不能消除死的问题,而死却将会使全部财富失去价值。因此,费奥多罗夫认为,在迷恋财富的时代之后,应当是弃绝财富的时代,即禁欲主义时代。但无论是普遍富有还是普遍禁欲主义,都不是目的,都不能赋予生命意义,因为它们都不能避免死亡,不能消除死的问题,就像一个印度神话中所说的那样,一个国王让自己的儿子生活尽可能地富足和奢侈,希望使他完全不可能知道疾病、衰老和死亡。只有普遍恢复生命才能赋予生命意义与目的,虽然实现这一目的的可能性既不可能用语言来证明,也不可能用语言来推翻——只有"事业"才能提供这样的证明。

问题 2:关于两种死的宗教和一种活的宗教的问题。

第一种宗教是内在的、虚伪的、无为的、无生命的宗教,即不要求统一和不提出任何"事业"的自然神论,或打着自由的名义要求分裂的人道主义;第二种宗教是同样无生命的、外部仪式的宗教,也是死的宗教(偶像崇拜)。

第三种宗教是统一的、活生生的、要求实际行动的宗教,它把生死问题、复活问题纳入宗教中。因此,它在每个礼拜五都给自己提出这样的问题,"为什么活人会受苦",每个礼拜六都问"为什么活人会死去",每个礼拜天都问"为什么死去的人不能复活"。①

"我是亚伯拉罕的神,以撒的神,雅各的神(也就是父辈们的

---

① Федоров Н. Ф. Сочинения. М., 1982. С. 479.

神）。神不是死人的神,乃是活人的神。"①对人子来说,神不是其他的神(也就是不是自然神论的死的神和人道主义的无生命的神）。自然不是神,神不在盲目的堕落的自然中,神与我们同在。理性力量应当掌管盲目力量,而不是相反。只有当理性存在物之间没有纷争、神与我们同在的时候,理性力量才能掌管盲目力量。"你派他管理你手所造的,使万物……都服在他的脚下。"②

父辈的神——不是死人的神,而是活人的神——照自己的样式创造了人,那些认为父已经绝对死亡、永远死去的人,已经不似神;与神的相似性只包含在对父的生命的恢复和重建中。活的宗教只是宗教化的活动,是把生死问题或普遍复活问题纳入宗教之中。

活的基督教不能不认为逝去的父辈之子是父辈的神的工具,是恢复父辈生命的工具,这才是宗教所应是的样子。财富问题在生活中所占据的位置越大,宗教的地位就越小,它就越成为无生命的、抽象的、无作为的、私人生活的宗教,也就是变成幻影。可以说,在对富有的追求占据主导地位的社会中,宗教就成为最少具有宗教性的、成为最世俗化的,如果"世俗的宗教"这个术语不自相矛盾的话。

第二节　消耗与重建

问题3:关于理性存在物对非理性力量(也就是人对自然)的

---

① 《圣经·马可福音》12:27。
② 《圣经·诗篇》8:6;《圣经·希伯来书》2:8。

两种关系。

一种是现有的剥削、耗尽关系；另一种是应有的调节、重建关系。

剥削、耗尽、利用关系迫使人们提出这样一个问题：许多世纪积累的地球资源正在为了什么目的、为了什么需要而被耗尽？现代状况表明，是为了生产玩具、为了娱乐和游戏。

不应当只"与盲目的自然共度一生"①，而应当与同自己类似的人共度一生，以便使理性存在物掌管非理性力量。与叔本华所说的"世界是意志和表象"相反，世界应当从无意志中、从屈从于盲目力量中解放出来，因为对于不仅能消极直观，而且具有情感和活动能力的人来说，世界不仅仅是表象，而是摆脱无意志的方案。世界不应仅仅是表象和直观，而应当成为后辈复活前辈的方案。不应当仅仅在理论上承认对自然力量的统治，而在实践活动中却处于对自然力量的完全服从之中。不应当把自己的活动局限于办公室、实验室。

只有对自然过程或盲目自然力量的调节，才是理性存在物对非理性力量的真正关系；而调节——意味着把诞生和死亡的力量变成重建和复活的力量。对自然的调节——不是贵族式的霸道（也就是使自然服从于任性），不是为所欲为（滥用），而是给自然界赋予意志和理性。当人们之间不再有纷争，当人们不是把自私自利，而是把善良意志赋予自然界的时候，因此当人成为神的意志的工具的时候，人也就能够支配自然了。作为理性存在物的人只有一个敌人——就是自然的盲目力量；但这个敌人只是暂时的，当人们之间不

① 费奥多罗夫在此借用了俄国诗人巴拉丁斯基的诗《歌德之死》中的一句，其中称赞歌德是伟大的多神教徒："他只与大自然共度一生。"

再敌对,而是在对自然力量的认识和支配中团结一致的时候,这个暂时敌人将会成为永远的朋友。[①]

征服自然对理性存在物来说,就意味着掌管自然的盲目力量,因为自然造就理性存在物是为了使其成为自己的首领和主宰者,如果人类屈从于自然或对其蒙昧无知,就会受到自然的惩罚,就像 1902 年由于对火山缺乏研究,一次造成 40000 人丧生[②]。人作为自然界的意识,关于给他带来饥饿、疾病、衰老和死亡的自然力量的问题,就是他要解决的问题,是他的自然事业。无论是信徒还是非信徒都应该在这一自然事业中团结起来。对于信徒来说,参加这一事业是履行神的意志,对于非信徒来说,参加这一事业则是争取摆脱盲目自然力量奴役的斗争。

问题 4:关于两种理性(理论理性和实践理性)和两个阶层(学人—知识分子阶层和非学人—人民阶层)。

哲学的理论理性是幼儿的喁喁私语,真正的理性是所有人团结一致地认识和支配自然的盲目力量,这种认识的范围逐渐扩大到全部世界体系,最终达到对整个宇宙的调节。

哲学认识的原则是"认识你自己";非学人的原则是在父中认识自己,在自己中认识父,成为共同父辈的兄弟,因此就会履行复活的义务。

理论理性认为,上帝、逝去的父辈只是思想对象,而现实的人与人之间的关系只是对象关系,而不是有思想的存在物之间的关

---

① Федоров Н. Ф. Сочинения. М., 1982. C.482.

② 指 1902 年北美洲马提尼克岛(法属)的蒙佩列火山爆发,造成岛上最大城市圣皮埃尔市的完全毁灭,居民全部遇难。

系。这种理性虽然也承认对自然界的调节(宇宙学),但只是在知识领域,而不是在现实中。康德的纯粹理性批判没有触及两种理性,两个阶层(学人和非学人)的分化,这种分化导致两种无知。非学人阶层认为自己是蒙昧无知的,而哲学家—知识分子阶层不承认客观知识的可能性,这是两种理性、两个阶层的分化所造成的两种无知。

统一的、真正的理性没有分化,所有人都在"人子"的事业中团结一致。理论理性应当认识生与死,把生死问题作为根本问题,实践理性应当恢复生命和战胜死亡,以此来履行圣父圣子圣灵的意志——这是两种理性的应有状态,但它们现在还没有达到这样的状态。现在的理论理性脱离人民的(农民的)、实践的、信仰者的(基督教的)理性,把关于生死的问题替换成关于贫富的问题。

为了确立两种理性的应有关系,应当把以人民为代表的实践理性放在首位,因为人民相信复活,相信自己参加复活事业,相信自己参加这项事业是履行神的意志,他们作为多神教徒,认为环舞具有成为太阳学的力量,这一力量能够使太阳从冬天回到夏天以便使埋葬的种子复活,使播种的父辈(死者)身体复活;或者,人民认为这种作用只依靠祈祷的力量就可以产生,因为他们不知道这样的劳动、事业,它们能够在发生比如说干旱、洪水等自然灾害的情况下,对自然给予应有的作用。当人民生活还完全依赖于自然的时候,当他们还没有现实手段来对抗盲目自然力量的时候,无论对他们讲什么理论,他们都不会拒绝这些迷信活动。指出这样的现实手段——而完全不是否定一切存在的合理原因和生命存在的合理目的——这就是理论理性的任务。①

---

① Федоров Н. Ф. Сочинения. М. , 1982. С.485.

然而理论理性脱离了它所从由来的实践理性,就像城市脱离乡村一样。城市居民远离乡村,忘记祖先和祖先的神,把神变成不可实现的理想,变成一种思想,甚至产生这样的问题——关于上帝的思想是从哪里来的,是从哪里进入自己头脑的?

当理论理性和实践理性彼此分离的时候,它们是两种无知,两种黑暗;而当理论理性与实践理性、与信仰者的、基督教的理性统一起来的时候,它们就被双重光明所照亮,先前的相互指责——信仰者指责非信仰者是怀疑不定,非信仰者指责信仰者是蒙昧主义——这种相互指责将不会再有。

问题5:关于两种情感。

性爱和对父母的爱,或普遍敌对与普遍的爱。

没有永远的敌对,而消除暂时的敌对——是我们的任务。敌对是不是无缘无故的,还是人们之间的不友好关系、盲目自然力量与理性存在物之间的不亲善关系是有现实原因的?需要用什么手段来恢复友善关系呢?

在性本能中迷恋感性力量的外在之美,看不见或不愿看见其中所包含的死亡力量,看不见与诞生相联系的死亡——这种迷恋导致了工业化主义,而工业化主义造成贫富差异,普遍敌对。只有对父母的爱才把全部子女联合起来,形成调节自然和复活祖先的强大力量。

问题6:关于两种意志或两种道德。

两种意志:一种是生育的意志,这是个人欲望,导致个人生活的自私自利;另一种是复活的意志,这是人类的统一情感,来自统一理性,带来普遍团结。

99

两种道德:一种是分裂的道德,也就是这样一种所谓的个性自由,它表现为为争取虚伪的尊严和虚幻的财富而斗争;另一种道德是统一的道德,所有人子意识到自己的损失,自己对父辈的义务,把履行这一义务当做自己的财富,自己的事业,他们在这一共同事业中统一起来。

生育的意志以追求财富为目的,无限掠夺自然,使人类走向非道德化;复活的意志以复活生命为理性存在物的目的,使得整个宇宙走向道德化,因为那时全部世界和整个宇宙不再受无情感的力量的支配,而是受所有人的友爱情感的支配,这也是整个宇宙的理性化。

问题 7:关于两种生活方式。

一种是在父辈墓地旁的农村生活,一种是工业化的城市生活。

农村生活崇拜父辈的墓地,期待他们的复活,城市生活崇拜无生命的工艺产品。当然,农村生活的现有状态还是不完善的,只有当城市居民回到父辈墓地的时候,当谁也不离开墓地的时候,当墓地成为汇聚人子的中心的时候,农村生活才具备达到完善的条件。那时将没有记住父辈的人子与忘记父辈的浪子的划分,所有的人子将团结一致地参与复活父辈和祖先的共同事业。

问题 8:关于两种科学。

一种科学是学院式的脱离实际的科学,只依据办公室的、实验室的实验,对人类生存的根本问题和现实灾难漠不关心;另一种科学是以所有人对自然本身的观察和经验为基础的,运用于调节或支配盲目的自然力量。

问题 9:关于两种艺术。

一种艺术是游戏,是创造死的材料;另一种艺术是通过共同劳动重建逝去者的现实生命。

全部艺术要么按照德国的方式,在音乐和戏剧中统一起来,要么按照俄罗斯的方式,在建筑中,在教堂和教堂礼拜中统一起来。教堂是建筑艺术的最高表现,教堂是宇宙的艺术造型,教堂虽然比宇宙无限小,却比宇宙具有更高意义,因为教堂是被赋予意义的宇宙,是宇宙的方案,是宇宙的应有样式。教堂塑造了天穹和天穹下面的敬拜者的艺术形象。在教堂中的圣像壁上,我们看到了人类的全部历史,从亚当开始,到洪水前的先祖、洪水后的先祖、国王、先知,到主的先驱者、基督、使徒、圣徒。在礼拜活动中,这些天上的圣者和教堂里做礼拜的活人一起,死人和活人组成了同一个教会。

不过教堂是按照托勒密世界观对世界的塑造,当托勒密世界观占统治地位的时候,知识与艺术之间还没有矛盾;当托勒密世界观被哥白尼世界观所取代以后,就出现了知识与艺术之间的矛盾,因为艺术还是托勒密世界观的,而知识已成为哥白尼世界观的了。

第三节 复活与天堂

问题 10:关于信仰和知识,或关于复活节(Пасха)作为节日和作为复活事业。

信仰与知识应该永远处于矛盾和敌对状态,还是它们两者应该以某种方式统一起来?这一问题能否在世俗化的城市生活中解决?这种城市生活把最多的享乐和最少的劳动看做是最高幸福,因此将科学中所有与此无直接关系的东西统统抛弃,还是只有农村才能解决这一问题?因为农村生活直接面对土地,也就是父辈的墓地,直接面对带来生命和死亡的大自然,力图使自然力量受理性支配,把信仰和知识都用于普遍复活的伟大事业。

复活节开始于上帝通过人自己创造人,它表现在子的站立(直立状态)和对死去的父辈的重建(以纪念碑的形式)之中,也表现在人子对父的纪念活动中,表现在春天的环舞中,象征太阳的运转和回归,从冬天回到春天,为了万物复苏,生命复活。

这个复活节——子恢复父的生命——是失去父的子的必要功能,必要作用;这个复活节即使在子不得不远离父辈墓地的时候也不会中断,他们会从父辈的墓地上带走一捧泥土。只有在那些踢开父辈骸骨的浪子那里,也就是在把农村变成城市的情况下,这一复活节才中断,这明显表现在把死者的骸骨远远地送到居住地的边界之外;而在农村,在没有被城市所染的真正农村,这些骸骨总是占据中心地位。在城市,子辈的地位越提高,他们对父辈的情感越丧失,而随着情感的丧失,以某种形式恢复、重建父辈生命(哪怕是以虚拟的形式)的需要也就丧失了;复活节虽然还在过,但在这个名称下所指的已经仅仅是春天的复活,性欲望,正如我们可以在所有报纸的复活节版面上看到的那样,也可以在托尔斯泰的《复活》的开头几页看到。复活节是与人一起诞生的,永远也不会抛弃人,也永远不可能被人抛弃,因为它是人子的本质……①

即使那些远离父辈墓地进入城市的人,甚至那些城市居民的最高阶段——学人(他们把"人子"这个名称替换成了抽象的、不确定的、空洞无意义的"人"),他们也具有自己的父母和祖先,他们也在以各种方式重现祖先,虽然是无意识的。

---

① Федоров Н. Ф. Сочинения. М. , 1982. С. 493.

问题 11：关于未成年状态和成年状态。

未成年状态是人类的低级的、似动物的状态,成年状态是高级的、具有完善理性的、似神的状态。那么人类的社会生活是应当以动物世界、盲目力量世界为榜样,还是以神的三位一体为榜样呢?费奥多罗夫认为,在作为三位一体的多样统一体中,社会统一不是压制,而个性独立不是纷争。未成年状态的必然结果是危机,而赦罪是成年状态的条件;所以,应当以赦罪来取代最后审判,取代普遍战争和世界灾难。

财富和对手工玩具的欲望注定使人永远处于未成年状态,使人处于受监督和惩罚的威胁中,导致外交的争吵,战争的疯狂。未成年状态就是服从于盲目进化,它导致子反抗父和兄弟之间的战争,最终导致蜕化和死亡。成年状态则是人子为重建父的生命而团结一致。

人类在未成年状态服从盲目自然力,这种状态通过自然途径必然导致蜕化和死亡;而通过超自然途径,只能带来超验复活。这不是通过我们对自然力量的支配而带来的,而是从外部进行的,是不依赖于我们意志的最后审判,其结果是一部分人得救,另一部分人永远受苦。然而我们崇敬的上帝是仁慈的上帝,他要拯救万民,不让一人毁灭。

问题 12：关于专制与宪法,或关于公开的统治(专制)和隐秘的压迫(宪法)。

多神教政权说："该撒的物当归给该撒,神的物当归给神"[①];

---

① 《圣经·马太福音》22:21。

而对于基督教—东正教政权来说，"不是人民为了君主，也不是君主为了人民，而是君主与人民一起，作为神的事业和全人类事业的执行者"。这样来解决神圣与世俗、君主与人民之间的矛盾。

宪法在奥地利是游戏，在意大利是镇压，在法国是"得不偿失"，到处都是空谈，而君主专制则是人子团结一致地参加恢复父辈生命的事业，不是人们之间的内讧，而是共同对抗带来死亡的自然力量。君主专制能够消除宗教的分裂、阶层的分裂、政权与神权的分裂，君主与人民一起成为神的事业的履行者。①

在论述了 12 个问题之后，费奥多罗夫最后强调了天国或天堂的积极活动性。他指出，最高道德主义要求实现的不是彼岸的天堂，而是此岸的神国，要求改造此世的现实，这种改造将推广到全部宇宙。天堂或神的国不仅在我们内心，不仅是思想中的、精神性的，而且也是能够被那些通过心理生理调节而形成的器官所看得见摸得着的，这些器官不仅能够感觉到草木的生长，而且能够感觉到整个宇宙的分子和原子的运动，这使得对宇宙的改造和生命的复活成为可能。

这样，神的国或天堂是所有人的全部力量和全部能力的产物，这才是对成年状态的人类来说的天堂，它只能是人类自身的作品，是完全的知识、深刻的情感、强大的意志的作品。天堂不是无为，不是永恒的安宁，永远的宁静是涅槃，而最高的完善在于生命，在于活动。"我父作事直到如今，我也作事。"②——这才是完善所

---

① Федоров Н. Ф. Сочинения. М., 1982. C. 498.
② 《圣经·约翰福音》5:17。

在。天堂对于不完善的人或未成年状态的人来说是不可能的,因此,费奥多罗夫认为,如但丁、弥尔顿等人关于天堂的描绘都完全是不成功的。

但丁所描绘的天堂是给这样一些人的,他们认为自己生来就有权拥有天堂,而不需要劳动。但丁所描绘的天堂的第一个缺陷就在于这个天堂不是自己创造的,而是现成的,是为他们而造的,但不通过他们。在这种对劳动的蔑视中,正如在拜伦所描绘的该隐那里一样,体现出未成年状态,而幸福的最高境界首先在于对幸福的创造,对气象过程的调节是创造天堂的第一开端。

但丁所描绘的天堂的第二个缺陷是,他把人类现有的道德局限性也带到天上。比如说,他把天界的最高位置给予了直观者,然而直观正因为是直观,所以在天堂上是不可能有的,因为他的翅膀只是虚假的、思想上的,这样的翅膀不可能把他提升到天堂,只有当直观变成行动,思想的翅膀变成身体的翅膀的时候,天堂才能建立起来。

天堂诗人但丁的最大错误是他对圣三位一体的描写。他把神的三位一体只看做是永恒的光,也就是知识,是自我静止的(无为的),是自知(只认识自己)和自爱(只爱自己)的,也就是他把作为多样统一和团结一致的天上榜样的圣三位一体替换成了自爱的神圣化。但丁天堂学说的基础实际上是托勒密的迷信世界观。哥白尼的世界观也没有超出迷信领域,因为它还仅仅是思想上的:如果我们不能掌管地球的运动,我们就不能确信这一运动的现实性,而只能是假设。当然,我们可以相信地球是颗不大的星球,太阳也是一颗星球,但我们对这一切只是相信,而不是看见和知道。

第五章　人与亲

陀思妥耶夫斯基说:"人是一个谜。需要解开它。如果你一辈子都在解这个谜,那你就别说浪费了时间。我研究这个谜,因为我想成为一个人……"[1]

人的问题是俄罗斯思想家共同关注的主题之一。费奥多罗夫以对生命与宇宙的根本改造为宗旨的"共同事业"学说,也是与他独特的人学分不开的。这种人学表明他对人的本质与人生意义的非同一般的观点,也反映了俄罗斯思想与西方近代人学的某种冲突,同时也可以由此看到科学进化论对哲学家的鼓舞。

在这一人学的内在方面,也就是这一人学观点中的人性的根本属性之一,是人们的彼此之"亲"。"共同事业"学说之基础是关于"亲"的学说,没有此"亲",便不可能有"共同事业"。这种"亲"的学说是一种极端形式的宗法论——社会生活、世界生活和神的生活的宗法论。

---

① 陀思妥耶夫斯基:《书信选》,人民文学出版社 1986 年版,第 9 页。

第一节　人是什么

费奥多罗夫首先从发生学观点出发,在人之为人的进化论初始状态中寻找人的本质。他在《卧式与直立——死与生》一文中说:"人的第一个独创行为是他的直立状态。"人是由自我超越行为亦即对自然的动物状态的超越而产生的。人有两次诞生——自然诞生和自我诞生。

> 直立状态已不是生命的赐予,不是肉体欲望的产物;它是超自然的、超动物的、要求对全部存在予以改造的行为;它已经是最原始的首创精神的结果,而且是进一步的创造活动的必要条件。①

盲目的自然力量和无意识的物质粒子的运动,其自然结果是冲突和毁灭。如果使这些自然粒子都具有整体的感觉和观念,则冲突就会消失,毁灭和死亡也会没有。直立状态就是用整体观念看待世界这一意图的第一个表现。②

从俯身到站立,人在进入直立状态后,就可以看见一切,不论四周还是上下事物,从这种对周围一切的观察中寻找生活手段。在直立状态下,人发现了天与地及其相互关系,农业生产活动便是这一认识的第一次应用。

直立状态是人"起来反抗自然界"的第一次行动。费奥多罗夫认为,人的自我意识的产生也与此相关。直立状态是反自然的,人

---

① Федоров Н. Ф. Сочинения. М. ,1982. С. 515.
② Федоров Н. Ф. Сочинения. М. ,1982. С. 511.

正是在直立状态下把自己和自然对立起来,于是产生了"自我"、"非我"以及"高于自我和非我之物"①的观念。

如果说"使用最简单的工具已经使人站立起来",那么,在人的进一步自我创造过程中,劳动起了决定作用。费奥多罗夫十分强调原始人发现火的重大意义:"从此,人就开始了地上生活,人成为自然界中的这样一种生物,其生命一旦出现,就已不再完全依赖自然力的各种组合。"②人的劳动创造了与自然界相对的人为领域,这一领域不断扩大,进而成为人类自身生存和进一步发展的条件。

当人把自身同身外的自然界分离开来,思考人与自然的关系和人在自然中的地位和使命的时候,人是什么就成为一个最古老的哲学问题之一。西方近代思想对此有两种极端倾向,一是从批判中世纪的"神道"对人性的压抑开始,强调人的自然本性,于是出现了"人是环境的产物","人是机器","人是被动工具"等哲学问题,形成了机械唯物论;另一方面,一些哲学家在研究人的认识问题时,强调了人的主体性,于是人的理性成为自然万物的立法者,"自我"创造"非我","绝对观念"创造世界,形成了抽象理性主义的唯我论。

俄国思想家一般不像西方人那样经院式地规定人的抽象本质。他们的人论具有两个鲜明特色:第一,由于其深厚的宗教传统,他们对人的思考多在俄罗斯东正教的背景下进行,或隐或显地包含着基督教—东正教观念,强调的不是自然人的抽象本质,而是

---

① Федоров Н. Ф. Сочинения. М.,1982. С. 520.
② Федоров Н. Ф. Философия общего дела. I. Верный, 1906. С. 126.

精神的人作为世界的核心和主宰的使命。例如,索洛维约夫关于人是神性与兽性综合体和人的精神实在性的观点。第二,他们所考察的人不是孤立的个人,而是与整体、与社会处在不可分割的相互关系之中的人。因此他们多强调人的自由极具限度。例如,霍米亚科夫关于聚和性(соборность)和人的自由的思想。

费奥多罗夫则从两个层次确定人的本质。一方面指出人具有动物性的自然本质,人与动物具有亲缘关系,但这并非根本本质;另一方面揭示人的创造性劳动本质,这才是具有决定意义的根本本质。这样,与庸俗唯物主义和宿命论相对立,他指出人是通过劳动和意识创造自身的,而且这种创造不断扩大,人最终负有改造自身的自然—生物基础和改造整个宇宙的伟大使命。同时,又与西方观念不同,他强调这一伟大使命不是抽象的理论,而是行动,是事业,而且应当成为全人类的"共同事业"。

人是什么的问题,在最基本意义上也就是人与动物之差别何在的问题。西方宗教观从神创论来说明人与动物、与世界万物之不同。人是唯一的"按照神的形象和样式"被造的受造物,故能成为万物灵长。随着科学的发展和生物进化论的出现,在说明人的动物起源的同时,又产生了机械论和达尔文主义。前者试图通过剖析人的生理结构来解开人性之谜,后者则突出了人类也服从"物竞天择、适者生存"的天演论。费奥多罗夫的人论是与此根本对立的,但却与中国先儒的观点有某些类似。"人之所以异于禽兽者",非在其"二足而无毛",而在于人有超越并制约其动物本能的"仁义"(《孟子·离娄下》);"水火有气而无生,草木有生而无知,禽兽有知而无义。人有气有生有知亦且有义,故最为天下贵也"

（《荀子·王制》）。

在人类学理论上，费奥多罗夫并不否认人类的动物起源，但认为这只是无实践意义的经院学说，对于实践哲学、"方案"哲学来说，他强调人与动物的质的差别，人对动物状态的超越性。

关于人的动物起源问题，是知识的问题、好奇心的问题。而脱离动物状态对人来说不仅是道德的必要，也是生理的必要。如果承认人与动物的亲缘关系并不能保证人对动物生命的宽恕，那么这种承认又有何实践意义呢？它只能加深理论与实践之间、人的理性与道德之间以及言与行之间的鸿沟。这种承认使人的地位更加虚伪。既然人只在理论上承认自己与动物有亲缘，却不能把"勿杀生"之训推广到动物王国，更视"爱虎如己"为不可思议，那么，人的这种言论就成为空谈。①

费奥多罗夫接着说，在这种情况下，说人是会说话的动物，就是一句骂人话，是对人格的侮辱，把人降低到动物状态。"既然人不能承认自己完全来自动物状态，那么，并非人的一切都是动物成分，并非一切皆为天生"，这就是人的非动物起源方面。"不仅人的灵魂在本性上是基督徒，如唯灵论者所言，而是整个人都是似基督者。"②

动物的皮毛、进攻和防御器官都是天生的，所吃的食物也是大自然直接提供的，而人的存在则是理性的事业。人"力不若牛，走不若马"，自然界没有为人提供衣食武器，人只有通过劳动为自己的生存与发展开辟道路，甚至也可以通过顽强的劳动来创造杰出

---

① Федоров Н. Ф. Сочинения. М. ,1982. С. 512 – 513.
② Федоров Н. Ф. Сочинения. М. ,1982. С. 514.

的才能。费奥多罗夫说,应当承认,有才干的人往往不是那些天赋本来很高的人,而是那些以劳动来培养自己能力的人,这样,人的劳动所创造范围的日益扩大,从而成为人的存在和发展的条件。

费奥多罗夫由人较之动物缺乏自我保护性(人无绒毛、翅膀或毒液)这一生物学事实引申出人的道德本性的若干基本要素。"人作为缺乏保护性的弱小生物,他不能不承认怜悯是最高道德,不能不以和解为自己的目的。"①

关于人的能动性和创造性的观点,也来自基督教人学原理。在费奥多罗夫所理解的基督教人学中,"造物主通过人本身创造人":上帝通过人自身——从第一个独立行为——直立行走到进一步的建设性劳动——创造人和使人完善起来。《福音书》中就有这样的原理,基督说,我正在创造的事业,他(我的使徒)也在共同创造,而且创造得更多。费奥多罗夫由此看到能动的创造是人的最高价值。

费奥多罗夫人学中的人,不是西方文化意义上的独立自在的个人。古今对"人是什么"的回答多种多样,往往用否定的形式表示:人不是任何非人的东西,人不是兽,人不是神……西方文化注重个人自由,在讲到人非动物的时候,主要强调人有追求自由和享乐的自然权利;而在中国文化中,说人非禽兽之时,则是在说人应有仁义道德,而不应贪图个人享乐与自由。可见,"人"是不可抽象定义的。费奥多罗夫主张对人类的每个成员的称谓不用"人"一词,而用"人子"(或"人女")这一词组,这个词组直接表明人对

① Федоров Н. Ф. Сочинения. М. ,1982. С. 514.

父母、对人类一切祖先的义务，"人和子各自孤立不能达到最高幸福，合在一起才能揭示生命的意义与目的"①。

费奥多罗夫把具有俄罗斯特点的斯拉夫主义人论推向极点。他坚决批判资本主义文明中对个人自由享乐舒适的崇拜，而直言"个性解放就是背弃共同事业"，而奴役却可能走向幸福，如果它仅仅是共同事业之表现的话。② 在他看来，个人幸福只有和全人类（不仅是空间上的，而且是时间上的全部）共同生活才能达到。为此不仅要造成现有的全人类（生者）的普遍联合，而且要克服死亡和复活逝去的祖先——这就是他所说的"共同事业"。费奥多罗夫不仅反对个人的利己主义（自私自利），同时也反对利他主义（仅仅为某个他人而生），因为"应当不仅仅为自己和某个他人生活，而是和大家一道为大家而生活"③。

第二节　人性改善

在现实社会生活中，人的现象复杂多样，人的行为有善有恶。那么，是人自身本来就有善有恶吗？人之恶缘何而来？有人说来自人的天性，"性本恶"，也有人说来自社会环境的影响。从人类宇宙论观点来看，从改造宇宙的伟大工程来看，费奥多罗夫认为，人之恶源于自然方面——人的不完善性。他不去追究人的一成不变的抽象本质是善还是恶，而是看到人自身也是一个不断改造、不

① Федоров Н. Ф. Философия общего дела. II. М., 1913. С. 198.
② Федоров Н. Ф. Сочинения. М., 1982. С. 254.
③ Федоров Н. Ф. Сочинения. М., 1982. С. 400.

断完善的过程。他认为，当今之人尚处于"成长之中"，处于向"成年状态"过渡的"未成年状态"，还受制于盲目的自然力，还没有摆脱死亡，还生活在彼此排斥和斗争之中。但费奥多罗夫不同意人的自然本性之中就包含着不可救药的"根本之恶"的观点，在他看来，没有经过对恶行的忏悔和对意识的改造后仍不可饶恕的可怕的罪人和罪犯。他甚至说："我们的一切恶习都是被扭曲了的美德。"①

费奥多罗夫明确承认当今之人具有不完善性或矛盾性，因此他不赞成这样一种对人的现有本质的傲慢态度或人道主义幻想，这种观念忘记了人的现有本质中所包含的矛盾性，忘记了其中恶的一面，忘记了其中还混杂着动物本能和自然欲望。他认为，文艺复兴时代产生的那种人道主义中就包含着这种傲慢的危险性。这种人道主义确认，现有的人自身就是人的全部本质的尺度，以此呼唤人的觉醒。在这种浪漫主义的激情下，费奥多罗夫提出了全面发展的人的理想，相信人自身能达到辉煌的完满，兴旺发达的和谐。在这样的境界中，人的灵与肉、明与暗、善与恶等两种极端品质幸福地融为一体。这就是说，不去消灭人的阴暗面，而是相信可以把它尽力容纳于个性之中。

但实际情况如何呢？人的堕落与颓废是文艺复兴之人道主义和个性解放的后果之一，因此，文艺复兴虽然看上去是在竭力地追求进步与光明，但其实对人自身的本质的期望完全不应是无条件的。20世纪出现的人道主义危机，就是人的上述矛盾性的最大暴

---

① Сененова С. Г. Николай Федоров: Творчество жизни. М., 1990. С. 172.

露,这便是纯粹以人的尺度作为理想的后果。在这一点上,费奥多罗夫仿佛早有理论预见。他认为不能把理想——绝对者,建立在具有不完善或矛盾本质的人的基础上,绝对者只能是高于人的理想,即使当前还不能实现,它还只是在观念之中、"方案"之中。对费奥多罗夫来说,这种人的最高理想——绝对者,只能是上帝或改造了的最高的人。由此可见,他对人的本质不是静止地、抽象地考察,而是放在人与世界的不断改造和完善的进程之中考察。这里,人的一般概念不是对现有之人的分析或综合的结果,人是对人的超越,人是对最高理想的追求和逼近,人是走向神的过程。

实现人的最高理想,在费奥多罗夫那里,不仅仅需要道德完善,非"穷则独善其身,达则兼济天下"之德行所能至。他认为走向最高的人的道路必须要对人的生理本质进行改造,使人获得更高的本体论地位。而且,人的持久可靠的道德完善只有伴随着人的生理完善才是可能的,这就是把人从那些使他们互相敌视、对抗、争斗和死亡的自然本质中解放出来。一言以蔽之,就是必须在克服人所现有的"过渡性"和不完善性方面做现实的、积极的工作。

需要指出的是,这不仅仅是一个出自善良灵魂的美丽动人的乌托邦。19世纪的生物进化论也为这种信念提供了某些依据。当时的大量古生物学材料已表明了进化过程的方向性:在生物进化过程中,从神经系统的萌芽到人的出现,虽然缓慢和偶有停顿,但却是不反复的递进过程,神经系统不断复杂化和完善化,这种客观存在的生物进化的上升方向,不会到人这里就停滞不前。一些自然科学家也抱有此念,В.И.维尔纳茨基就说,人不是进化的顶

峰，"我们可以从经验概括中、从进化过程中预见这一点。人类
（Homo Sapiens）不是创造的完成……它是生物长链的一个环节，
这条长链有过去，也无疑会有将来"[①]。法国科学家泰亚尔·夏尔
丹[②]也说，在现有形式的意识和生命之后，必然应有"超意识"和
"超生命"[③]。由此可以说，费奥多罗夫对人的生理改造的信念更
接近关于十分遥远的进化年代的科学假说幻想。在进化论方面，人将
何处去？ 未来人是什么样子？ 这个问题一直处于科学探索之中。

第三节　"亲"的神性

按照费奥多罗夫的观点，"亲"——人类之间的亲缘关系，父
慈、子孝、兄弟之爱，不仅是人类生活和世界生活的基础，而且是神
本身生活的基础。基督教三位一体的上帝是"亲"的完美榜样。
这样，费奥多罗夫试图把以血缘关系为基础的"亲"，上升到超血
缘的人类之亲。

费奥多罗夫把圣父、圣子、圣灵的关系看做是"亲"的关系。这
是一个由"亲"人之爱所结成的家庭。人类的关系也应当按照神
的关系这一榜样来组织。费奥多罗夫把圣三位一体的教义看做是
"亲"的诫命。但他对此教义的解释不是既成的道德解释，而是
"方案"的解释：神的三位一体之"亲"对人类来说是方案、诫命和

---

① Вернадский В. И. Размышление натуралиста. Научная мысль как планетное
явление. М. ,1977, С. 55.

② 泰亚尔·夏尔丹（Pierre Teilhard de Chardin,1881—1955）——中文名德日进，
法国古生物学家。

③ Сененова С. Г. Николай Федоров:Творчество жизни. М. ,1990. С. 174.

任务,不是个人的道德任务,而是普世之人的社会组织的任务。

　　神的存在的三位一体学说不仅给我们提供了最完善的社会榜样,而且勾画了实现这一社会的道路。神的存在通过三位一体的形式展现自己的内在生活,是为了启示我们,我们在人类社会中应当怎样,什么是我们的义务,什么是我们的共同事业。①

　　共同事业就是致力于消除纷争,走向团结统一。拯救不可单凭一人,而需大家共同努力方可获得。阿里乌主义(arianism)②也和其他异端一样,是丧失"亲"情的知识分子精神的表现。只有恢复人类之"亲",方可革除一切异端。仅当人类团结成为一种"亲"的社会,才能真正明白上帝三位一体的教义。

　　只有当我们人类在经验现实中成为多样统一体的时候,也就是社会的统一性不是表现为统治,个人的独立性不是表现为敌对,而是真正实现了众多个人的和谐统一的时候,我们才能真正地理解神的三位一体。基督教关于三位一体之神的思想也就是人类互爱的律。外部权威可以造成默默顺从,但不能树立信念,不能得出真理;而纷争则直接带来对真理的破坏。因此,真理的实现的条件是消除外部统治和个人纷争。③

　　"亲"是生活的神性基础和自然基础。只有"亲"才使生活有机和谐。"亲"的社会是不忘父的"人子"的社会,它与公民社会相对立,公民社会是忘记父的"浪子"的社会。兄弟之爱或博爱(братство)离不开"孝"(сыновство),因为只从父而论人们才是

---

① Федоров Н. Ф. Сочинения. М.,1982. С.142.

② 早期基督教神学家阿里乌(Arius，约260—336)倡导的一种反三位一体教义的异端学说。

③ Федоров Н. Ф. Сочинения. М.,1982. С.134.

兄弟。"孝"的范畴比博爱范畴更为根本。费奥多罗夫之所以敌视近代西方的人道主义,就是由于人道主义宣扬无"孝"的博爱,这是"浪子"的博爱,而不是"人子"的博爱,博爱虽次于"亲",但博爱高于平等和自由,因为人只是"人子",而不是自我目的、自我价值、自我人格的个人。

费奥多罗夫继承了斯拉夫主义者视家族宗法制为社会生活之基础的观点,并将其深化和扩展为一种完整的宗法形而上学。在费奥多罗夫那里,对父、对祖先之爱(孝)是人的最高品质,正是这种品质使人接近神,似于圣三位一体。"只有与动物王国不同的子女对父母之爱,才近似于圣子圣灵对圣父之爱。"敬宗拜祖——是唯一的真正的宗教。"真正的宗教只有一个,这就是祖先崇拜,而且是全世界同拜所有的父,但所有的父是与三位一体的上帝不可分又不可混同的,仿佛是一个父。"[①]

费奥多罗夫严厉批判贪爱女色的行为,他认为,现代社会在本质上是"浪子"抛弃了父,倾心于妻,为妻创造着文化的社会。资本主义社会的全部文化都是建立在贪爱女色之基础上的,都否定对父的爱,全部现代文化都是为迎合女人而造就的,现代文化具有性的根源。女人崇拜唤起了工业发展,资产阶级工业社会的奢华正是为女人而创造的,其中丧失了精神的阳刚之气。别尔嘉耶夫认为这一关于工业与女性崇拜之联系的思想具有深刻性,法国资产阶级文化就为这一思想的真理性提供了佐证。[②] 正是由于这些

---

① Федоров Н. Ф. Философия общего дела. II. М. , 1913. C. 116.
② Н. А. Бердяев о русской философии. Ч. 2. Свердловск,1991. C. 67.

思想,一位美国研究者把费奥多罗夫与弗洛伊德相比较,说费奥多罗夫建立了一种比弗洛伊德"更丰富更完善的心理分析理论",因为他不仅以"性欲之自我压抑"解释家庭和社会,而且补充了"死亡恐惧"问题。①

费奥多罗夫想用复活的义务来熄灭性欲,提倡把生育子女的力量用在复活祖先之上。这与他关于女人的一般观点相联系。在他看来,女人应当首先是人之女,和子一样,女也应是参与复活父的人。在圣三位一体中,圣灵象征着女儿。"人女"具有圣灵的形象,正如"人子"具有圣子的形象一样。因为既然圣三位一体学说给人生提供了榜样,那么三位一体之中就既应有子,也应有女。"若三位一体说中圣灵不是女儿的榜样,则三位一体本身就会成为无生命的、僧侣式的、柏拉图式的东西;若女儿不似于圣灵,则不会有爱的灵魂,就会充满破坏的、虚无主义的灵魂。"②

将圣灵比做女儿形象,这在基督教学说中还闻所未闻。费奥多罗夫预感到这种观点会遭到许多人非议并被斥之为异端。他用与圣子—圣言(道)的学说相对比来作辩护。

也许很多人反对圣女—圣灵说却不反对圣子—圣言说;但后者属于布道者的三位一体,而布道者——使徒的事业已经结束。圣女—圣灵说属于共同事业的三位一体,共同事业即是使先辈复活的事业,这一共同事业的时代才刚刚来临;圣子—圣言说致力于活人的联合,圣女—圣灵说则致力于死者的复生……在共同事业的三位一体中,圣灵表现为"女人",她不仅意味着贞洁

---

① Lukashevich, S., N. F. Fedorov., A Study of Russian Eupsychian and Utopian Thought. Newark, University of Delaware Press, 1977.

② Федоров Н. Ф. Философия общего дела. II. М., 1913. С. 77.

无瑕之美德,而且意味着完善的智慧,以使死去的父母复活的行为取代生育。[①]

费奥多罗夫试图在基督教的圣三位一体中找到"亲"、"人子"和"人女"的本原,但他却把基督教的精神性、先知性同旧的自然主义和朴素实在论混淆起来。在这一学说中,"亲"与"孝"都与自然的血缘诞生相关。然而从基督教的观点看,什么是诞生呢? 基督教(尤其是神秘主义者)总要区分两种诞生:第一次诞生和第二次诞生。第一次诞生是在人类之中,在自然秩序中的诞生,是血肉之躯的诞生;第二次诞生是人在精神之中的诞生,是灵魂的新生。费奥多罗夫将两者混为一谈了。但他把三位一体学说中的多样统一模式作为人类社会统一体的未来理想,是符合基督教理念的,也是具有深刻的未来学意义的。

实现三位一体学说中所指出的道路,应该成为人类未来的道路,成为人类的历史使命,这是神通过我们而实现的事业。[②]

这也是神人的事业,就是通过全人类的共同努力,建立人与人之间彼此和睦相处的社会——"亲"的社会。

第四节 "亲"的社会

在现实生活中,以"亲"为基础的社会,只能是一种宗法制的专制社会,而不可能是民主政体、公民社会和法制国家。宗法制的社

---

① Федоров Н. Ф. Философия общего дела. II. М. , 1913. С. 122.
② Федоров Н. Ф. Сочинения. М. ,1982. С. 152.

会理论在 19 世纪的俄国曾十分流行。斯拉夫主义者的社会哲学理想就是古代宗法制的社会关系,民粹主义思潮也有宗法社会观的根源,他们都认为俄罗斯还更多地保留着"亲"的社会关系和宗法制的农村生活方式,这是俄国相对于欧洲的一大优越性。

费奥多罗夫像斯拉夫主义者那样,用宗法制为理想的社会生活,证明君主专制的必要性。但他比斯拉夫主义者更激进,更彻底,因为他不是从民族历史特点来证明君主制的必要性,而是从三位一体的亲缘本质,从"亲"的宗教和敬拜祖先的宗教来证明。而且,他把君主专制扩大到整个宇宙。在他的理想方案中,俄国的专制君主是处在"父的位格"上的整个世界的统治者和调节者,是一切死去的前辈的遗嘱执行人,他教育人类要走向"成年状态"。这个专制君主应是被复活的父们所推举的,因此不能被子们所废除。在"父的位格"之上的人的权力不能依赖于子的意志,"为了恢复博爱的统一,为了在人类中逐步扩大和保持这一统一,也为了统领复活父业之子的联盟,就需要有一个总督,一个站在父位上的遗嘱执行人;这也就是专制君主"①。

但费奥多罗夫的这一方案并不是一个切近可行的社会政治方案,而是一个广阔的遥远的哲学方案。此方案与过去和现在的君主专制毫无共同之处,因为此前的君主专制从来没有揭示出复活的力量,其存在和起作用都是按照此世的规律,适应于此世的需要,而不是按照基督精神,不是适应于精神生活。费奥多罗夫所说的君主专制是由与盲目自然力和死亡作斗争的必要性所引起的专

---

① Федоров Н. Ф. Философия общего дела. II. М. , 1913. C. 367.

制,这种专制是"使人们走向成年的教育力量"①。

费奥多罗夫把"成年状态"和对个人自由与权利的要求对峙起来,他认为,一个人有法制意识,表示此人还处于"未成年状态"。他还认为负有"共同事业"使命的俄罗斯民族不是要求解放,而是要求服务,所以费奥多罗夫赞同君主专制,认为服务是积极的事业,是与权利和特权相对立的。所以他十分敌视贵族特权,就像民主主义者和民粹派一样。

由于把"亲"作为社会生活基础,费奥多罗夫坚决反对一切国家制度、法律制度和经济制度,认为这一切都是"未成年状态"的标志。他说真正的基督精神不是奴隶精神、贵族精神,而是"亲"的精神。社会应成为家庭,社会关系应成为家庭关系。他激烈批评立宪主义,说宪法使"人子"变成"浪子",使为过去而生活变成为现在而生活,使子高于父,使生活失去目标。宪法是活人的权利,而专制是对死者的义务。费奥多罗夫的理想社会是无须法制、无须任何政治经济制度的、以宗教和道德为基础的社会。

东正教要求无须任何惩罚和任何监督的社会;秉公而论,需要监督的社会,亦即以经济法律制度为基础的社会,是一种未成年状态,因为一切法律和经济原则对于三位一体的上帝和多样统一的人类来说,都是卑劣的东西。专制是使人类按照神的三位一体之榜样走向多样统一。专制者的最高头衔是一种宗教属性和道德属性,其使命是逐步消除作为无道德和反宗教因素的一切法律。②

---

① Федоров Н. Ф. Философия общего дела. I. Верный, 1906. С. 370.
② Федоров Н. Ф. Философия общего дела. I. Верный, 1906. С. 48 – 49.

按照现代社会政治观点看,这里突出表现了俄罗斯传统观念中法制意识的薄弱性。许多论者在述及俄罗斯思想特点时都明确地指出这一点。19 世纪俄国诗人阿尔马佐夫①以一首讽刺诗描述了斯拉夫主义者阿克萨科夫②的观点:

> 由于本能的原因,
>
> 我们完全不需要
>
> 法律的健全理智,
>
> 这颗撒旦的恶果。
>
> 俄罗斯的自然广阔,
>
> 我们的正义理想,
>
> 何需爬进法律原理,
>
> 这一狭窄的躯壳……③

然而,轻法律强制,重道德良知,这种社会思想并非毫无根据。因为在具有深刻宗教精神的俄罗斯思想家看来,法律只具有外部强制的表面的和暂时的功效,不足以根本解决人的内在恶意志问题,所以必须付诸道德良知。陀思妥耶夫斯基的小说《罪与罚》和《卡拉马佐夫兄弟》,托尔斯泰的小说《复活》以及他的非暴力思想,都是这种俄罗斯精神的生动表现。费奥多罗夫关于"亲"的学说也表达了这一精神。在他的社会哲学中,"亲"是与公民意识严格对立的。他把公民意识看做是非亲非爱的"浪子"意识,只有作为"浪子"的公民才要求权利和自由。"墓地的荒芜是'亲'情沦落

---

① 阿尔马佐夫(Армазов Б. Н. , 1827—1876)——俄国诗人、法学家、翻译家。
② 阿克萨科夫(Аксаков К. С. , 1817—1860)——俄国历史学家、政论家。
③ Вехи. Из глубины. М. ,1991. С. 127.

和蜕变成公民意识的自然后果。"①而"人子"的社会关系是"亲"，"人子"不应忘记父的墓地，不应忘记对父的义务，"人子"之"亲"也是基督精神。基督教的"人子"是与公民意识不相容的。

前三部《福音书》的道德价值在于，它们是面向子的，为的是人子的诞生，而人子完全不知世俗的各人差异，相反，他们深知内在的亲，人子愿意效力于他人，而不是统治他人……人子作为标准是对不亲、等级、官位及一切法律经济原理的否定，是对普遍之亲的确立。②

原始的宗法制的生活方式，个人意识的不发达，从现代化观点来看，本是一种社会的落后，然而在以"亲"为社会理想的费奥多罗夫看来，这却是俄罗斯的伟大优越性。"我们的全部优越性只在于，我们保留了真正的人类生活所从开始的原始生活方式，也就是氏族生活。这种生活的基础是第五诫命。"③他认为，正是由于俄罗斯的这一优越性，"共同事业"将从俄罗斯开始。这又是一种典型的俄罗斯民族救世论观念——确认本民族文化具有巨大优势，因此负有拯救世界的使命。这种意识在俄罗斯历史上源远流长。从16世纪的"莫斯科—第三罗马"的观念到19世纪三四十年代的斯拉夫主义，从陀思妥耶夫斯基到20世纪的新宗教意识，从"世界第一个社会主义国家"到欧亚主义，都有民族救世论意识的直接或潜在作用。这种救世论的根据又大致有二：一是从俄罗斯民族的古老生活方式、农村公社等历史特点出发；二是从俄罗斯精神的宗

---

① Федоров Н. Ф. Философия общего дела. I. Верный, 1906. С. 49.
② Федоров Н. Ф. Философия общего дела. I. Верный, 1906. С. 49.
③ Н. А. Бердяев о русской философии. Ч. 2. Свердловск, 1991. С. 73. 第五诫命，指基督教中"上帝十诫"之第五：当孝敬父母。

教性和对上帝之国的渴望出发。

或许是出于自身的文化落后之故,或许是由于自身传统的原因,俄罗斯民族在现代化之路上,在与西欧文化的交流与撞击中,似乎具有比其他民族更强烈的民族文化自我保护意识,思想家们热衷于讨论本民族精神的特殊性和优越性以及俄罗斯的世界历史使命问题,但难免有些人为夸大之处。这有双重作用:一是有利于保护、继承和发扬民族文化传统,不崇洋媚外;另一方面,也易于导致盲目排外、不接受外来文明价值的"文化民族主义",尤其是在日益开放的现代社会,这个矛盾也是现今俄罗斯所面临的问题。

第六章　死亡与不死

对永恒的渴望,是生命的本性。自人类有个性自觉意识以来,无不受死亡问题的困扰。死亡问题是宗教意识的心理根源,也是"哲学灵感的守护神"(叔本华语)。纵观从古希腊到现代的哲学家关于死亡哲学的沉思,他们都说了些什么呢? 我们可以在其中看到两种说法:一种是用语言的技巧否认死亡问题的存在,如古代哲学家伊壁鸠鲁所说的:"一切恶中最可怕的——死亡——对于我们是无足轻重的,因为当我们存在时,死亡对于我们还没有来,而当死亡时,我们已经不存在了。因此死对于生者和死者都不相干"①;另一种是语重心长地劝告人们回避死亡问题,如现代哲学家罗素所说的:"凡是人办得到的事情没有一件会使人长生不死,所以为我们必不免一死而恐惧,而悲叹,在这上面耗费时间徒劳无益。让死的恐怖缠住心,是一种奴役;斯宾诺莎说得对,'自由人最少想到死'。"②

然而,这些哲学教导并不能从每一个现实生命中消除问题本

---

① 永毅、晓华编:《死亡论》,广州文化出版社 1988 年版,第 15 页。
② 罗素:《西方哲学史》下卷,马元德译,商务印书馆 1976 年版,第 103 页。

身。费奥多罗夫对死亡问题的思考特点是，既不否定，也不回避，而是力图通过现实手段，来消除死亡和复活生命。

第一节　死是最大的恶

人类对死亡的态度是同人类文明的发展密切相关的。在远古人类的世界观中不重视个体存在的价值，对个体死亡的感受也不如现代这样悲哀。对远古意识来说，生命的流逝乃至时间的流逝不是直线过程，而是循环过程。这个过程的主体不是个体，而是部落、氏族。随着人的个体化以及时间观念的更新和思维能力的提高，人类脱离了原始的宗教神话和原始的死亡观，发现了死亡的两个现实：一是不可避免性和不可抗拒性；二是终极性，人死万事空。与死亡的发现相伴而来的是人类对死亡的恐惧，而寻求摆脱死亡恐惧之法，便成为人类对死亡进行哲学思考的根本宗旨。但人类对死亡本身的认识还是很不够的。

在费奥多罗夫看来，以往哲学家为克服死亡恐惧所进行的哲学思考犯了两个错误：一是离开具体生命感受的抽象思辨性，二是忘记他人的利己主义。以往的哲学所思考和研究的是"存在者何以存在"的问题，这是人类超越一切动物而独有的形而上学的兴趣和能力。但以此作为对世界进行哲学思考的基本问题，就脱离了活的血肉之躯，而费奥多罗夫所思考——不仅是思考，而且是为之痛苦——的问题是"生者何以痛苦并走向死亡"的问题。

此外，费奥多罗夫看到，哲学史上对死亡问题的"哲学考察"，由于"认识你自己"的口号而只关注自己个人生命的终结，只寻求使自己在精神上不受死亡恐惧与威胁之法。最典型的就是伊壁鸠鲁,他认为死亡是与我们毫不相干的事。费奥多罗夫谴责这种利己主义的观点,他说:"怎么能说我活着就没有死呢? 我们周围每时每刻都有人死去——父母、亲人、朋友等等。"他在新老更替的自然过程背后,看到的是后代对先辈的负债。"我们现在是在靠先辈生活,从他们的遗骸中获得衣食;如此全部历史可分为两段:1.——直接吃人;2.——隐秘地吃人,直至今日……"①

费奥多罗夫区分了对死的"哲学上的"理解和规定与"宗教上的"理解和规定。上文所述的个人主义死亡观便是哲学上的理解,而宗教上的理解是:人在生命之中虽无死亡之痛,但通过失去亲人而体验到死亡之苦,并把这种痛苦传染给所有的人,这样的人记着先辈们的死,因此感受到的不是自己的死亡恐惧,而是全人类的死亡恐惧,这种恐惧不是个人的理性思考所能消除的。奥古斯丁就深切地描述了这种死亡恐惧的痛苦体验。在他青年时代,一位挚友突然病逝,使他初次感受到死的极端恐怖:"这时我的心被极大的痛苦所笼罩,成为一片黑暗! 我眼中只看见死亡!"后来,母亲的去世使他再次产生了对死亡的强烈感受:"我给她闭上了眼睛,无比的悲痛涌上心头,化为泪水","感到肝肠欲裂"。②

为什么亲人和挚友之死能使一个人最深切地感受到死亡的恐惧呢? 奥古斯丁解释说,这是因为亲友如"自己灵魂的一半"(罗马诗人荷拉提乌斯的诗句),这些人的死使他最敏感地推知自己的

---

① Федоров Н. Ф. Сочинения. М. , 1982. С.65.
② 奥古斯丁:《忏悔录》,周士良译,商务印书馆1981年版,第56~57、180页。

死,从而发生一种"死者的丧失天命,恍如生者的死亡"的伤感。奥古斯丁由此认识到死亡是个"最残酷的敌人",因为死亡既然抢走了他的朋友,既"吞噬了他",也定会"突然吞下全人类"。

与奥古斯丁的体验相类似,费奥多罗夫进一步感到死是世间最大的恶。他多次重复这样的话:"人之不幸就在于他的死",或者"只要有死,不幸就将永远存在"。

在费奥多罗夫的宇宙论人类学中,虽然人是自然进化的产物,但直立行走是人确立自身的第一步。而"人在其新状态(直立状态)中所发现的一切,都可归结为对自己有死的意识,因为有死是使人痛苦的一切灾难的一般表现,同时也是人对自己受制于暴风、骤雨、地震、酷暑、严寒等强大自然力的意识"①。

死亡统治着整个世界,但只有人是把自己确定为有死的,只有人有死亡意识。而一旦意识到死亡,就会产生对死亡的恐惧。为战胜恐惧,人就要超越死亡,把死看做是残酷的、不应有的现象。"死是盲目力量的胜利",它同人的理想、幸福与真理相敌对。

但与通常的哲学和宗教观念不同,"共同事业"学说不是叫人轻易地容忍死的来临,或在思想观念中"了生死"(佛教),对生死念头"见得破,透得过"(王阳明语),或以"彼岸世界"作慰藉,而是坚定不移地敌视死亡,视死为万恶之首,不幸之源。

费奥多罗夫认为,首先,死是一种最大的不道德。因为真正的幸福只在于共享,而我们却不得不容忍了赋予我们身体、生命与精神快乐的先辈和友人的死去,这就是一种大逆不道! 这是我们自

---

① Федоров Н. Ф. Сочинения. М., 1982. С. 510 – 511.

己的软弱无能,不够完善。其次,从一定意义上说,对(他人之)死的漠视,正是我们活着的人们之间不亲和、不友爱的根源。费奥多罗夫指出,这正是我们现代文化的本质特征之一。此外,有死——这是深存于人的自然本性之中的恶,是任何社会改革者都消除不了的,因此人不能逃避,而必须与它作坚决的和现实的斗争。

　　与死亡作现实的斗争,要求对死亡本身、死亡的本质有真正的认识。然而迄今为止人们对死亡本身的认识还是十分有限的。

　　我们对死的本质的认识、对真正的死的认识还很少,就像对真正的生命的认识还很少一样,我们把自己局限于对生命外部现象的了解,因此缩小了自己的活动,而如果我们不惧怕傲慢地认为自己有权解决死的现实性问题,我们就扩大了我们的活动,成为神的意志的执行者,在普遍复活事业中成为基督的工具。思想阶层对待死的轻率态度,也就是关于死亡的哲学学说,无论如何也不能说是无过错的。当谈论灵魂不死问题的时候,思想家表示不相信,要求严格的证明;为什么一涉及死的问题,哲学家就像小孩子一样如此轻信,缩小自己的活动领域? 在这种情况下把腐朽看做是不容许进一步研究的特征。但是应当提醒的是,腐朽并不是超自然现象,分子的分解扩散不可能超出有限空间的范围;机体像一部机器,意识对它来说就像胆汁对肝脏一样;装好机器,意识就回到机体中了! 你们(哲学家)自己的话就要求你们行动起来。①

　　人的机体与意识的关系远非机器与功能的关系那样简单,但对死亡本身进行现实研究的设想具有积极的哲学意义。

――――――――――――――――

　　① Федоров Н. Ф. Сочинения. М. , 1982. С. 365.

第二节　不死是方案

在文化史上，人对死亡事实的发现有两个方面：一是死之不可避免性；二是死之终极性。由此引申出死亡恐惧。那么如何战胜死亡恐惧呢？通常也有两条途径：一是否定死亡的必然性，或相信人可长生不死；二是否定死亡的终极性，即确认死并非人生一切的终结和丧失。历史上的哲学家几乎都诉诸后一途径，即试图以各种方式在死之终结性上找到出路：或以灵魂不死、精神永恒来延续生命的内容，或以转世再生、死后复活来打破死的终极性，或以种族的生命不灭来"击败死亡"。总之，对他们来说，个体现实生命之死的必然性是绝对的、不可置疑的。

费奥多罗夫思想的"反常"之处在于，他不去讨论死是否具有终结性，却对死的必然性、绝对性提出置疑，这与以往的哲学体系不同。例如，死是某种绝对之物，还是非绝对的？这个问题对于实证主义者来说是一个无法解决的两难选择。如果赋予死以绝对意义，那么他们就要承认他们所憎恶的绝对性的存在，相反，如果认为死不是绝对的，就需要承认，死并没有超出我们的知识和活动所能达到的范围，但实证主义者的学说又只承认表现出来的生命，却完全不涉及死的问题领域，否则他们就会改变自己的全部体系。

一切哲学，即使各不相同，但在一点上都是相同的——它们都承认死亡的现实性，死亡的无可置疑性。甚至其中那些不承认世界上有任何现实之物的哲学，也是如此。极端的怀疑论体系以至于对怀疑本身进行怀疑的，都仍然屈从于死亡的现实性这一事实。①

与此不同,费奥多罗夫在对待人的个体死亡这一事实的观念上提出了一个大胆设想,尽管这个设想的成功之日还遥遥无期。他断言,死全然不是不可动摇的本体论的命中注定:

> 死只是受某些原因制约的一种属性,一种状态,而不是这样一种本质,若无此本质便人将不再是人,即现在所是和应当成为之人。②

> 无论人有死之原因多么深,有死也不是本原的;它不是绝对的必然性。理性生死尚且依赖的盲目力量本身,这种盲目力量是能够为理性所支配的。③

费奥多罗夫提醒人们,人类对死亡的认识还是远远不够的,尚不足以下必然的定论。死亡应当成为普遍研究的对象——无论是哲学、人文科学,还是医学、生命科学。

随着医学的发展,人类在 19 世纪末已经开始干预死亡王国。电疗和器械对人的心脏和呼吸的作用,使传统意义上对死亡的确定(经验上的心脏停止跳动和呼吸停止)变得不绝对可靠。如今,"什么是死亡?""死亡的标准是什么?"已成为法律、道德和社会问题,引起了社会的广泛关注。④

费奥多罗夫在 19 世纪就已注意到了用医疗方法干预死亡问题的重大作用。他说:"在某些情况下,当死亡的现实性已得到承认后,还可能通过电疗复活生命:无论这种情况多么少见,这仍然

---

① Федоров Н. Ф. Сочинения. М. , 1982. С. 364.
② Федоров Н. Ф. Сочинения. М. , 1982. С. 365.
③ Федоров Н. Ф. Философия общего дела. II. М. , 1913. С. 203.
④ 参见威克科克斯、苏顿:《死亡与垂死》,严平译,光明日报出版社 1990 年版,第 44~62 页。

促使我们对所谓死亡的确实性给出更确切的定义。"①这表明人通过科学技术已使死亡的现实性之界限向后推延了（超越了临床上的死亡状态）。费奥多罗夫深受这一科学成就的鼓舞,进而提出了一种异乎寻常的观点:一切死去的人,无论他们离开人世多么久远,都应该认为只是临床上的死亡。"人必有死是归纳的结论;它意味着,我们是许多逝去的祖先的子孙;但无论逝去者的数量多大,也不能为绝对承认死提供根据,因为这样就是抛弃了为子的义务。"②

> 我们完全没有能力证明死的现实性,也没有能力证明复活的不可能性。死对于死去的人来说是一个在身体朽坏分解意义上的事实,但这不是终结;对于我们活着的子辈来说,死亡则是一种外部现象,人必有死只是一种归纳认识,复活则是我们对这一现象的自然回答。③

一切活着的人,世世代代,都是在寻找各种手段以证明他们的死终究是非现实的,也就是在设法把他们复活。只有经历了无限漫长的历史时代,当人们用尽了自然存在的以及人类发现的一切手段都仍不能使生命复活之后,才可以认为死是现实的。

这样,"人固有一死"的观念在费奥多罗夫这里就成为了"人本应不死"的设想。但这不仅仅是毫无根据的幻想,而是费奥多罗夫的"哲学方案"。

首先,"不死"是以费奥多罗夫特有的人类学为基础的。如果仅从人的自然生物学方面来理解人,那么,既然生物体本身的生、

① Федоров Н. Ф. Сочинения. М. , 1982. С. 364 – 365.
② Федоров Н. Ф. Сочинения. М. , 1982. С. 364.
③ Федоров Н. Ф. Сочинения. М. , 1982. С. 366.

长、衰、亡是客观必然的过程,则人的注定死亡也是天经地义的。但费奥多罗夫把人理解为超自然的理性存在物。理性是宇宙演化的结果,同时又是宇宙过程的新质阶段,理性具有能动性、创造性,这是它与其他自然物的本质区别。因此理性通过自身的不断发展完善,能够改造自然物、支配自然力,逐步使世界由自在的盲目的世界变成自治的理性的世界。这才是作为理性之代表的人的终极使命,而死亡也是一种自然存在的属性,不是自为存在的理性的本质。随着世界从自在走向自为,随着人类从"未成年状态"进入"成年状态",打破死亡之必然性,达到长生不死,便是可以想象的了。

其次,"不死"不是一个"事实真理",也不仅仅是一个"价值真理",而是一种"方案"。在西方思想史上,"不死"的观念也屡见不鲜。天主教把"不死"作为信仰的事实,只具有主观的意义,到了客观世界便不再成立了;欧洲近代哲学把"不死"作为理论探讨的对象,具有抽象思辨的性质。费奥多罗夫则把"不死"、把战胜死亡当做一项"事业"。此"事业"要靠每一个人的积极创造,靠大家的共同劳动来完成;此"事业"并非千百年就可完成,而是在宇宙演化的无限长河中逐步实现;此"事业"与复活祖先的共同事业同步进行。"事实上,不死既不应被看做主观的,也不应被视为客观的;不死是方案的。"①

这个宏伟的方案不仅在于努力使现有人类生命实现不死,而且也包括使死去的父辈和祖先的复活。

---

① Федоров Н. Ф. Сочинения. М., 1982, С. 298.

第七章 复活祖先

复活祖先是费奥多罗夫"共同事业哲学"的两个基本方面之一,另一个基本方面是调节自然。在这里,全人类普遍联合的宇宙方案不仅在空间方面,也在时间方面:创造未来之途,不仅包容现在,还要找回过去——这就是使人类祖先普遍复活。

第一节 内在复活

死是生命之大敌。在古代,当人类精神在死亡恐惧下开始寻找克服死亡之路的时候,西方思想史上就产生了两种观念:柏拉图主义传统的灵魂不死观念和基督教的肉体复活观念。

柏拉图哲学深远地影响了西方文化。这种哲学以身心二分的学说论证了灵魂不死或转世轮回的观念:肉体与变动不居的感性世界相关联,灵魂则从属于永恒不变的理念世界。于是虽肉体在死后化为尘土,而灵魂却可进入永恒王国。这种身心二分的学说后来导致了早期基督教关于灵魂高尚而肉体罪恶的禁欲主义,到近代则由笛卡儿重新解释为身心二元论。

在"旧的"时代即将结束之际,当人们相信上帝的目的是要使

个人超越死亡危机而存在的时候,就产生了一种非柏拉图主义的
生死观,即犹太教—基督教的肉体复活观念。如果说柏拉图主义
把人看做是一个暂附于必死肉体的永恒灵魂,《圣经》则把人看成
有限的、身心合一的生命。于是死就是一种实在又可怕的东西,它
并未被设想成如同从一个房间步入另一个房间,或者如同脱掉一
件旧袍又穿上一件新装那样。它意味着绝对的、毫无保留的毁
灭——从光明的生命之环中消失,进入到"死亡的永无白昼的黑夜
之中"。但唯有信靠上帝的至高无上的创造之爱,才有可能出现超
越坟墓的新生,《圣经·创世记》中讲,人原本造得可以不死的,人
之有死是因为具有亚当偷吃禁果的"罪";《圣经·新约》中说,"叫
我们死的乃是罪","在亚当里众人都死了,在基督里众人也都要
复活","我们借着我们的主耶稣基督得胜"。① 耶稣以自己之死为
我们赎罪,拯救众生。

在生死复活观上,基督教思想与柏拉图主义的差别在于它从
人的完整生命出发,宣告了人可以战胜死亡,人在未来将通过肉体
复活而得到完整生命。在此,费奥多罗夫是赞同基督教观点的,但
他所理解的"基督教"与通常的理解大不相同,他把基督教理解为
现实的"事业",反对基督教的"空灵"性、神秘性,所以他又反对基
督教的所谓"超验复活",而主张一种"内在复活"。

"内在复活"区别于"超验复活"的特点主要有四:第一,"内在
复活"所说的不是来自人之外的、超验于人的神的奇迹、神的功业,
而是人自己的行为,是人自己努力的结果,是人的"事业";第二,

---

① 《圣经·哥林多前书》15:22、15:57。

"内在复活"的对象不是某些人,而是人类全体;第三,"内在复活"不是内心的道德复苏,而是对现实世界的改造;第四,"内在复活"不是指自我复活,而是复活行动,是使人复活,使祖先复活。

费奥多罗夫确认,基督教的现代形式对天上与人间进行划分、割裂神与人之间的关系,是对基督教的根本歪曲。

> 而全部人子以整个心灵、全部思想、一切行动、亦即全部力量与能力所实现的普遍复活、内在复活,才是履行圣子同时也是人子关于天上与人间、神与人之联合的遗训。①

所以,他所说的复活不是无人积极参与的超验的复活,不是靠耶稣基督一人赎罪,而是全人类以实际行动参与同死亡斗争的共同事业。费奥多罗夫写道:"基督的复活对教徒来说也是一个深深的奥秘",因为"基督教本质上不仅是关于赎罪的学说,而且是赎罪的事业本身"②。在这一点上,另一位俄国宗教哲学家罗扎诺夫持类似观点,这一思想成为 20 世纪初的"新宗教意识"③之一。

传统的基督教总是"叫我们不靠自己,只靠叫死人复活的上帝",靠"上帝的恩典"而得救,达到"死后复活",《基督教教义问答》中说,复活是"全能的神的作用,由于这一作用,一切死者的肉体重新与他的灵魂结合,于是复活起来,并成为精神的人和不死的人。这必朽坏的总要变成不朽坏的,这必死的总要变成不死

---

① Федоров Н. Ф. Сочинения. М. , 1982. С. 94.

② Федоров Н. Ф. Философия общего дела. I. Верный, 1906. С. 112.

③ Зеньковский В. В. История русской философии. Париж, 1948. Т. I. С. 461.

的"①。费奥多罗夫所说的复活不是靠上帝意志的复活,而是"内
在复活"。这种观念强调,复活之路不是只有在拯救者的赎罪之后
才向我们展开,不是我们凭借神人基督之恩泽便可坐享其成;复活
事业是我们自己的义务,耶稣基督的行为只给我们做出榜样,我们
只有亲身实践了他的行为,才能实现复活;这样的复活也不是彼岸
世界的生活,而是未来的人间生活,包括在其他星球上生活(这要
求宇宙航行成为人到地球之外另觅生存环境的手段)。

　　"内在复活"的另一特点是普遍性。这是去世的全部先辈的普
遍复活,而不是只有某些被拣选者的复活。为什么在基督复活后
没有发生所有逝去者的复活呢? 费奥多罗夫认为,其原因在于基
督徒们对复活的纯粹先验的理解。按照《圣经·福音书》的训诫,
在最后的审判日,上帝只能拯救一部分人(义人),而其他人则不
能被拯救。这样,就把人类彻底划分为可被拯救者和永远朽坏者。
正是这种划分促成了分裂与对抗,使人类不能团结一致、同心同德
地参加普遍复活的共同事业。费奥多罗夫把这种"超验复活"又
称做"愤怒的复活"。"若得不到普遍拯救,则惩罚就将成为普遍
的。我们在基督教道德中的所见便是如此。根据这种道德,一些
人将被罚以永世的痛苦,而其他人则成为这些痛苦的直观者。"②
这样决定人类的最终命运,在费奥多罗夫看来,无异于对所有人的
惩罚。

　　说到"复活",会令人想起托尔斯泰的著名小说。托尔斯泰与

---

① Пространный Христианский Катехизис православной кафолической восточной
Церкви. М. ,1991. С. 63;以及《圣经·哥林多前书》15∶53。

② Федоров Н. Ф. Философия общего дела. II. М. ,1913. С. 113.

费奥多罗夫都反对基督教的神秘主义和脱离人生实际的教条主义,但他们对基督教的"现实性"有不同理解,因而他们所说的复活也有不同含义。托尔斯泰把基督教理解为道德学说,他19世纪90年代主要作品的主题是人的道德转折和良心发现,亦即精神的、道德的复活。这"不是死者肉体和个性的复活,而是唤醒在上帝中的生命"①。与此不同,费奥多罗夫所理解的基督教的"现实性"不是内在的精神现实、道德现实,而是"物质现实"。他所倡导的不是"天国在你们心中",而是天国的外部实现,即对人和世界的现实改造。他所看到的首先是基督之"福音"的"宇宙"意义:号召对盲目的自然世界的积极改造,使之成为非自然的、神圣的、符合人的愿望和道德要求的、不死的存在(天国)。总之,托尔斯泰所强调的是基督教的伦理学意义,费奥多罗夫所看到的则是基督教的宇宙学意义。

费奥多罗夫所说的复活不是个人为延续自己生命而希望的个人死后复活,亦即不是自我复活,而是使他人复活,亦即使我们所诞生的先辈复活。这样,复活不是依各人愿望而可有可无的要求,而是我们必须履行的道德义务,是我们责无旁贷的事业。这种道德要求来自子对父、后辈对先辈的深切的道义感。需要"让一切诞生的人都明白和感到,诞生就是从父辈那里接受、攫取生命,也就是夺走父的生命,由此就产生使父复活的义务"②。这样,全部宇宙过程都被人格化、道德化了。人的心灵不再就范于冷酷的客观

① Толстой Л. Н. Полн. собр. соч. Т. 23. М. ,1957. С. 392.
② Федоров Н. Ф. Сочинения. М. ,1982. С. 476.

现实,生命的新老更替成为一种"道德的缺憾",只有普遍复活才是道德的最终胜利,"死亡是盲目力量的胜利,而不是道德的胜利,普遍复活才将是道德的胜利,才将是道德所能企及的最高阶段"[①]。

那么,使祖先复活的具体途径是什么呢?

第二节 复活之路

自然世界是盲目的流逝过程,只是从人类出现以后,才有了对自然本身之历史的意识,从而能够"在思想之中"重建过去的时空,"可以说,自然本身力图在人中认识和重建自觉的谱系"[②]。人类保留着前辈们创造的生活经验、工艺技能、书籍、艺术品等等,但这只是以相似物的形式"在思想中"重现逝去的前辈,人类的任务在于变思想为现实——在现代和未来使前辈真正复活。费奥多罗夫在"共同事业"的方案中寻找可能的、具体的复活之路,也就是使先辈肉体复活之路。他主要提出两条途径:第一,收集死者遗留下的分散了的物质粒子,在能够"认识和操纵外界一切分子和原子"之基础上,把这些粒子重新聚合成肉体;第二,遗传学之路,研究、认识和把握前辈们的一切遗传信息和生理心理特点,再把这些遗传"形式"结合成整体,从而逐步实现父辈及祖先的复活。

复活之路当然不是指现实可操作之方法,而是费奥多罗夫以

① Федоров Н. Ф. Сочинения. М. , 1982. С. 433.
② Федоров Н. Ф. Философия общего дела. I. Верный, 1906. С. 121.

"科学能够创造奇迹","今日之不可能将成为明日之可能"的幻想勇气提出的假设方案。在他所处的时代,即 19 世纪末,人类的医学和生理学已能够对尚未朽坏的死尸进行复活实验,尽管是短暂的复活。费奥多罗夫在这一事实的鼓舞下,进一步提出腐朽分化了的死者复活的可能性。他说,大家通常认为,若说未朽坏的死者之复活尚且勉强可信,那么,朽坏以后的死者复活便无论如何也不可思议了。因为在这种情况下,这些粒子发生了很大变化,且分散于空间。但须知"朽坏亦不是超自然的现象,而粒子的分解本身也未超出有限的空间以外"①。他提出要建立一个专门科学中心,吸收物理学家、化学家、天文学家、生理学家和考古学家参加,在这项科学研究中,作用最大的是关于无限小的粒子之运动的科学。比如,他认为,死者分子振动所产生的波及其所带有的祖先的影像能够在与死者有亲属关系的生者的分子振动中引起相应的反应(这与我们所说的神秘的心灵感应有些相似)。这是复活探索的方向之一。

这种复活方法也并非费奥多罗夫首创。聚合死者之离散粒子成为复活之体的思想,可以追溯到早期基督教思想家的观点。由于对复活的许诺是基督教信仰的重要支柱②,因此,在公元后的前几个世纪,一些基督教末世论思想家就同多神教哲学家如伊壁鸠鲁主义者、斯多亚学派、新柏拉图主义唯灵论者展开斗争,他们为

---

① Федоров Н. Ф. Сочинения. М., 1982. С. 365 – 366.

② 在《新约圣经》中,使徒保罗论述了"基督复活是信仰的根据":"因为死人若不复活,基督也就没有复活了。基督若没有复活,你们的信仰便是徒然"(《圣经·哥林多前书》,15:16 – 17)。

"死者有希望复活"作论证而提出各种根据,其中尤以尼撒的格列高利①的论据别具一格。人们反对复活的主要根据是人死后便有肉体毁灭和分解这一事实。对此尼撒的格列高利的解答是:尽管死者的身体完全分解为最简单的粒子而扩散到自然界之中,但这些粒子本身不能消灭,因为世界万物都是终究不灭的。并且每个离散的粒子都带有某个人的肉体组织的特有属性,这些属性是灵魂赋予的,而灵魂是肉体组织的"基质",是肉体形式保持和发展的活的动因。在肉体死亡并分解后,灵魂依然保留着原有的统一体的趋向。这样,复活的过程便可以想象了:散布于各处的、原属于某个身体的粒子按照灵魂所赋予它们的规律重新结合起来。

可见,费奥多罗夫利用了格列高利的思想材料,只是有所不同的是,在末世论思想家那里,离散粒子的聚合是依靠上帝的意志和力量,是上帝在复活日的一次行为的结果,而费奥多罗夫所讨论的这种复活方法主要强调的是实践证明原则——这是一个关于未来的方案,是一种必须以事实来检验的假说。如果对尼撒的格列高利来说这项事业是人类在世界末日所消极接受的,那么费奥多罗夫所指的是对我们自身和世界存在的认识和改造以及对人类历史的终极命运问题的解决。所以,他又在最一般意义上把复活之路定义为"变自然的盲目力量为自觉力量"。

人是复杂多面的整体,人不仅有独特的生理面貌,还有各自的精神气质、心理特点、自我意识等等,因此人的复活不是机体的简

---

① 尼撒的格列高利(Gregorius Nyssenus,约335—394)——基督教思想家,卡帕多西亚的希腊教父。

单复制。费奥多罗夫从人类世代之间的继承性出发探讨了复活祖先的另一种方式,他一再强调必须仔细研究去世的人们,了解其生命的方方面面、细枝末节,重现他们的形象和生活,即便是先在思想上、理论上。在他所设想的走上了"共同事业"之路的理想社会中,大家都成为研究者和自我研究者,所有人都持有心理生理学的日记,用来记录和研究父母的生活。人在进行深入地自我认识的时候,就会发现自己的禀赋和志趣不能在自己的生命本身找到解释,这就要求他进一步认识自己从何而来,亦即认识自己的父母。①因为人的灵魂是由父母这两个形象、两种生平叠加成的一个样式。随着对父辈及祖先留给我们的遗传信息和特点的认识方法的完善化和精确化,"在每个人的灵魂中就都有了一个对父母形象的准确规定。假如普遍复活可以直接依赖于思想,那么它就能够实现了"②。

这样,当前的任务,若用我们现代语言来说,就是建立关于全部人类祖先的遗传学的"古生物学",认清人类的全部"遗传密码"。于是,按照费奥多罗夫的设想,就会出现这样的图景:儿女复活父母,父母再复活自己的父母,依此类推。这样就将逐步实现一家一家、一代一代的普遍复活。也就是说,我们可以从自身、从我们对祖先遗传因素的全面认识中重建祖先机体组织的"遗传密码",依此来把收集起来的粒子重建成完整的机体。

这些都近乎离奇的幻想,但这些方面在现代分子遗传学、现代

---

① Федоров Н. Ф. Сочинения. М., 1982. C. 406.

② Федоров Н. Ф. Сочинения. М., 1982. C. 409.

科学对构建活分子和活细胞之方法的探索中,也能找到若干相通之处。此外,费奥多罗夫的这种思想与控制论奠基人维纳关于人的"密码化"思想有相似之处。维纳在其著作《控制论与社会》中提出这样一种可能性:把人变成包含着他的一切信息的传达信号,而按照这种信号便可以在另外的地点、依据另外的材料复制出这个人。但这样还没有完全解决人的个体性问题,只是重建了特定的机体结构,尚未充实以具体的结构性内容。因为人的个体性不仅由遗传来决定,更在于个人独特的感觉、反应、思想和自我意识之中。

那么,在哪里和怎样保留逝去者的自我意识呢?重建了机体的独特的遗传结构是否足以恢复他的意识?还是必须进一步找到他的"灵魂"?费奥多罗夫确信,对于这些问题和疑虑都可以从全人类前所未有的对宇宙规模的研究和探索中找到答案。"共同事业"的过程与结果将警示人类应走向何方,应在哪里找到这些问题的答案。

虽然这些问题的最终解决还在遥远的未来,但就目前来说,有一点是无可置疑的:死亡本身,它的原因,死亡过程中人体组织所发生的变化,特别是死后状态如何,这些都应进入研究和实验范围之内。

人死后留下了什么?果真有某种不死的灵魂离开死者的躯体飘然而去吗?如果有的话它去哪里了?以何种方式存在?对此,早有各种神话传说的不同回答,也早有无神论者的断然否定。然而时至科学发达的今天,人类仍未能对关于死后灵魂的神秘现象作出充分可靠的解释。马涅耶夫①在《科学二律背反的哲学分析》一书中对人死后灵魂和复生作了有趣的说明。他认为,古代被称之为灵魂的东西,亦即个体自我意识的载体,具有一种生物场的负熵本性,这种本性在人死后依然保存着。他写道:

> 既然某种被发射出的场(譬如无线电波)可以不依赖于其源泉而独立存在,却不妨碍其载有相应的信息,那么,生物场的存在也同样是可能的,这种场是在有机体死亡之际被发射出来的,但仍然保存着关于有机体的全部信息。以此信息为依据重建生物体系在原则上是可以设想的,正如生物之个体发育是在先前的遗传信息基础上形成的一样。②

马涅耶夫表示,相信人类的知识具有无限威力,终将可以战胜死亡并能够在生物场信息系统的基础上使一切死去的人复活,只不过是以新的、更完善的形式在无蛋白质基础上的复活。

费奥多罗夫的复活方案不同于科学幻想作品中的生命重现,那里的死而复生是科学发明的某种不死或复活方法的实现。而在费奥多罗夫的学说中,复活首先是"每一个人子的个人事业",不是客观的冷漠的科学过程,而包含着深深的内在情感、高度的道德义情感,而且在这一过程中人子自身也达到了高度完善。"普遍复活不是从石头、画布等中做出的艺术作品;不是无意识的诞生,而是信靠天地间所有的一切,从我们之中再造出全部逝去的祖先,正如从火中生火一样。"③

---

① 马涅耶夫(Манеев А. К., 1921—　)——白俄罗斯科学哲学专家,提出了"生物心理场"概念。

② Манеев А. К. Философский анализ антиномий науки. Минск, 1974. С. 130-131.

③ Федоров Н. Ф. Сочинения. М., 1982. С. 438-439.

批评者每每指责费奥多罗夫的复活祖先学说是"招魂巫术"、"僵尸复活"。但费奥多罗夫一再强调复活过程中的改造方面——复活是对人与世界之现实改造的结果。在人类尚处于有限的生理组织阶段，具有寄生生活的肉体类型阶段，复活是不可能的。完全的复活是重新创造，不是具有昔日的物质本质的祖先的原封不动的复活，而是把他们的物质本质改造成一种更高级的存在物。正如复活的促成者一样，他们已达到了不死——不再经历传统意义上的死亡，而只经历旧的物质组织的死亡，作为个性自我意识的"自我"依然保存，而其物质载体，即肉体，已成为另一种有机体。

费奥多罗夫也不止一次地指出，一切天赐之物，自然的盲目存在，都应当由人靠劳动来"赎回"，代之以可由意识来调节的存在物："我们的身体将成为我们的事业"。他把基督教关于恢复原有之亚当的思想加入了积极的创造成分：在复活事业过程中创造出具有较之从前的人，甚至天堂之人更高水平的、新质的人。这种人具有完善的器官，这是人的创造和自我创造的成就之一。这样的人将能够仿照饮食、生存和活动环境来创造和改变自己的组织器官。

在共同存在、完善器官的条件下，一切个人都是不死的，而传承性只是个人的自由行为，是形式的改变，是旅行。比如说，在这种情况下，更换器官就如同换乘马车和更换衣服一样轻而易举（也就是说时间将不对人产生影响，它将成为人的行为、活动）。①

如果说取代了自然的世代更替、实现了个人的共同存在的复

---

① Федоров Н. Ф. Сочинения. М. , 1982. С. 438 – 439.

活是人类战胜了时间,那么,使人有可能"无处不在"的完善器官,则使人类征服了空间。与各种神秘主义有所不同的是,对费奥多罗夫的方案来说,驾驭时间不是别的,正是对生命过程的有向调节,而征服空间也不绝对等同于上帝的"无处不在":上帝是同时性地遍布于全世界,而人则是继时性的"无处不在",从而实现名副其实的"无限云游"。

从末日审判到神化世界的来临,在基督教末世论者那里被想象为"灾难的瞬间",而对费奥多罗夫来说,则是改造人与世界的创造性劳动的漫长过程。而且,新的世界状态是靠已摆脱了死亡的人们的共同努力来维持的。改造活动事实上没有终结,因为迈入永恒正意味着全部宇宙之善与美的无限创造和自由劳动的开端。

为什么理想的、神化的世界总被设想为幸福光明的、静止不动的状态呢?因为在自然宇宙范围内,运动、变化、生成都伴随着个人的丧失和个性的毁灭,因此非自然的、无死亡的世界就被想象成在自然生成之物以外的、绝对不变的、纯洁无瑕的存在境界(诸如柏拉图的理想国和基督教的天国),而费奥多罗夫则把这种理想之境设想为积极劳动的动态过程,创造性的发展过程。

"共同事业"学说中的复活方案还具有宇宙学参量,复活问题必然要超出地球界限,是因为我们地球的空间和资源不足以容许普遍复活。

只要地球仍将孤立于其他世界,则永久的生存即是不可能的。每一个独立化的世界都因其局限性而不可能有不死的生物。每个星球上供给生命的资源都不是不可穷尽的,即使资源再多,死亡也终有一天会因生存资源不足而降临此地。①

这样,普遍复活的方案就要求人类必须走向宇宙,这就是俄国宇宙论的精神诉求。

第三节　乡村知识

费奥多罗夫认为,以基督复活为开端的普遍复活事业并没有中断,虽然对它的反对也没有停止。西方的科学(考古学和历史学),就是复活事业的一项活动:收集各种文物古迹,包括实物的和文字的,以便在思想领域重建古代世界形象;此外,还有在实验室中重建生命现象;还有对人类赖以生存的天文地理条件进行观察研究。这三种方式,就是当今科学试图在思想上重建整个世界形象的全部手段。

但是,如果我们仅仅满足于对世界的思想上的重建,那么,就会有两种结果:要么是,我们永远也无法确信这个思想的形象是否符合现实;要么是,如果把它当做世界的现实形象,则这一形象(正如当今科学所了解的那样)所描绘的是一幅走向死亡的图景,这种(科学的)世界观对人来说是真正的痛苦,只有那些丧失情感和意志、只有思想的学人,才感觉不到这种痛苦。②

费奥多罗夫指出,当科学还处于多神教的、城市的发展阶段,还只是依靠我们的有限经验给我们提供世界形象,还处于实验室

---

① Федоров Н. Ф. Философия общего дела. II. М., 1913. С. 276.
② Федоров Н. Ф. Сочинения. М., 1982. С. 315.

和办公室中,所以科学与宗教的统一就是不可能的。因为在这种情况下,科学只是在怀疑,这是无情感的、非出自爱的怀疑,而宗教只是把自己的活动局限在教堂里。人民(非学人)完全不会参加这样的科学活动,因为对于没有失去情感和意志、以心来生活的人民来说,他们所需要的不是思想上的复活,而是真正的复活,他们在这种虚假的复活中找不到任何安慰。即便是19世纪俄国哲学家赫尔岑对现代科学的复活力量的生动描写,也被费奥多罗夫理解为是对"虚假复活的描绘":

> 过去的世界,听从科学的强有力的召唤,正从坟墓中站起来,证明那些随着地球表面的发展而发生变革的我们赖以生活的土地,作为以往生活的一块墓石,似乎越来越透明了,石窟被打开了,岩石里的秘密再也包藏不住了。半腐烂、半石化的骨骼,重又长上一层皮肉,不仅如此,古生物学还力求揭示出各个地质年代和生存在那些年代里的整个生物群之间的相互关系的规律。于是,所有过去的生物将在人类的智慧中复活,它们摆脱了被人完全忘却了的悲惨命运,就连那种骨头已经腐烂、生命现象已经完全绝迹的东西,也将在明亮的科学之宫中、在这个使短暂的东西得以安生和与世长存的宫殿中得到再生。①

费奥多罗夫认为,这种对过去世界的虚假复活(从坟墓中站起来)不是为了自己,不是为了生命,而只是为了满足我们闲暇时的好奇心。

费奥多罗夫对科学的产生和分化也是从复活的观点来看的。在他看来,当今的科学,是随着特殊的城市阶层的形成、随着城市

---

① 赫尔岑:《自然研究通信》,转引自北京大学哲学系编译:《十八—十九世纪俄国哲学》,商务印书馆1987年版,第154~155页。

与乡村的分化而开始的。乡村是与自然生活紧密联系的,随着手
工业与农业相脱离,它为死的知识,也就是所谓客观知识、虚假复
活的知识奠定了基础。一切工业都要首先剥夺植物或动物的生
命,从世界的自然结构或进程中分化出对象以便对其进行作业。
从这些工作中就诞生了科学。手工作坊是物理学和化学的摇篮。
在这些经验上的抽象科学之后,通过分化、分析之路产生了思辨科
学。这些思辨科学的全部发展就在于分化和抽象化:科学把人看
做是脱离了他的生活条件的人,科学使人类学脱离天文学,灵魂脱
离身体,心理学脱离躯体学,躯体学又分化为生理学和解剖学,总
之,科学分析越深入,结果就越抽象和僵死。这方面的最高境界是
形而上学,这是抽象学说中最抽象的,死的学说中最死的学说。形
而上学是关于抽象存在的本体论,这种抽象存在已等同于非存在,
即虚无。由此就可以理解,为什么普罗提诺说死的状态是最哲学
的概念,也更可以理解,为什么复活是最非哲学的概念,因为复活
是汇集、恢复、再生,而哲学总是划分、抽象和使对象僵死。结果,
哲学借助于静观和抽象的思想活动,把活生生的外部世界变成了
心理事实,变成了幻影。这种把现实世界转变成主观现象的活动,
是人类思维器官的功能。

不过,费奥多罗夫并没有完全否定这些科学知识。相反,他认
为这一切都是必要的、前期的工作,因为为了构造和组合,首先需
要分解和划分,只有死亡才能践踏死亡,只有达到这样的深刻怀
疑,才能把一切逝去之物的重建和死亡之物的不死看做是现实存
在的全部证明。为了这样的证明,必须使思维成为行动,使思想的
飞跃成为现实的移动。

而且,现代科学也开始了收集工作。它收集丧失生命的动物、干枯的植物、矿物、金属,把所有这一切东西的残骸、碎片、骨骼、标本等收集起来,放入博物馆。这些工作也可以用来描绘世界全部生命的发展历程,但描绘世界不是知识的最终目的。

与现代科学的这种人为收集相对立,与实验室和办公室的知识相对立,乡村知识不脱离生命,与自然生命息息相关。不过乡村知识在严格意义上不能叫做知识,因为它还没有超出神话阶段。城市知识已经说出了一切,但它是无法纳入乡村知识的,城市知识对乡村知识是不适合的、无益处的。但城市知识应当变成乡村知识,这种转变不会使知识丧失,而是使它获得胜利,因为了解动植物的生活条件是自然科学所必须的。[1]

乡村生活和乡村活动的基础是天文学,也就是太阳沿黄道的运动及其在气象过程中和动植物生活中的表现。乡村居民相信,他们是重建动植物生命过程的参与者,这个过程是他们看得见的;乡村居民甚至认为自己是恢复祖先生命过程的参与者,这个过程是他们所要求的。拜占庭把太阳向春天的回归与复活节结合起来,把复活作为知识的基础,但拜占庭没有能够调和城市知识与乡村知识。为知识与宗教的调和奠定开端的是哥白尼,他所实现的天文学革命成为使全部知识转向新方向的出发点。

费奥多罗夫特别强调农业所具有的"原生态"意义。农业在一定意义上是从先前生物的腐尸中创造新的有机形式的自然过程,所以农业在根本上不同于工业,费奥多罗夫指出,工业把活的东西、把自然和农业的第一产物杀死、肢解和制成标本,为的是生产

---

① Федоров Н. Ф. Сочинения. М., 1982, С. 317.

死的东西,包括我们的各种人工遮盖物,从衣服到住房,乃至形形色色的舒适对象。"城市知识"和工业文明只服务于人的一时享乐需要,同时却必然导致普遍分裂、对抗、战争和互相消灭,只有"天文—农业文化"能够完全实现"共同事业",这种文化提出的主要目标是有机的进步、生命的创造和自然生物的自我创造,以及死者的复活。

第四节　科学尝试

回归"黄金时代",长生不死,死后复生——这是人类的永远梦想。这种梦想以各种表现形式出现,在世界文化史上屡见不鲜。它们大致可分为三种历史形式:在古代,通过神话、魔法和巫术等原始形式表现出来;后来,则在各种宗教学说中被理论化、系统化,如佛教的生命轮回和基督教的复活观念;近代以后,随着实验科学、自然科学与技术的异军突起,使人类的生活和世界大为改观,又给不死和复活的古老梦想提供了新的证据。

在这种科学技术力量的鼓舞下,一些科学家和思想家提出了通过科学技术的物质手段(而不是神话与宗教的神秘主义)达到肉体不死和复活的大胆假说。

早在 18 世纪,普里斯特利[①]就曾说过:"我相信死人复活的学说……死亡随之而来的是腐朽,也就是分解。但既有分解,就有可

---

① 普里斯特利·约瑟夫(Priestley Joseph, 1733—1804)——英国科学家、教育家。

能重新结合"①;孔多塞②在描绘人类精神的历史发展图景时提出,在人类进一步完善的进程中,人的寿命将日益延长,甚至可能达到肉体不死。到了19世纪,法国思想家欧内斯特·勒南③在确定人类发展的理想目标时写道:"是的,我赞同复活的可能性……在不断进化的最终阶段,若宇宙达到一种绝对存在,那么它将使所有人的生命达到完善,它将使一切逝去的生命得到再生……当全能的知识掌握在公正善良之人的手中时,他们就将要复活过去,以便纠正过去的无数不公。"④

虽然科学发展所带来的乐观精神在现代社会受到很大打击,但到了21世纪,仍有许多关于"长生不死"的科学设想。法国人类学家夏尔丹(德日进)在他的能动进化论学说中直接提出个体不死问题,在他的"理智圈"进化前景中,不仅包括人的集体创造力的作用,而且强调对人的个体本质进行改造、开发个体大脑资源、扩大意识领域的重要意义。他认为,如果说在动物进化阶段以削弱个体特性来取得种族生存与延续的胜利,那么从人开始,即在人化的宇宙中,这种现象已经是时代的残余了,而且是悲剧性的残余,需要以新的方式取而代之——这就是独立个性的永恒存在。

从上述历史背景来看,费奥多罗夫的复活学说既不同于神话与巫术的蒙昧主义,也不同于宗教神学的信条,而是同近代科学技

① Английские материалисты X – VIII века. Т. 3. М., 1968. С. 283.
② 孔多塞(Condorcet M. J., 1743—1794)——法国大革命时代的哲学家和社会活动家。
③ 欧内斯特·勒南(Ernest Renan, 1823—1892)——法国语言学家和历史学家,《耶稣的一生》的作者。
④ Ренан Э. Собр. Сочинения в 12 т.. Т. 5. Киев, 1902. С. 171.

术对生命现象的探索紧密相关的,其中不仅反映出人的完善道德感,也反映出人类的现实利益。费奥多罗夫多次直接反对神秘主义的复活观。他指出,神秘主义的复活手段是一种幻想或欺骗。

在这种情况下,复活本身不是通过自然认识和对盲目力量的驾驭亦即经验认识的光明进而实现的,而是由神秘的、黑暗的方式造成的,这种方式被看做是魔法,譬如招魂术者的变物法术。神秘主义属于那些对自然认识薄弱的、尚不成熟的种族,或那些已经没落的、对以自然知识之路解决"生死"问题已经绝望的种族,也就是说,神秘主义不提供解决死者复活问题的现实手段。[①]

费奥多罗夫反对神秘主义把复活理解为纯粹的精神活动,即天才在彼岸世界的灵魂不死,而主张灵魂与肉体的共同复活,而且这种复活是此岸的。他写道:"应当确认,复活之伟业应在此种世界实现,虽然它的舞台是整个宇宙。无须到天边去寻找眼前即可找到的东西。"[②]

当然,在对无限复杂的人的生命现象的探索中,费奥多罗夫亦难以超脱时代的局限和个人的褊狭。以现实的科学精神反对蒙昧的巫术和抽象的教条,这可谓是一种进步,但"神秘主义"现象本身是复杂多变的,恐难一概完全否定,尤其是对于人及其生死这样一些"奥秘"来说。

费奥多罗夫对神秘主义的全盘否定,有一种自然主义和庸俗唯物主义倾向,因为人的精神个性毕竟无法以自然的物质方式复

---

① Федоров Н. Ф. Философия общего дела. I. Верный, 1906. С.439.

② Вопросы философии. 1990. №11. С.80.

制,而且,应当承认,"在世界生活和人的生命中,有着某种模糊不
清的、非理性的根源"①,人之"谜",也正在于此。费奥多罗夫学说
则对此不以为然。

① Путь. Париж, 1928. №11. С. 93 – 94.

第八章　自然调节

在西方哲学史上,存在着古代的自然宇宙观与宗教人本主义之分、近代的自然本体论与唯心主义之分、现代的科学主义思潮与人文主义思潮之分。与此类似,俄罗斯思想史上也存在着两大哲学流派:人本主义(人中心论)和存在—宇宙主义。人本主义在俄罗斯具有深厚传统,可以上溯到俄罗斯古代文学,后期的代表有18世纪哲学家拉吉舍夫,他被认为是"为人类的苦难而伤感"的"俄罗斯知识分子的始祖"①;19世纪的车尔尼雪夫斯基、索洛维约夫以及俄罗斯古典文学的代表果戈理、陀思妥耶夫斯基、托尔斯泰等。具有存在—宇宙主义倾向的思想家有罗蒙诺索夫、奥多耶夫斯基、丘特切夫、苏霍沃－科贝林②等。当然,这两个流派之别仅在基本趋向上,并无严格界限,而且人本主义者所追求的并非脱离环境的个人中心的人,宇宙主义者也并非只关心纯粹自然,但这两个

---

① 别尔嘉耶夫:《俄罗斯思想》,雷永生、邱守娟译,三联书店1995年版,第27页。

② 奥多耶夫斯基(Одоевский В. Ф.,1803—1869)——俄国哲学家、科普作家、音乐批评家。

丘特切夫(Тютчев Ф. И.,1803—1873)——俄国抒情哲理诗人。

苏霍沃－科贝林(Сухово－Кобылин А. В.,1817—1903)——俄国作家、哲学家。

流派作为不同思想家的思想倾向,确实反映了俄罗斯思想的两个方面。

费奥多罗夫之所以在俄罗斯思想史上占有特殊地位,在一定意义上说,就是因为他的学说自觉不自觉地将上述两种思想流派结合起来,把人的命运和宇宙命运结合起来。在他的自然调节方案中,一方面,人是调节者,是使自然合理化的保障,人的道德标准获得了本体论地位;另一方面,只有在战胜了盲目力量的和谐的宇宙中,人才能得到充分的自我实现。

人与自然关系的思想具有时代特征。在科学技术初次展示无限威力的 19 世纪,相信人能彻底征服自然、改天换地的乐观主义十分流行;到了 20 世纪下半期,资源、生态等一系列全球问题向人们警示了人的活动之限度,人与自然和谐相处的环保意识深入人心。费奥多罗夫思想毕竟是 19 世纪的产物,而且他生活在自然灾害尤为严重的俄国。他的自然调节思想的重要动机之一就是,要以人的理性和力量战胜千百年来危害人民的诸如干旱、洪水、瘟疫等破坏性的自然力,这是无可非议的,而且这种斗争仍将继续下去。但是,费奥多罗夫的观点并不像有些人认为的那样,视原始的自然为人与社会之敌[1],而是要将自然过程从盲目自发阶段调节到新阶段——符合理性与道德的阶段,也就是使自然具有秩序和合理性,不再肆虐害人。他曾明言:"自然是暂时的敌人,却是永远的朋友。"[2]

---

[1] Карабчиевский Ю. О. Воскресение Маяковского// Театр. 1989. №9. С. 186.
[2] Федоров Н. Ф. Сочинения. М. , 1982. С. 521.

"自然调节"是"共同事业"中"祖先复活"之外的另一基本方面。"调节和支配自然力也是一项伟大事业,它能够和应当成为共同事业。"因为费奥多罗夫相信,当人不再是自然演化的消极部分而成为积极力量时,人类的知识、理性和道德将使世界进程进入一个新阶段。

这一普遍调节过程具有内在和外在两方面。外在方面包括从地球到宇宙的几个层次:气象调节,其对象是整个地球;星际天文调节,其对象是太阳系;普遍的宇宙调节,其对象是无限宇宙。内在方面即人的心理、生理调节,改造人的生命机制,支配人自身之中的盲目力量(自然需要和欲望)。

第一节　气象调节

费奥多罗夫"自然调节"思想的直接动因是 19 世纪 90 年代俄国的自然灾害:先是干旱无雨,继而又是暴雨冰雹。这些自然灾害造成连年饥荒,夺走了成千上万人的生命,所以在《共同事业的哲学》中作者以朴素的"非学人"的语言论述了自然调节的两个基本问题——粮食问题和卫生保健问题。这是人在控制盲目自然力、保护自身生存的事业中所要解决的两个最根本的问题,"饥饿和死亡的发生源于同样的原因,因此复活的问题也是摆脱饥饿的问题";"恢复整个人类的肉体和灵魂健康,他不仅摆脱慢性病和流行病,而且摆脱遗传的机体缺陷(指必有一死,这是当今之人所具有的最基本的不完善),——这就是卫生保健问题的内容"。①

早在 19 世纪初,俄国科学家卡拉津就提出过控制天气和运用大气上层的电力来满足人的需要的具体方案。费奥多罗夫对此给予高度评价,称卡拉津不仅是气象学家,而且是第一个气象法师,他不仅停留在对现象的消极预见,而且敢于进行现实调节。正在俄国发生严重旱灾的 1891 年,美国成功地进行了几次利用炮弹做人工降雨的实验,这个消息对于费奥多罗夫来说是"一个福音,人类所发明的用于彼此消灭的手段正在成为解救人类于饥饿的手段"②。

费奥多罗夫的气象调节方案包括如下部分:(1)控制大气过程(克服气象的"破坏性"——干旱、洪水、冰雹等),掌握气候,建立土地、森林和水之间的良性关系,提高其自然产品率;(2)调节地震—火山现象;(3)大地调节(合理利用地下资源,将来把出自矿井的金属代之以来自大气和其他宇宙天体的金属);(4)太阳调节(利用太阳能,以此取代难以开采的煤炭)。

虽然设想了诸如此类的方案,但费奥多罗夫完全明白,问题不在于这些未来主义的梦想,而在于未来的科学探索事业;这种"共同事业"方案的哲学意义仅在于,它仍以最一般的形式论证了自然调节的必要性,提出了自然调节所要改造的主要对象,这已成为具体科学的预见。例如,调节气候,使作为共同家园的地球"风调雨顺";驾驭地球本身的运动("人类不仅应作为地球船的闲暇乘客,而且应成为它的乘务员"③);寻找新能源,掌握太阳能;等等。

① Федоров Н. Ф. Философия общего дела. II. М. , 1913. С.316.
② Федоров Н. Ф. Сочинения. М. , 1982. С.56.
③ Федоров Н. Ф. Сочинения. М. , 1982. С.360.

　　俄国诗人勃留索夫在回忆他 1909 年同维尔哈伦①的谈话中写道:"我们在谈论飞行。维尔哈伦说,我很高兴我活到了人类驾驭空气的时代,人应当统治自然力、水、火和空气。人甚至应当学会控制地球。令维尔哈伦感到惊讶的是,我告诉他,他的这一思想已被俄国思想家费奥多罗夫老人预先想到了。"②

　　但费奥多罗夫从来不主张对自然掠夺式的"征服",相反,他在当时就已经意识到了人在地球上鼠目寸光的功利主义剥削活动将要造成的灾难性后果:

　　显然,人已尽其所能地作了一切恶,无论对自然(因掠夺而使自然荒芜和枯竭),还是对他人(发明杀人武器和彼此消灭的手段)。③

　　土地贫瘠,森林消失,气象恶化,表现为洪水和干旱,——这一切都证明将有一天会"大难临头",这提醒我们对此类警告仍不可掉以轻心……就这样,世界走向末日,而人甚至以自己的活动促进了末日的接近,因为剥削性而非建设性的文明只能导致加速末日来临的后果。④

　　与此相反,"自然调节"所指的是对自然进行合理调节,"使自然具有理性和意志",对自然进行恢复和创造性的工作。

第二节　走向宇宙

　　"自然调节"的下一个阶段就是把地球变成宇宙飞船("地球

①　维尔哈伦(Verhaeren, E. , 1855—1916)——比利时诗人、剧作家。
②　Брюсов В. Я. Новые книги Эмиля Верхарна. Русская мысль. 1910. №8. С.6.
③　Федоров Н. Ф. Философия общего дела. I. Верный, 1906. С.3.
④　Федоров Н. Ф. Сочинения. М. , 1982. С.301.

159

船"),人可以驾驶此"船"走向宇宙,这里包含一些如今看来是不现实的幻想,比如使地球脱离固定轨道进入宇宙空间,按人自己设定的航向运行,等等。但这里也有一些思想的大胆创新,为人类后来的宇航事业提供了方向,也因而使得费奥多罗夫成为俄国宇宙主义的先驱之一。例如,他提出:"地球并非人的界限";"人类活动不应只限于地球范围内";"应当认识地球只是一个出发点,而我们的活动场所是整个宇宙"。①

　　这虽然还仅仅是一种理论设想,一种哲学思想,但人类的许多实践创造都来自理论的创新。俄国宇宙主义科学家和哲学家齐奥尔科夫斯基是宇宙火箭技术的最早研究者之一,他的宇宙哲学深受费奥多罗夫的宇宙调节方案的促动和影响。他在青少年时代就崇拜费奥多罗夫并听教于他,后来称其为"可爱的哲学家"。齐奥尔科夫斯基在《喷气飞行器》一书中写道:"地球是理性的摇篮,但不能永远生活在摇篮里";"全部本质在于从地球迁居到宇宙。应当去迎接'宇宙哲学'"。② 显然,这种观点同费奥多罗夫的走向宇宙方案相当接近,因此可以说费奥多罗夫是"宇宙哲学"的代表。

　　在"自然调节"方案中,人类超越地球走向宇宙有多种必要性,既有自然方面的,也有社会经济和道德方面的。首先,在地球范围内不能达到充分调节,因为地球依赖宇宙,所以完全的调节是整个宇宙的普遍调节。其次,全部现有人类文明都是建立在地球之上的,而地球资源是有限的,地球本身的寿命也不是无限的,那么人

---

① Федоров Н. Ф. Философия общего дела. I. Верный, 1906. C. 514, 283 – 284, 292.

② Циолковский К. Э. Реактивные летательные аппараты. М., 1964. C. 140.

类遥远未来的命运如何呢？

在当代哲学和科学著作中,有人预言未来人类文明必将毁灭。费奥多罗夫早在 19 世纪就曾预言,随着人口日益增多,在地球资源枯竭或太阳最终熄灭的情况下,人类的唯一出路是走向宇宙,寻找新的居住环境,首先是改造太阳系,然后是改造更远的宇宙空间。

除了自身生存环境需要之外,走向宇宙还是一种道德要求。这也是为复活祖先作准备:在无限宇宙为他们寻找栖身之地,因为只有地球是远远不够的。

关于地球命运的问题使我们确信,人的活动不应局限于地球范围内。我们应当自问:关于地球未来命运的问题,关于地球的必然毁灭的问题,是否要求我们寻求某种别的出路? 或者说,这样的知识是自然的、必要的,还是非自然的、无益的、多余的? 在第一种情况下,也就是说如果这样的知识是自然的,那么,我们可以说,地球本身使我们产生关于它的命运的意识,这一意识,当然是积极有效的意识,就是拯救的手段;当一部机械开始损坏的时候,就会出现机械师。说自然不仅创造了机械而且创造了机械师,这是不合理的。应当认为,上帝是通过人自己的经验来教育人的;上帝创造万物不仅是为了人的,而且是通过人来进行的;因此自然本身中没有合理性,合理性应当是人本身带来的,这才是最高的合理性所在。创造者通过我们来重建世界,复活所有逝世者。复活事业也是人自觉自由的行为。人类不应当只是地球这只大船的闲暇乘客,而且应当是乘务员。当我们还不能控制它的行程的时候,我们就不可能完全知道它是靠什么力量推动的。在第二种情况下,也就是当关于地球终极命运的知识是非自然的、无益的和多余的时候,我们就只有袖手旁观,坐以待毙,痛苦地看着我们的居所和墓地一步步走向毁灭,不仅是我们当代人的居所,而且是过去和未来所有人类的居所的毁灭,这不仅是对我们兄弟的犯罪,而且是对父辈的犯罪。这是自然的吗?这种状况只有对那些自身具有非自然本性的办公室学者来说,才是正常的。

也可能从地球世界向另外世界转移,这种想法的幻想性只是表面上的。谁要是关注建立完全道德社会和消除社会之恶的困难性(道德社会就是实现子女对父辈和祖先的道德,即普遍复活,最大的社会之恶就是死亡的发生),对他来说,转移的必要性就是无可置疑的,因为不向宇宙空间转移就无法根本解决这些困难。在思考实现社会道德理想的时候,怎样的态度是更具有幻想性的:是回避这些巨大障碍,还是清醒地承认这些障碍?当然,也可以拒绝这一道德理想,但这就意味着拒绝做人。①

"俄罗斯,俄罗斯,你这广阔空间预言着什么?"——对于伟大俄国作家果戈理的这一问题,费奥多罗夫的回答是:"俄罗斯的广阔空间使我们走向天空,这个人类活动的新场所。这样打破了人们关于天空不可企及的偏见。对于人子来说,天空的世界是祖先的未来场所,研究天空就是为复活的祖先准备居所。人的任务在于把自然赐予的东西变成通过劳动而获取的东西,地球之外的宇宙空间要求这样的根本改造。"②

在费奥多罗夫看来,当今人类自身有两种相互联系的局限性:"空间上的局限性阻碍了理性存在物对全部宇宙世界的全面作用,而时间上的局限性——死亡,则阻碍了历代人对全部宇宙的同时作用。"③克服第一种局限性的办法是向宇宙迁居,获得"无限迁移"的能力;克服第二种局限性的办法则是征服有死的存在状态和

---

① Федоров Н. Ф. Сочинения. М., 1982. C. 360 – 361.
② Федоров Н. Ф. Сочинения. М., 1982. C. 358 – 359.
③ Федоров Н. Ф. Философия общего дела. II. М., 1913. C. 58.

复活死者的生命,而不死只有在同时进行宇宙调节和克服地球与宇宙分离的条件下才是可能的。

> 当地球还孤立于其他世界的时候,牢固持久的生命就是不可能的。每一个孤立的世界因其有限性都不可能有不死的生命。每一个星球上为生命所需要的资源都是有限的,即便很多,也不是不可穷尽的,死亡即便不是由于其他的偶然因素,也会最终因生活资料的匮乏而发生。[①]

费奥多罗夫关于"乡村知识"的思想也是与对整个宇宙的认识相联系的,他在论述"乡村知识"的特点时说:

> 知识不仅要按城市方式、由作为特殊阶层的科学家在物理实验室中所作的实验证明,而且要按乡村方式、由从大自然中所获得的经验来证明,这种经验也就是气象调节和大地调节,乃至使地球由自转星球变成由人类来驱动的地球船。[②]

新的、真正的"乡村知识"汲取了"城市知识"的全部成果,但它将以特定的观察和经验为基础,这种观察不是在办公室或实验室进行的,而是在自然界本身进行的,这种经验是"调节大气现象、地下现象和宇宙现象的经验"。费奥多罗夫多次重复:新科学所赖以生成的观察和实验不只是某时某地某人进行的,而是时时处处人人皆在进行的,其结果可以直接运用于调节的实践事业,这种普遍实验无限扩展和深化:首先是地球,然后是太阳系,最后是整个宇宙。这种实验具有无限可能性,近似于自然界中所不断发生的生物创造"实验",它会产生前所未有的"神奇之物",这种普遍实

---

① Федоров Н. Ф. Сочинения. М. , 1982. С. 350.
② Федоров Н. Ф. Сочинения. М. , 1982. С. 523.

验与自然创造过程类型相似,但内容上却高于自然创造,因为它是有意识的、有道德取向的。这一思想到 20 世纪被维尔纳茨基所进一步发展,他提出了科学不仅是"生产力",而且是新的"地质力"。

"乡村知识"是一种"新科学","新科学"是以天文学为核心的所有科学之联合,但天文学将不再是从前那样的"只观测宇宙世界"的科学,而变成"天文调节"的科学。"新科学"首先具有积极改造的活动性,其中"按乡村方式、从大自然中所获得的经验来证明的知识",也就是劳动的直接结果,将成为真理的最高标准,所有人都将成为科学研究者,科学实验室将面向全部自然界、整个世界。

费奥多罗夫宇宙主义的另一重要思想就是地球上所发生的事件同整个宇宙是相互联系、相互影响的。这种思想在某种意义上成为宇宙生物学的先声。

农业丰收或地球上一般动植物生命所依赖的条件,不仅仅限于地球自身……丰收或歉收所直接依赖的全部气象过程……全部地球天文过程都应进入农业经济领域。[1]

气象……和天文过程……的统一为把自然调节扩展到太阳系及其他星系提供了基础。[2]

20 世纪,研究地球过程同宇宙过程的相互作用,已成为一个科学流派。俄国科学家齐热夫斯基[3]从 20 世纪 20 年代开始研究

① Федоров Н. Ф. Сочинения. М. , 1982. С. 422.
② Федоров Н. Ф. Философия общего дела. II. М. , 1913. С. 252.
③ 齐热夫斯基(Чижевский А. Л. , 1897—1964)——俄国科学家、思想家,第一个用实验方法证明了空气中的离子对活有机体的反生理作用这一事实。

了大量统计资料后指出,自然灾害及流行病、传染病的爆发周期同太阳活动周期相符合。后来的进一步研究和实验显示,地球生物的生理和心理方面同宇宙的物理现象有关,就像灵敏的神经中枢一样,大到整个生物圈,小到每一个活细胞,都对"宇宙信息"作出反应,这一信息使"大宇宙"进入地球生物,地球生命现象本身是整个宇宙活动的产物,此物仿佛是一个焦点,汇聚和折射了创造它的光线。

如我们所见,生命在一定程度上更是一种宇宙现象,而非地球现象。它是由宇宙的创造活动对地球的惰性材料的作用所创造的。它的生活同这些宇宙力量的进程息息相关,机体脉搏的每一次跳动都符合于宇宙心脏——这个由星云、星体、太阳和行星构成的巨大复合体——的搏动。①

宇宙生物学奠基人齐热夫斯基已不是作为思辨哲学家和自然哲学幻想家,而是作为严谨的科学家,打破了视生命与人隔绝于宇宙之外的形而上学世界图景。他确信,刚刚开始的对地球同宇宙相互联系的科学认识,将为驾驭地球和宇宙提供可能,而哲学家费奥多罗夫早在 19 世纪就提出了这种观点。

第三节 人体改造

在涉及一切空间和深入一切时间的宇宙调节中,包括对人的机体的相应改造,因为人体也是自然的产物和自然界的一部分,人体的某些自然属性是和人的内在精神相敌对的。按照费奥多罗夫

① Чижевский А. Л. Земное эхо солнечных бурь. М., 1973. С. 33.

的思想,对人的机体的调节就是通过对其中的所有部分和全部过程的深入认识而达到对它们的完全把握和自觉支配。

"共同事业"的哲学中指出了将来对人体物理结构进行改造的基本方向。一方面,费奥多罗夫完全理解人造手段和工具的意义:它们扩展了人自身的能力,成为人自己器官的延伸,为人提供了各种新的可能性,汽车使人奔走如飞,望远镜和显微镜极大地扩展了人的视野,飞机火箭(在当时是热气球)代替了想象中的人的翅膀,等等。"人在地球上生存空间的扩展也要伴随着新的(人工)器官被创造出来……而走向太空(超越地球)则要求在这方面的根本改变。"①就是使人的器官具有走向宇宙空间的"航空和航天"的能力。

但是,另一方面,费奥多罗夫又把对人的改造理解为对人的机体组织及其与周围环境之关系的根本改造,这是祖先复活和长生不死的任务的客观必然要求,因为人若保持现在这样的身体状况,就不可能成为不死的。

迄今为止,人的活动的扩展,人对自然力的控制,还主要是依靠作为自身器官之延续的人造工具来实现的,也就是借助于机器和技术手段。人类在这方面取得了巨大成就,甚至把古老童话的幻想变成了现实,如使人行走如飞的快靴、带人飞行的飞毯(俄罗斯童话故事中的神奇之物)等。但是,人在不断发展技术的同时,却没有对自身的自然机理的改变有所图谋,而是严守其原有的规范与界限,甘于自身的生理和智力之局限。人类有史以来,人体生

---

① Федоров Н. Ф. Сочинения. М., 1982. С. 359.

理机能方面仿佛没有得到任何改善。不仅如此,而且随着技术能力的提高和扩大,人自身变得愈来愈脆弱。如今,技术之强大与人自身之弱小之间的断裂日益增加,已达到令人惊愕的境地,甚至开始令人惶恐。

当然不可否认技术的意义,但应使它适得其所,不可无限膨胀,乃至成为人的主人,而人变成机器的奴隶。费奥多罗夫认为,技术的发展只是暂时性的,只是人的发展的侧枝,而不是主干,应当使人的智能和想象力不是诉诸器官的人工延伸(技术进步),而是诉诸器官本身,诉诸对器官本身的"改善"、发展和最终根本改造(使人不是靠飞机、望远镜,而能自己飞翔,自己看得远,等等)。这是心理生理调节和"机体"进步的任务。

> 只有当人自己能够以最原初的物质,原子、分子来重构自身的时候,人才能达到太空和一切太空世界,因为只有那时人才能适应一切环境,接受一切形式。[1]

费奥多罗夫提出,必须深入研究植物的营养机理,可能依照这一机理对人体进行改造。熟知他的思想的 20 世纪俄国科学家维尔纳茨基则不仅仅是梦想这种改造的必要性,而是预言了人类成为自养型生物的必要性。什么是自养? 当人通过摄取食物同环境发生关系的时候,是异养型生物,也就是人的生存要直接依赖于其他生物或其活动产品。只有植物(不包括某些菌类)是自养型的生物,它是其有机体依靠周围环境的死物质(气体、溶液、盐类等)而存活的。维尔纳茨基认为,人类的进一步发展在于"在解决社会

---

① Федоров Н. Ф. Сочинения. М. , 1982. С. 501.

主义所提出的社会问题的同时,改变营养方式和人类获取能量的来源",这里所指的是掌握太阳能,以及"不通过有机物而直接合成食物",学会像植物那样靠基本的自然无机物来维持和重建自己的有机体。

这种现象在生物圈机制中的后果是巨大的。这将意味着,统一的整体——生命又会重新分化,出现第三个独立的分支……人类理性通过这条道路不仅会创造出新的巨大的社会成就,而且将给生物圈机制引进一种新的地质现象……

最后,人的未来大部分将是他自己所创造的。新的自养型人的生成将给人的永恒的精神追求提供前所未有的可能性。①

这样,积极改造周围世界的人也应当和可能调节自己的自然属性,令其沿着内在道德所主使的方向发展。

这种学说还与食物的工业合成有关。在费奥多罗夫还在世的时候,法国化学家贝特洛②就进行了这方面的试验。贝特洛之友、法国哲学家勒南据此幻想这样一个未来时代:

可以设想,当化学找到了效仿植物机理的方法,从空气中分解出碳酸,制造出比植物和食草动物所吃的食物更高级的食物的时候,将发生一场社会革命,当人摆脱了为生存必须杀生的一天,当肉铺的可怖场景不复存在的一天,这天也将标志着情感发展的进步。③

---

① Вернадский В. И. Автотрофность человечества. – в кн. Труды биогеохимической лаборатории. Вып. 16. М.,1980. С. 242 – 243.
② 贝特洛(Berthel ot P. M.,1827—1907)——法国有机化学家、物理学家、科学史家。
③ Ренан Э. Собр. Сочинения в 12 т.. Т. 5. Киев, 1902. С. 156.

但关于人的自生性思想要比化学合成食物更积极,它所指的是获得人与环境进行物质交换的全新方法。维尔纳茨基在《地质化学概论》中写道:"在植物中,太阳能就转换成了可创造有机体的形式,这种有机体具有原则上的不死性,这不仅没有减弱,反而增强了原初的有效太阳能。"[1]他认为,实现了植物自养的"神奇"的叶绿素很接近人血液中的血红素分子。实际上,费奥多罗夫已经提出了这样的现实任务:变营养过程为"人的自觉创造过程,将基本的宇宙物质转化成矿物质,再转化成植物,最后转化成动物组织"[2]。他认为这是人达到不死之事业的一个努力方向,是达到"自养"的条件之一:人应当敏感地进入自然过程,以便效仿自然的方式——只是要在更高级的、自觉的水平上——更新自己的机体,给自己造出新的组织器官。

后来,齐奥尔科夫斯基在《未来植物,宇宙动物,自生》[3]一书中也设想了未来的人,"宇宙动物"可以直接摄取阳光和周围基本物质为养料,而成为不死的。

法国哲学家柏格森也具有相似的思想。他在其主要著作《创造进化论》(1907年)一书中,指出了生命发展的两条道路:下意识本能之路和智力之路。本能本来具有使用甚至创造属于机体的工具的能力,即改变自己的机体性能(如蛹能自己变成蝴蝶)。但作为手工艺者的人(Homo faber)却没有走这条本能进化之路,他创

---

① Вернадский В. И. Очерки геохимии. М. ,1983. С. 253.

② Федоров Н. Ф. Сочинения. М. , 1982. С. 405.

③ Циолковский К. Э. Растение будущего. Животное космоса. Самозарождение. Калуга,1929.

造了自己的人工"器官"——外在工具,用以操纵无机世界。这导致了智力的发展,与此同时造成了人对世界的机械态度,这就是生命进化的智力之路。柏格森强调,智力天生就不理解生命,而本能则是有机的,能内在地感受世界。假如本能能够被意识所照亮,本能领域能被充分开发出来,就能进入到生命的最深处,破解生命之谜。本能是"生命组织工作的延续",人的本能的萌芽之一就是直觉,通过直觉可以更迅速、更深入地认识到或朦胧地感觉到事物的本质。直觉是通过同情、同感,与对象融为一体来进行认知的,此一瞬间克服了在对待世界的工具关系过程中产生的的主客体分裂现象。

在柏格森看来,人还没有获得真正的人的定义(sapiens),而只是工艺人(faber),这恰恰指出了当今之人的局限性。智力之路、单纯技术发展之路本质上导致人受奴役于物质。只有当人的意识善于"反观于内并唤醒尚在沉睡的直觉之潜能"的时候,才可能摆脱这种奴役。①

费奥多罗夫没有作本能之路与智力之路的划分或割裂,而是主张利用智力来扩展人的自然本能,补充人的局限性,自觉地掌握"创造器官"的能力,并且这种未来的、自我塑造的、具有"完善器官"的人完全不是非人(机器人等),相反,他只是充分显示了当今之人的梦想中所暗藏的东西。

虽然发生如此变化,但未来人与现今之人不会有任何本质区别,只是他比现在更是他本身了……在现代人心中的思想、朦胧愿望或方案性的东西,

---

① Бергсон А. Творческая эволюция. М., 1909. C.120, 144,141,142,156.

那时将变成现实的、清晰的东西,灵魂的翅膀将变成肉体的翅膀。[①]

　　费奥多罗夫以及其他某些哲学家、科学家关于改造人体的设想并不都是"科学的",但也不应斥之为毫无意义的空想。因为科学并未囊括全部真理,这些思想家的共同特点在于都试图超出仅从理性和狭义的科学来理解人和世界及其相互关系这一局限性,而以动态的、发展的眼光看待人本身及其与世界的关系。科学技术的成就是巨大的,但它的高度发展并未解开某些世界之谜,更未解开许多人自身之谜。20世纪已经公认了这样一个思想:科学认识亦有自身的局限性,并非无所不能,它只能部分地解释人与世界、人与自身的关系,所以才有非理性主义、神秘主义的市场,才有对无意识领域的探索,才有开发人体特异功能的尝试。

　　作为哲学家,费奥多罗夫关于人体改造的思想还有另一个根本出发点:以道德为基础,对人的理智、灵魂、肉体能力的全面改造,造就高度和谐的人。虽然人的心灵净化和道德修炼具有重要意义,但只有使人具有极大的物质力量,才能达到完全彻底的身心和谐,亦即达到最高的善。这里令人想起果戈理的一段话:"我们现在还在毫无意义地重复'启蒙'一词……启蒙不意味着教导,或教训,或教育,甚或照亮;而是使人不只在智力上,而且在全部力量上都完全光明,使人的全部本质都经过某种净化之火的熔炼。"[②]

　　人自身的全面改造需要现实的物质手段,像对自然世界及整个宇宙的调节一样,人自身的全面改造需要科学本身的进一步发

---

①　Федоров Н. Ф. Сочинения. М. , 1982. С. 504.

②　Гоголь Н. В. Полн. собр. соч. Т. 8. М. , 1952. С. 285.

展和完善，需要有"新科学"。而费奥多罗夫所说的"新科学"的基本思想，就是我们在上一章中所说的，与"城市知识"相对立的"乡村知识"。

第九章　历　史

别尔嘉耶夫在《历史的意义》（1923年）一书中写道："什么是世界历史的第一论题？我认为，被置于人的精神与自然界的相互作用中的人类命运的论题是世界史的基本论题。这种相互作用、这种自由的人类精神在自然界——宇宙中的活动，乃是历史的第一根据、第一本原。"[①]

费奥多罗夫的历史哲学思想具体表现了人类精神在自然宇宙中的活动的深度和广度，生动地体现了人的活动作为历史本原的思想。

第一节　什么是历史学

历史是与现在和将来相对而言，历史是曾经存在过和发生过的人与事，而历史学则是现今之人对待过去的人与事的态度。费奥多罗夫从其独特的视角和道德之心出发，对历史学作了如下规定：

---

① 别尔嘉耶夫：《历史的意义》，张雅平译，学林出版社2002年版，第88页。

为了不给历史学定义加入臆断成分,为了不附属于任何派系,主要的是,为了不给人类活动加以框限,就应当说,历史学从来就是复活(祖先)的行为,而不是审判。因为历史学的对象不是活人,而是死者。①

这样,历史学就不是一种抽象理论或书斋式的学问,而是人人都应参与的复活祖先的"共同事业"。从这样一种观点出发,费奥多罗夫分析了实际生活中人们对历史的几种片面理解,亦即几种片面的历史学观点:

第一,对于思想者来说,他们从思想上来理解历史,历史学只具有思想的意义,即便思想活动也可以看做是复活祖先的活动,这也是在比喻意义上的活动。

第二,对于有想象天赋的人来说,历史学是对历史的形象描绘,是在艺术上的复活行为。

第三,对于情感重于思想的人来说,历史学是回忆,是哭泣,或者是被当做现实的表象,也就是自我沉醉于过去的时光。

第四,对于只生活在当今现实的普通人来说,历史学是纯客观的故事或叙事小说,是出于闲来好奇而对死者的追忆。

第五,对于务实的人来说,历史学是评论文章(pamphlet),也就是将历史"为我所用":之所以要提及历史事件和逝去的人物,为的是证明某种特定的政治或经济思想,比如证明宪法或联邦制是善,等等。费奥多罗夫认为这样的历史观是对历史的亵渎,是那些已丧失自然理性或生活目标的人的作品,这不是"人子"的历史,而是不孝的"浪子"的历史。

_____

① Федоров Н. Ф. Сочинения. М., 1982. С.196.

第六,还有一种看似正确的观点,认为历史学是对生命意义的揭示,也就是历史哲学。但这种历史哲学也没有摆脱评论文章的属性或主观性。历史哲学本身已经有很长的历史,但并未找到生命的意义,甚至已经对找到生命意义不抱希望了。何以如此呢?只因为这样的寻找方法是抽象的。首先,当人尚未走向真正的理性之时,历史就不可能有意义,而若历史无意义,就必然是荒诞的。此类的荒诞经常不断,反复出现,成为某种规律。经验统计的历史就表明了这一点。其次,当历史尚未成为我们的行动,尚未成为我们共同理性和意志的作品的时候,人类的历史也将是无意义的,此时的历史只是无意识无理性的现象组合;但当我们还生活在分裂之中的时候,历史就不可能成为我们的活动、我们的作品。①

在费奥多罗夫看来,寻求生命的意义就是寻求生命的目的,只有目的才能赋予生命以意义。倘若人深刻意识到自己是逝去的父辈之子,而且自己也难免一死,那么,任何对历史的反思、描绘、追忆、叙述和评论,都是无意义的;只有使祖先复活的现实事业,才应当成为生命的真正目的。因此,只有当人类将复活祖先作为自己的自觉自由事业的时候,历史才是有意义的。此时,人只是最高理性和意志的执行者。

为复活大业而团结一致,此举可以创造友爱,塑造灵魂,创造生机,而子对父的背离只能创造无生气的、无灵魂的社会。如果说历史是心理学的任务,那么,这不仅是就研究的意义而言,而且是指历史的任务在于唤醒灵魂,唤醒亲情,而社会学则是关于无灵魂

---

① Федоров Н. Ф. Сочинения. М. ,1982. С. 196 – 197.

的社会的科学。

子为复活父而团结一致才是真正的"成年状态"。子女们要求各自独立和解放——以监护人取代父,以国家政权取代祖宗之法,以公民权利取代兄弟之爱,这些永远是人类的"未成年状态"。把历史作为培育后代之功,而不是作为复活祖先之业,此一观念只能证明人类尚是孩童。

既然历史的任务在于普遍复活之大业,那么历史学的对象就是解决"不亲"的原因问题,亦即解决何以"人必有死"是真而"普遍复活"是非真的问题。因为若解决了这一问题,则"人就成为人子,宗教就成为对祖先的崇拜,道德就是对父之爱并由此衍生出兄弟之爱,而科学和艺术就是子在父中的自我认识和在自身之中对父的认识,也就是一方面是对死者的认识,另一方面是对造成死的力量(自然)的认识"①。如此,复活祖先就成为普遍行动。

第二节 "非学人"的历史观

古往今来,人类对历史的认识形成了许多不同的观念。照费奥多罗夫的意见,历史观之所以有不同,是由于阶级分化的结果,这里的阶级分化不是按照私有财产进行的阶级分化,而是"学人"与"非学人"的分化。如前所述,他认为世界上最主要的分化不是贫富分化,而是思想与事业的脱离,"学人"和"非学人"的分化,形成了"学人"的历史观和"非学人"的历史观的根本对立。

---

① Федоров Н. Ф. Сочинения. М. , 1982. С. 196.

"学人"的历史是作为事实的历史,而作为事实的历史是"通过利用全部外部自然界(亦即地球)而进行的侵吞或掠夺……作为事实的历史历来就是互相消灭,在野蛮时代是公开的互相消灭,在文明时代是隐秘的互相消灭,而且居心更加恶毒残酷"[①]。"非学人"的历史观是履行对先辈的义务,是对死去的父的崇拜;对于"非学人"来说,历史开始于伊甸园的诞生或创造,历史过程在于受外在必然性所迫(人口增长和生活资料匮乏)而离开祖先之墓和不断地努力返回这里。这种不断的努力和对祖先之墓的热爱表明,生命之目的和任务在于使祖先复活,否则生命(历史)就是无目的的,人就成为永远游荡的浪子。

对于"学人"来说,历史是意识,是过去之物的表象,是无行动的观念;对于"非学人"来说,历史是生活本身,是下意识的行动。由于"学人"与"非学人"的分化,使得生活成为互相排挤和互相消灭,而无行动的意识则成为对这种排挤和消灭的袖手旁观。随着知行合一,知成为应有之物的表象,亦即成为"方案",而行则将成为普遍复活的行动。

对于"学人"来说,历史是审判,是由他们、由"学人"所宣布的法庭判决;而对于"非学人"来说,也就是对于"学人"在其中只是沧海一粟的全部"非学人"来说,历史是追忆;而若追忆是真诚的,那么它不可能永远只是追忆,而将成为使所追忆者复活的"共同事业"。

对于"学人"来说,作为事实的历史虽然是互相消灭、生存竞

---

① Федоров Н. Ф. Сочинения. М. , 1982. С. 201 - 202.

争,但他们将此斗争视做走向完善之路,并以此目的为斗争手段作辩护;对于他们来说,作为事实的历史是圣物,是偶像,因此对它只需直观并必须客观对待,不可带感情色彩(如斯宾诺莎所言,"同情乃学者之缺点");对于"非学人"来说,互相消灭这一事实是共同犯罪,而对此的意识则导致或应当导致赎罪,也就是对于作为互相消灭之事实的这一历史,不应限于客观认知,或袖手旁观,或无动于衷,而要视做改造的对象。

然而,"学人"与"非学人"的对立并不是永恒不变的事实。"学人"与"非学人"的对立、知识与事业的对立,应当在"共同事业"的进程当中得到克服,在这一进程中,所有人都无一例外地参与到对世界的改造活动中,以便实现理想的社会。

从"非学人"的历史观出发,费奥多罗夫对人类历史的发展动因和重大事件持有非同寻常的看法,与通行的对"学人"的解释大相径庭。他根据民间传说和神话认为:

> 在陆地和海洋的一切地理发现中,都表现了寻找死者之国的愿望……航海被当做比陆地旅行更容易发现死者之国的途径,因为沿海民族以舟为墓,小舟将死者带到不可知的西方或东方之国……所以,可以说航海者是循着死者的足迹航行。①

这是促成地理发现的古代民族心理。按照费奥多罗夫的观点,人类的历史活动是围绕最初的家园、祖先的摇篮与墓地而转的,仿佛地球绕太阳转一样。人类总是具有对此中心的潜意识的向往。对于现实的世界历史地理来说,费奥多罗夫认为,这个理想

---

① Федоров Н. Ф. Сочинения. М. , 1982. С. 174 – 175.

中的祖先家园,祖先的摇篮与墓地,就是"帕米尔"(Памир)。在这位俄国哲学家的历史观中,"帕米尔"具有"全世界之圣墓"的象征意义。全部历史都是直接或间接地朝向此中心运动。世界历史的第一个事实——区分欧亚两洲的海峡的发现,就是要"转向帕米尔"。第二个现实历史的中心是君士坦丁堡,它是"欧亚两洲联合、东西方联合的起点"。全部重要历史事件都是围绕此中心展开的,具有世界历史意义的基督教也是在这里形成的。

但拜占庭之所以会被土耳其人攻陷,是因为这里的基督教只停留在内在思想阶段,只是"神学辩论",完全脱离现实生活,而现实生活则从属于反基督的原则——分裂、争战。"拜占庭虽然在理论上制订了伟大的世界计划和爱的方案,但在其对外政策和内部党派斗争中则遵循着完全相反的方针。"[①]

费奥多罗夫认为,君士坦丁堡被土耳其人占领是世界历史的转折点。君士坦丁堡是拯救古希腊罗马文明成果的诺亚方舟,由于它的被毁灭使文明成果转向欧洲。君士坦丁堡被占领阻断了欧洲人通往东方印度的陆地道路,使他们不得不航海而行,航海的结果促进了人们对整个地球的研究。在这种情况下,寻找逝世的祖先之乡的深切愿望(正是此愿望曾不知不觉地主导着人类在地理空间的扩展)没有得到现实的满足,从空间上寻父被代之以从时间上挖掘祖先遗产。

---

① Федоров Н. Ф. Сочинения. М. , 1982. С. 239.

第三节　丹尼列夫斯基

深切关注历史问题,努力探求历史发展的方向和意义,这是俄罗斯思想的特点之一。费奥多罗夫在表达自己的历史观时,与19世纪俄国其他几种历史观进行了争论,主要有恰达耶夫的上帝意志历史观、以卡列耶夫为代表的实证主义进步论和丹尼列夫斯基的文化历史类型论。

恰达耶夫是19世纪俄罗斯民族自我意识的第一个发言者,他最早尖锐地提出了俄罗斯的历史命运问题,这一问题后来成为整个俄罗斯哲学的主要论题之一。正是他的《哲学书简》(1836年)促发了西方主义与斯拉夫主义的争论。

恰达耶夫的早期历史观是一种天意说,认为社会历史发展的基本目标是在人间实现天国理想。在这方面西欧文明是唯一正确的文明形式,其他文明形式都是西欧文明的变种,或者说其他文明都终归要走西欧文明之路,俄罗斯民族也唯有走此路方可在世界上占有应有地位。

费奥多罗夫与恰达耶夫的不同主要有二:一是费奥多罗夫与恰达耶夫相反,对西欧近代文明持批评态度,并把未来"复活事业"之希望寄托于俄罗斯民族;二是费奥多罗夫反对恰达耶夫关于上帝愿望决定人类历史命运的天意说,而主张人类发展取决于人自身的积极行动。

实证主义历史学家卡列耶夫的历史哲学属于当时流行的主观社会学流派。这种主观社会学的基本公式是:以"进步"作为对历

史进行哲学解释的主导思想,而进步的目的是"发达的和发展中的
个性"(卡列耶夫语),具有批判思想的个人与周围环境的相互作
用是进步的主要动力,从"历史学家的道德理想"高度对历史和现
实加以评价的主观方法是唯一能够赋予历史事件以规律性的方
法。费奥多罗夫专门批判了这种 19 世纪下半叶十分流行的进
步论。

在与视历史为不断完善的直线过程的实证主义历史观进行争
论之时,费奥多罗夫也不同意与此相反的观点。诞生于 19 世纪
40 年代的历史发展循环论,也就是俄国科学家、文化史家丹尼列
夫斯基在 1868 年出版的《俄罗斯与欧洲》一书中提出的文化历史
类型论。

在这本书中,丹尼列夫斯基把世界各民族文化划分成多种历
史类型。

> 这些按年代顺序分布的文化历史类型或独特文明是:(1)埃及文明,(2)
> 中国文明,(3)亚述—巴比伦—腓尼基文明,迦勒底或古闪米特文明,(4)印
> 度文明,(5)伊朗文明,(6)希伯来文明,(7)希腊文明,(8)罗马文明,(9)新
> 闪米特或阿拉伯文明,(10)日耳曼—拉丁文明或欧洲文明。也许还可以加上
> 两种被强行毁灭、没有成功地完成自己发展的美洲文明类型(墨西哥文明和
> 秘鲁文明)。[①]

丹尼列夫斯基的文化历史类型思想在文化哲学和历史哲学中
具有重要意义,其中的某些思想比施本格勒的《西方的没落》
(1919 年)早许多年,比如封闭和更替的文化类型论、文化类型的

---

① Данилевский Н. Я. Россия и Европа. М. , 2003. C. 111.

发展阶段、文化类型的形态原理、类比的方法等,甚至可以发现某些词语的一致。俄国哲学史家施佩特证明说,施本格勒懂俄语,而且在他的私人藏书中有一册俄文版的《俄罗斯与欧洲》。

丹尼列夫斯基的这本书在问世之初几乎默默无闻。但20年后,却被誉为"泛斯拉夫主义的圣经"、"斯拉夫主义的法典或手册"。其中的文化历史类型论成为新斯拉夫主义者与持基督教普世主义的哲学家索洛维约夫之间的激烈争论对象。

丹尼列夫斯基历史观的基础和费奥多罗夫学说的出发点是相对立的。从他们二者思想之比较中可以清楚地看到两位思想家为俄罗斯设想的两条不同道路,也是人类未来发展的两条不同道路。

费奥多罗夫称《俄罗斯与欧洲》作者的理论是动物形态论。这种评论的确触及了文化历史类型论的核心观念,因为这种理论类似于居维埃①所提出的生物发展类型思想在历史领域的延伸。按照居维埃的生物同源论,每一种有机体类型都具有自己的固定结构,不同类型的有机体是彼此独立发展的。这种方法在古生物学领域得到了有效运用:依靠古动物遗骨片段就可以复原整个动物形象。丹尼列夫斯基和施本格勒广泛运用这一古生物学"技术"来重建逝去的古代文明的完整类型和预测未来文化。

丹尼列夫斯基接受了居维埃的类型概念,强调文化发展类型与发展阶段(水平)的区别。他写道:"这些类型不是事物逐步发展之阶梯上的某些阶梯,而是发展的不同方面。不同事物在这些方面通过自己独有的道路达到它所能达到的特殊性和完善形

---

① 居维埃(Georges Cuvier, 1769—1832)——法国古生物学家。

式，——这些方面没有用来衡量不同类型事物之完善程度的共同标准。这是一些不可比量。"①

　　为进一步阐明文化类型之不同，丹尼列夫斯基以建筑为例，认为不同建筑类型是不符合按一种风格建造的某一个建筑物的不同部分，而是与按不同风格建造的某些不同的完整建筑物相适应：如希腊式建筑、拜占庭式建筑、埃及式建筑、哥特式建筑，等等。因此不能说它们分属建筑发展的不同阶段，因为"每一种都很美"。同样，每一种完整的文化类型都拥有自己的美、自己的意义和内在发展规律，不能以同其他类型的比较来评价它。

　　人类历史生活形式……不仅是在上升变化和走向完善，而且在按不同的文化历史类型分化发展。因此，实际上只有在同一种类型或同一种文明内部才能标示出这样的历史运动形式：古代的、中世纪的、近代的。这种划分只是一种附属的划分。而更为根本的划分应当是区分文化历史类型，区分宗教、社会、生活、工业、政治、科学、艺术发展的独特方面，一句话，区分历史发展的独特方面。②

　　这样，他认为发展阶段或发展水平只有在一定的封闭类型之内才具有现实意义，没有用来衡量不同文化类型之完善程度的共同标准。

　　丹尼列夫斯基把自己所做的摧毁历史科学中的欧洲中心论和阐明主要的世界文明类型及其发展一般规律，看做是历史观上的"哥白尼式革命"。他认为，只有那些充分发展自己本民族固有特

---

　　① Данилевский Н. Я. Россия и Европа. М. , 2003. С. 87.
　　② Данилевский Н. Я. Россия и Европа. М. , 2003. С. 87.

点和精神原则并使之达到文化繁荣的民族,才是历史过程的积极活动者。其他民族或者成为独特文化类型之土壤的肥料,或者只是历史花园中的杂草。构成某一种文化历史类型的民族和国家都仿佛是有机物,它们像动物物种一样,每一物种都按自己的形态学原则诞生、发展、繁盛和衰亡。一个民族到了走向衰落和退出历史舞台之时,任何帮助都无济于事,无论该民族地处东方还是西方。①

这种文化历史类型学说在现代文化学思想史上具有重要意义。《俄罗斯与欧洲》一书被认为是对世界文化和文明进行系统研究(包括历史研究和类型研究)的最早名著之一。有俄罗斯研究者指出,丹尼列夫斯基也是最早提出"中国文明"类型的思想家。

但历史类型观点也有自己的片面性。它否定了文明的继承性和不同文明的起源联系,夸大了不同文化体系的独立性。丹尼列夫斯基的社会历史发展观表述的不是人类为达到一定目的而逐步前进,如《共同事业的哲学》中所明确表达的那样,而是否认一般的"进步",在这种社会历史发展观中,没有全人类的共同进步,只有独立文化类型的各自从生到死的无限循环。

对于集体的并有终结的存在物——人类来说,除了在不同时间、不同地点表达自己生命活动的独特方面和方向之外,没有另外的任务,另外的使命。②

这样一种忽视全人类文化与历史的共同性的观点,受到了俄

① Данилевский Н. Я. Россия и Европа. М. , 2003. С. 75
② Данилевский Н. Я. Россия и Европа. М. , 2003. С. 124

国哲学家索洛维约夫的尖锐批判①。

　　相信俄罗斯的特殊使命——这一信念仿佛是一个十字路口，19世纪许多观点各异的俄国思想家都在这里不期而遇。费奥多罗夫完全不能接受丹尼列夫斯基的理论，因为它把民族差异绝对化，这仿佛是敌对的动物物种间的不可逾越的界限，但在对俄罗斯精神在世界历史上的全面表现之希望上，他们二人是相近的。丹尼列夫斯基将民族文化活动分为四类：宗教活动、文化活动、政治活动和社会经济活动，并以此对先前世界文明进行分类。他认为俄罗斯具有最先在历史中表现完满的四元文化类型的一切萌芽。由此他强调"未来的斯拉夫文化历史类型之巨大的社会经济意义"。与此相呼应，费奥多罗夫写道："斯拉夫民族无权永远甘于平庸和对世界历史无所作为，虽然这种状态更轻易。"②"揭示普遍联合的思想和采取领导人类活动的方案——这一任务属于斯拉夫民族。"③这种理论使人想起陀思妥耶夫斯基关于俄罗斯负有救世使命的言论：俄罗斯是"全世界唯一的体现上帝的民族，是将来以新的上帝的名义更新和拯救世界的民族"④。

　　这种对俄罗斯民族精神文化与世界历史使命的信仰或希望，表明了俄国知识分子面对西方文化冲击而产生的本民族文化的自我保护意识。但是，俄国知识分子对俄罗斯文化与西方文明之差异的夸大，对俄罗斯之不同于西方的特点的说明，仿佛包含着某种

　　① 参见索洛维约夫对丹尼列夫斯基这部著作的长篇评论（索洛维约夫：《俄罗斯与欧洲》，徐凤林译，河北教育出版社2002年版）。
　　② Федоров Н. Ф. Философия общего дела. I. Верный, 1906. С. 214.
　　③ Федоров Н. Ф. Философия общего дела. I. Верный, 1906. С. 260.
　　④ Достоевский Ф. М. Полн. собр. соч. Т. 23. Л. , 1981. С. 103

人为的因素、拒斥的心理、"文化民族主义"的倾向,这在一定程度上隐含着面对先进文明而产生的自卑或"心虚"的心理。这种心理对本民族的发展是有害的。后期索洛维约夫对此有自己的冷静思考和不同观点,他在《俄罗斯的民族问题》再版序言(1888 年)中写道:

> 或许俄罗斯拥有伟大的、独特的精神力量;但为了表现这些力量,它无论如何都需要接受和积极掌握西欧所制定的全人类的生活形式和知识形式。我们的非欧洲的或反欧洲的人为的独特性,从来都是一种空洞的奢望,抛弃这种奢望对于我们来说是一切成就的第一必要条件。[①]

回到丹尼列夫斯基和费奥多罗夫。这两位思想家仿佛是透过不同的望远镜看世界,因此他们所看到的人类与历史各不相同。丹尼列夫斯基作为自然科学家、自然主义者,所注目的是地球,看到的是地上各种生命形式的运动,人类也是其中之一员,服从于自然之律;民族文化也像生物物种一样,走诞生、成长、繁荣和衰亡的必由之路;不同文化各有界限,不可能超越界限彼此交融,更不可能共同克服终结而走向无限。

费奥多罗夫作为宗教思想家、哲学家,更具有虔诚的宗教精神和深切的道德体验,他所关注的不是地上的现有生活,而是人精神理想的天空,他所看到的不是生物的人,而是人身上能超脱自然律的品质。人除了是自然的一部分外,还具有另一种更高的本原,基督教将此定义为"神的本原"、精神本原。"共同事业"的哲学中关于人具有无限能力、人类历史走向普遍调节的思想,即以人的神性

---

① Соловьев Вл. С. Сочинения. Т. 1. М. , 1989. С. 262.

为据。这一与别尔嘉耶夫的以人的神人二重性或自然与精神二元分立为基础的"精神哲学"十分接近。人的这种自然属性之外的神性或精神性,从世俗思想来看,也就是超越自身界限的能力,不甘现状而追求"应有"的能力,不断追求自我完善的能力。如果作为有机体的一切生命形式皆有自身界限,那么人的意识则没有界限。所以我们说人的理性、人的思想具有无限可能性。费奥多罗夫正是把这种无限性作为人之为人的不可分割的尺度来理解。

第四节 国家与专制

国家和人民是俄罗斯历史发展的两种现实动力。俄罗斯在历史上曾经作为强大帝国而扩展疆土,容纳其他民族,抵御外来侵略。但这种外在的国家强大又构成了对国内人民自由的压制,造成了国家与人民之间的一次次激烈冲突。因此,二者之间的关系常常成为俄罗斯社会哲学思想家思考的对象,并产生了不同的理论观点。例如,索洛维约夫从世界统一的神人类理想出发,认为俄罗斯民族因其独特的历史地理因素而形成的强大的国家组织性,将成为未来世界制度所依赖的社会因素。与此同时,19 世纪大多数俄国知识分子都站在人民的立场上反对国家的剥削与压迫(当然,这并不是说索洛维约夫赞同当时的专制制度,他是就神学理想而言的),所以才有影响广泛的俄罗斯人民解放运动,贯穿于整个19 世纪和 20 世纪初。俄国著名历史学家克留切夫斯基对俄罗斯历史状况的形象描述是"国家肥壮,人民瘦弱"。

像在许多其他问题上一样,费奥多罗夫在国家与人民关系问题上的观点也与众不同。一方面,他称现代国家是非友爱关系的体现;另一方面,他又确认,人民有义务为国家效力。但这里的国家具有另外的含义:它不是任何政权组织,而是调节自然和复活祖先之共同事业的领导者和组织者,只有它能够把人民的力量集中起来。由于国家是人民与自然作斗争之共同意志与目的的体现者,因此,人民对国家的"必须履行的义务"将会随着逐步摆脱强制性的经济法律而转变成"自愿履行的义务"。

这样的国家显然是一种专制国家。但这种专制不是历史上的任何专制形式,而是一种理想"方案"的专制。专制君主应当是"共同事业"之首领,是国家—家族的族长。"君主将与人民一道成为盲目自然力量的专制者、主宰者和管理者,成为自然之君主。——不是灵魂的君主,像神父那样,而是物质的支配者,外部物质世界的支配者,是使人们脱离经济法律规律的解放者。"①

专制之所以合理,在费奥多罗夫看来,是因为它符合社会的原始本真状态。"专制在原初意义上是一种由危险所引起的专政,但此危险不是来自与自己类似的他人,而是来自盲目力量和威胁一切人的死亡。"②这种观点具有一定道理。后来,英国人类学家、民族学家弗雷泽也提出了独裁制起源的类似理论。他的研究表明,古代氏族领袖的主要作用恰恰是掌管自然力,呼风唤雨,制止灾害,他们被众人认为具有这样的能力。正是最高统治者以其魔力实现了对带给人们不幸和死亡的周围世界的某种遏制。弗雷泽写

① Федоров Н. Ф. Философия общего дела. I. Верный, 1906. C. 364.
② Федоров Н. Ф. Философия общего дела. I. Верный, 1906. C. 375.

道:"分布在从印度到伊朗的雅利安人的祖先都具有这样的信仰:相信统治者具有魔力或超能力,他们能凭借此能力带来土地的丰收或赐予自己的臣民以其他恩泽。"①这就是原始社会一人掌权制的深刻含义。费奥多罗夫所设想的理想化的专制君主就应当具有这样的超凡力量,只是这种对自然现象的统治力量应由当初的想象或幻想变成以完全认识为基础的现实力量。

专制国家形式是与俄罗斯的历史条件相适应的。费奥多罗夫认为,西方社会的道路是走向人为的工业化,而"我们的全部优势在于,我们保持了最原始的生命形式,人类的真正存在,即氏族生活方式,就是从这一形式开始的。这种生活形式的基础是旧约神的第五诫命(孝敬父母)"②。

但俄罗斯的过错在于,它的氏族生活的社会类型没有在国家制度中完全表现出来,甚至没有以应有方式表达出来,相反,俄罗斯效仿了完全不适合于自己的西方模式。

按照西方观点,人类社会的目的是达到物质富足和道德进步,但是,按照社会分工方式构成的社会是不可能实现这样的目的的。这样的社会发展和完善在于分工越来越细,使每个人只保留一种能力,而失去其他能力,这样把人机械化片面化。这样的社会不是由活人组成,而是由产品的零件组成。外来的启蒙只是对社会机体自然发展的阻碍,是人为地引进从别处得来的异己之物。虽然启蒙带来新知识新文明,但它们很难适应不属于自己的新环境。这样的社会分工不能改善人的地位。即便是每一个人都花费同样的时间用于机械工作和智力工作,他的不独立地位也不可能改变;只要人的活动仅限

① Фрезер Д. Золотая ветвь. Исследование магии и религии. М., 1980. С. 106.
② Федоров Н. Ф. Сочинения. М., 1982. С. 347.

于伪造自然,他的地位就仍将是不独立的。问题在于,在这样的社会结构中,无论是知识还是活动,都成为瘫痪的,失去活动能力的:知识在思想领域里走投无路地循环往复,活动只是给原材料赋予越来越精美的形式。这些形式又激发和强化了社会中的敌对。①

而俄罗斯则与西方不同,俄罗斯有另外的道理和使命,这就是在"共同事业"的统一体中走向"亲"与爱的理想社会。

第五节　理想社会

"共同事业"的完全实现是一种理想的社会制度和生活方式。这是人与人的"亲"与爱的关系发展的最高阶段。

在理想社会中,解决了城乡差别问题。但城乡差别的消灭并不是指乡村城市化,而是指城市归于乡村。联为一体的科学与工业脱离了只为满足舒适与享乐的人的需要而服务的"城市道路",转向了体现人的根本生活需要的乡村之路:

从城市向乡村的过渡将是当今的城市工业化向乡村工业化的过渡:这种城市工业化是以性选择为基础的,是那些迷恋女性美的浪子所创造的;而乡村工业化是家庭式的,是建立在与自然知识的联盟基础上的,是为父而运作的工业化。……这种工业化不是创造人为的东西,而是进行有机组织的创造。②

这种社会理想的基础是普遍的"亲"。但此"亲"不完全等同

---

① Федоров Н. Ф. Сочинения. М., 1982. С.346.

② Федоров Н. Ф. Философия общего дела. Т. II. М., 1913. С.295 – 296.

于原始氏族中以血亲来维系的亲属关系,这种原始的血亲是不完善的,因为它是"模糊不清的亲,来自无意识的和不自觉的生育过程;种族繁衍得愈多,血亲之特征就愈加淡漠不显……"①所以,在理想社会中不是简单恢复原始的亲情,而是对这种"最原始的、粗糙的、古朴的、野蛮的和幼稚的""亲"加以改造,使其变成一种以完全认识和共同目标为基础的自觉的"亲"。

在实际的历史发展进程中,血亲的联盟被代之以各种形式的强制性的律法。但费奥多罗夫认为,在最深处重建原始的亲与兄弟之爱,完全认识和普遍接受将全部生者和死者联结在一起的内在自然律——将带来一种新的社会组织形式,他称之为心理政权(психократия)。

在理想社会中,全人类就是一个由共同祖先和统一命运所紧密地联系在一起的大家庭,而不是所谓的公民社会。"人们的世界大家庭观念和世界公民意识之间有着天壤之别,后者没有表达任何出身的意义。对世界公民来说不存在祖先,他的世界性是空间上的,而不是时间上的。"②时间上的世界性是追溯到远古的、大家有共同祖先的"亲"。对这种联系的彻底认识是未来世界统一大家庭之每位成员的基本任务。在这个未来社会,"每个成员都是历史学家和历史记录者",每个人都回忆和记录着与他相关的和他所知晓的所有人。这样,大家都成为认识者,也都成为认识对象。同时,"每人都应写心理生理日记,这是每个人的最神圣的义务;学校

---

① Федоров Н. Ф. Сочинения. М., 1982. С. 322.
② Федоров Н. Ф. Сочинения. М., 1982. С. 191.

的第一宗教义务是教给学生写这样的日记;制定这种日记之纲领的必要性不亚于开世界心理学家和生理学家大会。这些日记是心理政权社会的基础"①。

完善的心理生理学知识使得有可能对人进行心理分类。人们之间的各种联系不再是偶然的:人们根据心灵品格彼此相近或和谐互补的原则而相互结合。婚配不再像从前那样意味着脱离父母,而是以加强与他们的联系为基本目的,以便认识祖先,在自己的灵魂中复活他们的形象。这种婚配是"这样两个人的结合,他们每个人都能最大程度地激发另一个人的活动……换言之,在这种结合中,动物的性本能变成英雄主义,成为英雄义举。这不是一时冲动,而是高尚的长久的行为"②。

心理政权的社会区别于外在法制社会之处在于,它是从人的内在心理出发而建立的社会。这就要求人们充分认识彼此的内心世界,首先是"使自己的灵魂彻底透明",表现出真正的自我,而不是装扮某种角色。"然而,当人们之间尚存在斗争,当人们还视自己是应当卖更高价钱的商品,当他们还认为外在法律永远必不可少的时候,城府和欺骗就是自卫的武器。"③

在 20 世纪的哲学和文学中,人们更加强烈地呼唤人间之真诚,控诉面具的沉重。"他人是地狱"的可怕公式表达了人对在他人面前展示真我的极度恐惧。只有彼此坦诚相待和"彻底透明"才可逃避造成内心紧张和恐惧的地狱。"假如真正实现了完全真

---

① Федоров Н. Ф. Сочинения. М. , 1982. С. 408.

② Федоров Н. Ф. Сочинения. М. , 1982. С. 409.

③ Федоров Н. Ф. Сочинения. М. , 1982. С. 408.

诚,他人灵魂也不再晦暗不明,也就是根据外部行为就可正确判定他人之内心状态;另一方面,我们自己也不再以不符合内心状态的行动来迷惑他人……那么,就不会再视他人为异类了。"①

的确,在这个存在着很多外在之物和虚伪表象的社会,真诚是可贵的。然而人的个性本身又是十分微妙的。没有任何个人隐私的社会也将是单调的或恐怖的,而不容许有个人隐私的政治,就更加可怕了。

人的生命,人的社会生活,因而人类的未来世界,往往比任何想象都更加复杂。

---

① Федоров Н. Ф. Сочинения. М. , 1982. С. 75.

第十章　宗　教

俄国东正教神学家、哲学家弗洛罗夫斯基在其名著《俄罗斯宗教哲学之路》一书中写道:"人们说费奥多罗夫是一位宗教人士。但'在自己的大部分设想之中',他的世界观完全不是基督教的,与基督教启示和体验有巨大分歧。这更是一种思想体系,而不是真正的信仰……基督对费奥多罗夫来说就是一位诸神和自然都要服从的伟大的奇迹创造者。费奥多罗夫没有看到十字架的奥秘","如果在这个学说中隐去上帝,那么也会完全一样(正如他的许多继承者现在所作的那样)"。①

另一位研究者帕丝洛娃在自己的研究专著中则宣称,费奥多罗夫的基本学说(祖先复活、自然调节等)"具有宗教性,基督教性,是以对《福音书》的独特解释为基础的"。她说"共同事业"的哲学是新基督教学说之变种,在其世俗的术语背后所隐藏的是宗教学说。"费奥多罗夫宗教观与正统东正教的主要区别仅在于,费奥多罗夫在某些问题上忽视圣传,只以《圣经》为据,而东正教教

---

① 弗洛罗夫斯基:《俄罗斯宗教哲学之路》(原书名为《俄罗斯神学之路》),吴安迪等译,上海世纪出版集团 2006 年版,第 391 页。

义在论证死后生活问题时则兼以此二者为据。"①

　　从对费奥多罗夫学说的两种不同评价中我们可以看出,弗洛罗夫斯基是在批评费奥多罗夫的"唯物主义"、"实证主义",背离宗教信仰;而帕丝洛娃则是在批判费奥多罗夫的宗教乌托邦。

　　这两种评价的不同观点也表明费奥多罗夫学说与宗教(基督教)关系问题的复杂性。之所以复杂,是因为这里触及了更深层的一般思想史问题。在我们看来,此中问题的实质不在于费奥多罗夫学说本身的宗教本质或唯物主义倾向,而在于评论者自己的立场和方法。所谓"仁者见仁,智者见智"。首先,评价费奥多罗夫学说的两种相反观点之差别实际上是两种立场之别。神学家弗洛罗夫斯基站在基督教—东正教立场,看到了费奥多罗夫学说的离经叛道;唯物论者帕丝洛娃则从唯物主义世界观出发,指责"共同事业"学说的宗教本质。二者各有其根据,对立是合理的。其次,两种观点之别也是对待基督教和一般宗教的两种看法之别,即从内部或外部看待基督教或一般宗教。神学家弗洛罗夫斯基是从基督教内部出发的,其思想前提是,基督教具有固定的基本信义和教理标准,背离此标准便不是基督教,即便还保留着基督教的术语。而唯物论者帕丝洛娃则是从外部看待一般宗教和基督教,其潜在前提是,一切宗教都是荒谬的幻想,都是和唯物主义科学世界观相对立的。所以她强调"共同事业"学说不是唯物主义的,而是具有"宗教性"、"基督教性"的。帕丝洛娃并未关注这一学说是否符合

_____

　　①　Пазилова В. П. Критический анализ религиозно – философского учения Н. Ф. Федорова. М. ,1985. С. 20 ,12.

基督教的内在标准问题。

我们认为,这两种观点各有其根据,但又各有不全面性,有各自的"意识形态"偏见。对费奥多罗夫学说应作具体的历史的理解。如前所述,这种学说之动因是深刻的道德感,宗旨在于彻底改造生命与世界,它在教会信义之外,在学院神学之外,所以很难说这是一种对基督教的内在发展,甚至很难说这是一种基督教新学说。因为我们在前文中已看到,这种学说与正统基督教—东正教相去甚远;另外,由于俄罗斯深厚的宗教文化传统和费奥多罗夫本人的思想修养,他不可能以唯物主义世界观或近代欧洲的世俗文化为根据论证自己的学说,而只能以基督教价值观念为基础。因此,这一学说又完全离不开基督教的思想资源。这种现象在19世纪俄国人文思想家当中并不鲜见,甚至在19世纪至20世纪初对俄罗斯基督教思想发展作出主要贡献的,正是这些教会之外的宗教思想家。

第一节　托尔斯泰与费奥多罗夫

19世纪俄国宗教思想的发展与西方不同。西方对宗教思想和神学的研究和发展主要是由教会神父和神学院教授们来完成的。而俄国的情况并非如此。19世纪俄国教会圈内有独特思想的神学家为数并不多,主要有修士大司祭费奥多尔(布哈列夫),大主教英诺肯提,喀山神学院教授涅斯梅洛夫,莫斯科神学院教授塔列耶夫。但是按照别尔嘉耶夫的观点,他们的宗教思想与其说是神学,不如说是宗教哲学。①

公认的观点是,对19世纪俄国宗教思想和宗教哲学的丰富、发展和创造作出主要贡献的是东正教会与神学院之外的宗教哲学家和人文思想家。弗洛罗夫斯基在《俄罗斯宗教哲学之路》中论述19世纪30年代以来的宗教思想历程时,主要谈及的都是这样一些非教会的非神学家,但他们却是怀有深刻宗教精神的哲学家和作家,如恰达耶夫、基列耶夫斯基、果戈理、霍米亚科夫、萨马林、陀思妥耶夫斯基、托尔斯泰、索洛维约夫和费奥多罗夫。

托尔斯泰和费奥多罗夫与基督教的关系有某些共同之处:他们都是教会之外的,但又都是有基督教精神的思想家。他们学说的宗旨都是给人类指出"生活之路"、"拯救之路",他们对基督教的解释与利用正是以此为旨归的,即以具体的人生为"体",基督教为"用",而不是相反。但是,这些思想家对基督教的解释又大有不同。比照托尔斯泰的宗教道德学说与基督教之关系,将对理解费奥多罗夫学说与基督教的关系有所帮助。

托尔斯泰视基督教之一切神圣与神秘成分、形上神学、教义、礼仪皆为荒谬和虚伪的,应坚决抛弃,唯有基督学说为普世真理。这样,托尔斯泰把基督教变成一种纯粹道德学说或爱的伦理学。

基督教之根基是信上帝,而信仰又离不开一定的教义和礼仪。索洛维约夫在《生命的精神基础》(1884年)一书中论述了信仰的

---

① 参见别尔嘉耶夫:《俄罗斯思想》,雷永生、邱守娟译,三联书店1996年版,第182～189页。

三个行为条件:祈祷、施舍(行善)、斋戒(节制)。① 而在托尔斯泰的宗教道德学说中,信仰不是对最高上帝的信,或者说所信的不是人心之外的人格上帝,而是人的内在良知,或对"内在理性"的服从。他在《生活之路》中写道:"信仰——是对什么是人和他为何生活于世的知识";"真正的信仰不在于相信神奇、圣事、礼仪,而在于相信适合于全世界所有人的律"。② 而教义、礼仪、国家、法律都成了与"内在理性"相对立的"外在权威"。

托尔斯泰也谈上帝,但他所理解的"上帝"不是全善全能之神,不是信仰对象,信仰对象是耶稣基督向人类宣布的道德真理,这里的"上帝"则成为人的灵魂进行形而上学思考的需要。

> 如果我只过世俗生活,我可以不要上帝。但我还要想:我的生从何处来,死向何处去? 于是我就不能不承认,有一个我所从来之乡,也有一个我终将去之处。他到底在哪里,是什么? 这是我不理解的、不可知的,我把这东西叫做"上帝"。③

这样,上帝只能是人的灵魂向内深化的结果。"不要在教堂里寻找上帝,他就在你近前,就在你心里。他生活在你心里。"

显然,这已与教会基督教的正统教义相去甚远了。但同时,托尔斯泰又宣布自己的学说是恢复基督教真理的学说,同时他又强调恢复"此真理对每个人生的最简单最明白的实践意义"④,此意

---

① 参见刘小枫主编:《20世纪西方宗教哲学文选》,上海三联书店 1995 年版,第 577～596 页。

② Толстой Л. Н. Путь жизни. М., 1993, С. 9,14.

③ Толстой Л. Н. Путь жизни. М., 1993, С. 45,44.

④ Толстой Л. Н. Полн. собр. соч. Т. 23. М., 1957. С. 423.

义之内涵就在基督的布道之中。

在托尔斯泰看来,基督不是神,不是《圣经》上所讲的三位一体的上帝之子;基督是人,是基督教的改革家,是道德大师,是人类的生活导师,他给人和人类指明了应当怎样生活的伟大真理。这伟大真理具体表现在基督对五条旧约诫命的改造上。在《新约·马太福音》的"登山训众"(第 5 章 21—48 节)中,耶稣基督以"你们听见有吩咐古人的话,说……只是我告诉你们……"的句式提出了与古代律法不同的新诫命:

1.你们听见有吩咐古人的话说:"不可杀人",只是我告诉你们:"不可动怒";

2.你们听见有话说:"不可奸淫",只是我告诉你们:"不可休妻";

3.你们又听见有吩咐古人的话说:"不可背誓",只是我告诉你们:"不可起誓";

4.你们听见有话说:"以眼还眼,以牙还牙",只是我告诉你们:"不要向恶人反抗";

5.你们听见有话说:"当爱你们的邻舍,恨你们的仇敌",只是我告诉你们:"要爱你们的仇敌"。[①]

托尔斯泰认为,基督所设立此五诫命之核心就是普遍的爱和非暴力思想。这就是作为革新家的基督向人类示明的新真理。对旧约时代的人来说,这些还没有成为明确的真理,对新约时代的人来说,这些已成为不可怀疑的真理,但还没有在实践上被掌握,也就是尚未成为人们的日常生活习惯。怎样由理论真理变成实际行

---

① Гусейнов А. А. Великие моралисты. М. , 1995, C. 217.

动,正是人类所面临的任务。

费奥多罗夫与基督教的关系与托尔斯泰既有相近之处又有显著不同。相近之处在于,费奥多罗夫也认为自己的学说是积极的基督教,是基督福音的完全实现。托尔斯泰把《福音书》看做是基督向人类昭示的伟大真理,费奥多罗夫则视《新约圣经》为人类改造世界之大业的纲领:把有死的自然世界改造为复活的和不死的存在秩序。他在《福音书》中所要寻求的不是泛爱或"非暴力"的布道,而是行动的诫命、做事业的动机("福音要求行动");他把"神学"理解为神的行为,而不是"神秘法术",但他的"行为神学"仍是以《福音书》原理为基石的。他不仅向信徒,而且向非信徒呼吁完成神的事业。

对托尔斯泰来说,耶稣基督首先是一位道德改革家和生活导师;对费奥多罗夫来说,基督则首先是体现人类所应完成的事业的最高象征。他认为把基督叫做拯救者是不明确的,因为基督不包含拯救的内容。"基督是复活者,这才是他的全部含义,正如道德的全部含义——最新含义在于使人复活一样。"[1]基督不仅自己复活("超验复活"),而且复活他人。这是未来人类"内在复活"的榜样。"基督一生中没有比复活拉撒路更重要的事件了。这是弥赛亚的庄严显身,以语言和行动。"[2]在费奥多罗夫看来,伯大尼要比伯利恒、拿撒勒和耶路撒冷这些地方更重要。[3] 因为正是住在这里

① Сененова С. Г. Николай Федоров:Творчество жизни. М.,1990. С.238.
② Федоров Н. Ф. Философия общего дела. Т.II. М.,1913. С.27.
③ 伯大尼是拉撒路居住的村庄,"离耶路撒冷不远,约有六里路"(《圣经·约翰福音》11:18);伯利恒是耶稣的诞生地;拿撒勒是耶稣手洗地;耶路撒冷是耶稣受难地。

的为耶稣所爱的拉撒路和他的姐姐马大和马利亚,他们"在最高意义上,在复活者的意义上承认了不被人接受的弥赛亚"①。

这里,费奥多罗夫以基督使人复活的行为来论证自己的复活学说:未来天国的建立是复活拉撒路的继续,即把复活推广到全人类,同时费奥多罗夫又把复活看做基督教的根本:基督所要求的成为神之子,只有在复活和改造世界的事业中才有可能真正做到。"那些复活他人者和被复活者将成为复活之子,将成为神之子。"②

与托尔斯泰不同的是,费奥多罗夫没有抛弃而且在叙述自己的思想时常常利用基督教的教义、形象,以此来发展"共同事业"之方案。比如他将三位一体的教义看做是"亲"的诫命,是人间之亲爱关系的榜样。他还以基督教仪式和四部《福音书》中所写的基督神话形象来象征自己的学说,如广泛的自然调节被描述为"教堂外弥撒",内在复活事业——是"复活节游行",以行动验证知识——是关于不信基督复活消息的使徒多玛的故事,等等。这样,在费奥多罗夫那里,变教义为诫命成为积极的、"成年状态的"基督教的重要原则。教义不应是僵死的条文,而应当"以生命来接受,将其变为指导我们思想、情感、意志和事业——总之指导我们整个生命的诫命"③。

---

① Федоров Н. Ф. Философия общего дела. Т. II. М., 1913. С. 25.
② Федоров Н. Ф. Философия общего дела. Т. II. М., 1913. С. 214.
③ Федоров Н. Ф. Философия общего дела. Т. II. М., 1913. С. 195.

第二节　至善高于真理

费奥多罗夫"共同事业"理想的主要出发点是人的道德感和对应有存在的深刻直觉。他之所以利用基督教，是因为基督教观念在一定方面适合了他的普遍复活(人的拯救)和自然调节(改造世界)的理想。这一理想是一种价值目标、价值真理，而不是存在真理，或者说，"共同事业"理想所指向的不是理性的"真理"，而是道德的至善。世界之真理依赖于最高的善，上帝是最高的善，于是人们成为上帝意志的"主动工具"，也就是领会和履行自己作为神之子的使命；如果没有上帝，如果世界没有意义，那么费奥多罗夫也会说：我们应当给世界赋予意义。他甚至将自己从"共同事业"出发的证明原则，即以行动、实践证明知识的原则运用于证明上帝存在："从上帝事业到上帝存在"。任何神秘的主观经验，任何思辨的技巧，都不会令一切人信服上帝存在，只有当人类实现了上帝之业，复活了死者，改造了世界和自身本性，才能证实上帝存在：

> 只有经过艰苦的长期的劳动，我们才能偿清债务，走向复活，进入与三位一体之神的交流，像他一样，既是独立的、不死的个性，又感觉到和意识到自己的完善统一。仅当此时，我们才能彻底证明上帝存在，才能面对面地看见他。①

> 如果团结一致的人们像葡萄树的枝，基督是葡萄树，而天父是栽培此树的人，那么，对于这样的人们来说他就是无所不能的，无论事业的困难性多么

---

① Федоров Н. Ф. Сочинения. М., 1982. С.192.

巨大和可怕。①

　　"共同事业"的至善理想不容许某些基督教派的教义所提出的
"选择性的拯救"。费奥多罗夫坚决不同意这样一种思想,即以少
数被拣选者为基础或以帮派原则为基础提出和解决改造人的"沉
沦天性"问题。例如共济会,费奥多罗夫称其为"建立在 18 世纪
原理之上的最虚伪的、反人民的组织"②。在他看来,选民高于平
民、圣徒高于群盲的一切优越感,都为恶魔主义提供了借口。少数
人道德完善的理想脱离了大众,鄙视"庸人",居高自傲,甚至残酷
暴虐。一切以个人的道德优越感和智力优越性为前提的帮派思
想,都是建立在当今人类的天性不完善的基础上的,而费奥多罗夫
的理想是在改造人的自然本性基础上达到共同完善,普遍成圣。

　　"共同事业"的至善理想也不容许末世灾难。基督教的末世论
观念是最后审判,是部分人(义人)得救,另一部分人(罪人)则受
永恒之苦,这是一场超自然的灾难。费奥多罗夫认为,启示录的预
言只是对人类的一种有条件的威胁和警醒,假如人类不走向"真理
理性",亦即不理解改造世界与自身的必要性的话,那么,

　　关于最后审判的预言是假定的,正如约拿的预言是假定的一样③,也像所
有的预言一样,因为一切预言都以教育为目的,是让被教育的人改正的,而不

────────

　　① Федоров Н. Ф. Философия общего дела. Т. II. М. , 1913. С. 386. 耶稣说:
"我是真葡萄树,我父是栽培的人";"我是葡萄树,你们是枝子"。(《圣经·约翰福音》
15:1,5)
　　② Федоров Н. Ф. Философия общего дела. I. Верный, 1906. С. 529 – 530.
　　③ 在《圣经·约拿书》中,尼尼微城的居民因自己的恶行被神判了死罪,约拿预言
道:"再等四十日,尼尼微必倾覆了。"(《圣经·约拿书》3:4)但听了约拿的布道之后他
们悔改了,神见他们离开恶道,便决定不降其灾,可怕的惩罚没有发生。约拿见自己的
预言没有应验,感到不悦,甚至发怒。

是使他们毫无出路地毁灭,如果是以毁灭为目的,那么这些预言又有什么意义? 是符合神的意志的吗? 因为如刚才所说的,神是要拯救所有人的,不让任何人毁灭。约拿因自己的预言没有应验而不悦,甚至发怒。然而我们认为,启示录的作者,也是爱的使徒,假如他的预言将不应验的话,他会对主表示感谢。①

"共同事业"的至善理想不是要求地狱,而要求炼狱。费奥多罗夫确认,不可能存在无出路的地狱,同样,也不会有现实的天堂,因为没有绝对的义人,即完全纯洁无罪的人,所有人都沾染了贪婪和排他的原罪,都需要净化。炼狱——为所有人的生理和道德所必需。可以把人类的全部历史和现在都理解为"炼狱"的过程,因为人类曾经和正在遭受外部和内部的盲目自然力的灾害:外部有荒年、洪水、火灾、火山爆发;内部有暴力、杀人、战争等等。但在这一"炼狱"中,人类进行着自我教育,人类的创造力正在成长,拯救之路正在被人类所认识。"如果说天堂应降为炼狱,那么地狱也应升为炼狱。因此,就将只有一个炼狱。它就是我们的历史。应当在此之上建立天堂,此天堂远远高于但丁的天堂,——因为它不是靠直观和语词,而是靠事业来创造的,其中将不再有统治和审判。"②

费奥多罗夫也不能接受其他各种形式的宗教信仰:天主教、新教、犹太教和佛教。他从自己的观点批判这些宗教信仰的错误倾向,"天主教和新教是对被理解为复活行为的基督教的歪曲。这两

---

① Федоров Н. Ф. Сочинения. М. , 1982. С. 497 – 498.

② Федоров Н. Ф. Философия общего дела. Т. II. М. , 1913. С. 13.

者都将复活行为代之以申辩,也就是自欺自慰"①。他更不能容忍(他所理解的)犹太教和佛教所宣扬的人的消极、静观、无所作为。即使官方的东正教,也不符合他所理解的真正的东正教:真正的东正教是"对世界之纷争不和的忧虑",而这种忧虑应当转化成积极行动。"再没有比东正教更高的理想了,但使人触目惊心的是理想与现实的不符。"②

和索洛维约夫、托尔斯泰一样,费奥多罗夫思想虽然与基督教有十分密切的关联,但同时也批判历史上的基督教,他指责历史上的基督教只追求个人拯救,拒绝实际行动,只讲抽象教义,这导致了人们的伪善和教堂与生活的严重脱离。费奥多罗夫认为大多数基督徒的信仰尚未走出"未成年状态",这在最简单的宗教实践中表现出来。人祈祷上帝,为的是让他帮助、保佑自己或亲人,改变事物状况或恢复身体健康,等等。这实际上是人试图把最高力量当做自己意志和愿望的执行者或工具。这好比一个自私的、被动的儿童,试图以他所能做到的各种方法——从听话(好孩子)到哭闹甚至歇斯底里——向全能的父母祈求所要的东西。费奥多罗夫呼吁,不要在信仰中再做这样软弱无助等待施舍的孩子了!在"成年状态"下,人们不是靠祈求上帝来实现自己的愿望,而是自己成为自己意志的履行者。

不难发现,说到这里,费奥多罗夫已和唯物主义无神论学说几乎殊途同归、不谋而合了。难怪弗洛罗夫斯基、别尔嘉耶夫、布尔

---

① Федоров Н. Ф. Философия общего дела. Т. II. М. , 1913. С. 5.

② Федоров Н. Ф. Философия общего дела. I. Верный,1906. С. 575.

加科夫等宗教哲学家都认为他的思想具有极端实证论和唯物主义特征。

第三节　从祖先崇拜到"共同事业"

费奥多罗夫试图利用宗教信仰在人身上激发出的热情为"共同事业"服务。在他的理想中,全人类就是一个由共同祖先和共同命运紧密联结在一起的大家庭,而在实际历史上和生活中,这个大家庭是四分五裂的,忘记了彼此之"亲"。怎样恢复统一呢? 这正是"共同事业"的目标。要实现"共同事业",只凭理智是不够的,还必须借助于情感的力量,也就是唤醒普遍的"亲"情,而唤醒的方法就是认祖归宗,使生者之心转向死者,子之心转向父,亦即敬宗拜祖,崇拜祖先。费奥多罗夫以此为唯一真正的宗教。

> 宗教在本质上只有一种——就是子女对父的爱,也就是祖先崇拜。①
> 除祖先崇拜之外,再无其他宗教了。②

中国儒家也讲对父母的孝敬和对祖先崇拜。费奥多罗夫把类似的思想和基督教观念结合起来,把上帝—天父看做是一切父、一切神灵的统一代表。他引用《圣经》中造物主的话:"我是你父的神,是亚伯拉罕的神,以撒的神,雅各的神"③;"神不是死人的神,乃是活人的神"④。对这样的神的诚信之所以能唤起人的神圣激

---

① Федоров Н. Ф. Философия общего дела. I. Верный,1906. С. 550.
② Федоров Н. Ф. Сочинения. М. , 1982. С. 101.
③ 《圣经·出埃及记》3:6。
④ 《圣经·马太福音》22:23。

情,是因为在他背后是祖祖辈辈人的父,直到人类始祖。他们对我们来说不是"死人",而是"活人"。

费奥多罗夫之所以坚持"最大诫命"是"爱父的神"的诫命,正是因为此神(上帝、天父)是地上诸父的天上代表,而地上诸父是天父的象征,因此,《福音书》(首先是《约翰福音》)作为"神子关于自己对父之神的爱的不间断的谈话",也"要求一切人子有这样的爱",爱自己的父。此爱在"成年状态"水平上应当造成一种自觉的义务感:必须在现实上恢复他们(父)的生命,这样就使人走向了复活事业。"对所有父之神、亚当和一切祖先之神的诚信,这是唯一的宗教,而所有其他宗教都是对神和祖的背叛。"[①]

祖先崇拜之真情成为"共同事业"宗教的自然情基础,"活的宗教只能是一种宗教化,即把生死问题或生命的普遍复归和共同复活行动问题引入宗教"[②]。

费奥多罗夫划分了信仰中的三种基本成分:其一,按使徒雅各的观点,"信心若没有行为就是死的"[③];其二,按使徒保罗的观点,信仰是"实现所期待的东西"(这两个定义都主张信徒要参加自己所信奉的最高理想之实现行动);其三,是费奥多罗夫自己的补充:人民大众对信仰的朴素而深刻的理解是履行上帝意志的誓言,也就是说,信仰的本质是对自己最高目标的自愿选择,这一选择靠着坚决实现它的誓言而得以巩固。所以信仰是行动,是对完成自然调节与祖先复活之大业的起誓或承诺:

---

① Федоров Н. Ф. Философия общего дела. Т. II. М., 1913. С. 1.

② Федоров Н. Ф. Сочинения. М., 1982. С. 480.

③ 《圣经·雅各书》2:17。

我们这里所说的"信仰",不是当今意义上的、学者阶层意义上的信仰,也就是说,不是把信仰作为关于神、世界和人的某些观念,不是认为接受新信仰仅仅意味着思想的转变。我们这里所说的信仰是旧的、民间意义上的信仰,因为俄罗斯人民,也像弗拉基米尔大公一样,他们所寻找的不是知识或信条,而是事业,这一事业如果没有义务、没有誓约是不可能被接受的。这也正是"信仰"一词的原初含义。"信仰"在古代意味着发誓。简约形式的信经是基督在世间的最后遗言;信经是第二亚当的约言,是第一亚当的约言的确认,第一亚当的约言是以祖先崇拜的形式保留下来的。在洗礼中包含着对旧的事业或异端的拒绝,在对三位一体神的信仰中包含着履行原初的共同事业的誓约,而坚振礼则是献给事业本身的,也就是圣灵的降临,或子辈关于他们与父辈关系的表白。①

费奥多罗夫指出了这样的"信仰"有两个法则:第一法则是,在知识不脱离行动和行动不脱离知识的前提下认识神,在知行合一中认识神。知识不脱离行动意味着不破坏人类本性的原初完整性,而学者阶层的知识则不是完整的知识,不是完整的智慧,学说是知识,而不是智慧。信仰的第二法则是,不要把知识局限于每个个人、阶层和民族自身,也就是要反对傲慢自大,孤芳自赏和自私自利。②

为了认识这些规则的起源,必须回到人类的原初状态,那时分裂的原因还没有在人们身上起作用。那时起作用的只有生与死的自然力量,这一力量使子女失去他们的父母,那么,对于这些子女来说,能够重新赋予他们父母生命的存在物就是他们的神,而

---

① Федоров Н. Ф. Сочинения. М., 1982. С. 112 – 113.
② Федоров Н. Ф. Сочинения. М., 1982. С. 112 – 115.

"亲"是这个存在物的最高表现。因此,只有"亲"才能完全成为信仰的标准。

为了说明这种信仰的具体含义,费奥多罗夫对基督教的某些基本教义和《圣经》中的神学思想作了自己的新解释。包括"童年状态"、三位一体、第五诫命(孝敬父母)、复活等思想。

一、"童年状态"

儿童眼前的世界首先是父母之爱的世界,儿童的本能情感是对父母的崇敬,这是不自觉的、无须反思的。费奥多罗夫要求把这种原始的、纯真的情感加以推广,使其成为所有人的榜样。他把《福音书》上"像孩子那样"的诫命解释为效仿孩子——就是说要做人子或再生为人子。

当我们处于天真的童年的时候,所有人对我们都是亲的,都是我们的兄弟姐妹。如果对于一个儿童来说,所有人都是他的兄弟姐妹,那么这个人就不是别人,正是人子。由此可知,为什么亲是共同事业的标准,为什么福音书中说童年状态是进入天国的条件。因为基督教就是天国福音,是普遍拯救的福音。天国属于谁呢?属于那些在达到成年后仍然保持童年情感的人。①

耶稣基督在与尼哥底母论重生的时候说:"我实实在在地告诉你:人若不重生,就不能见神的国。"尼哥底母说:"人已经老了,如何能重生呢?岂能再进母腹生出来吗?"耶稣回答说,"重生就是从水和圣灵而生"②。费奥多罗夫补充说,重生的含义也包括回到

---

① Федоров Н. Ф. Сочинения. М. , 1982. C. 116.
② 《圣经·约翰福音》3:3~7。

童年情感。在《马可福音》中，众门徒在去往迦百农的路上曾争论谁为大。当耶稣问门徒在路上议论什么的时候，门徒默不做声。①为什么呢？费奥多罗夫解释说，因为他们隐约地感到羞愧，感到这样的争论是对天国之纯粹与圣洁的破坏，这也同时证明了，童年情感在他们身上还没有完全枯竭。儿童不懂得在天国之外设立的等级、地位，而且感觉到与所有人都是亲的，愿意服侍他们，而不计较任何利益。于是耶稣领过一个小孩子来，叫他站在门徒中间，又抱起他来，对他们说："凡为我名接待一个像这小孩子的，就是接待我；凡接待我的，不是接待我，乃是接待那差我来的。"②孩子具有不计较等级和利益的兼爱情感，他们向门徒们表明，为什么天国属于儿童，为什么应当效仿儿童以便成为天国的成员。这也正是重生的含义所在。

费奥多罗夫认为，前三部福音书的全部道德都号召信众成为儿童，成为不知晓世间差别的人子，因为儿童的情感是内在的亲，愿意服侍，而不是统治。儿童不需要进行生存斗争，不需要运用自己的力量获取生活资料，能够无私地服侍大家，而不认为这样做是卑下和屈辱，正如耶稣基督自己为争论谁为大的门徒洗脚而不认为是卑下一样。

这样，儿童作为信仰的标准，是否定"不亲"，否定法律和经济上的等级，是确认普遍的"亲"，并且不是在言辞上或思想上，而是在行动上，在事业上。"亲"既是共同事业的试金石，也是共同事业的指南针。③

---

① 《圣经·马可福音》9:33~34。
② 《圣经·马可福音》9:36~37。
③ Федоров Н. Ф. Сочинения. М., 1982. С. 117.

在博爱的童年情感中包含着这样一种感觉,即每个人都是子、孙、曾孙……都是祖先的后代,因此,在这种情感中包含着活着的现代人与逝去的先辈的紧密联系。子对父、孙对祖、后辈对先人的关系,不仅是知识关系,而且有情感关系。情感不仅局限于观念、思想,而且要求相见,面对面地看见,因此在亲的情感中包含着使祖先复活的义务。

人类在"成年状态"就会自觉地学会和拥有这种生命之初的真切情感,它必然使人类走向行动。与情感相结合的知识"不可能局限于观念、思想,而是要求亲证、个人参与、面对面相见;因此对复活行动的要求关键在于亲,这是一个标准"①。只有爱之情感,首先是对父母、对逝去者的爱,才能激发人的无限力量。

二、三位一体

基督教的神的三位一体,是三个独立的、不死的位格的统一体,他们具有自己的全部情感和意识,这一统一体不会被死亡所中断——这是基督教关于神的理想。费奥多罗夫认为,这个神的理想也正是人类所需要的。三位一体是不死位格的统一体,类似的,人类则应当成为复活者的联合体。②

既然神的话不仅是知识,而且是行动,那么,神学,关于神的学说,就应当在全部科学之前成为事业,而不仅仅只是一门知识。对于不把知识作为最终目的的神学来说,关于三位一体的学说就是关于人类社会的多样统一体的问

---

① Федоров Н. Ф. Сочинения. М. , 1982. С. 118.
② Федоров Н. Ф. Сочинения. М. , 1982. С. 132.

题,关于实现死者的复活和生命不死的问题;关于神对人和世界的关系问题,
也就是人类作为神实现终极之善的工具与神的关系问题。①

在三位一体之神中,诞生的是独一的神子和人子,而在我们人
类社会中,诞生是无意识的、盲目的,还不具有独一性,而是逐步分
裂,是后辈脱离前辈,甚至向前辈造反,是进化或革命。因此,人类
的任务是效法三位一体的理想,在对共同祖先的崇拜和复活事业
中建立亲与爱的统一体。②

按照古代基督教神学家尼撒的格列高利的解释,《福音书》中
的"愿你的国降临"③一句,在《路加福音》中是这样写的:"愿你的
圣灵降临我们并净化我们"(在我们现在版本的《路加福音》中没
有这句话),因此,这句话在路加那里是在祷告我们的力量被圣灵
感动或鼓舞,以便实现神的国。尼撒的格列高利还说,在基督的名
字(受膏者)中,就已包含着对三位一体学说的指示,我们在这个
名字中,既可以看到施膏者(鼓舞者),也可以看到受膏者(被鼓舞
者),又可以看到受膏的中介者,即圣灵。

费奥多罗夫不仅从基督教的观念和教义来证明人的现实事业
和使命,而且也反过来用人类的未来事业来证明基督教的教义。
一方面,三位一体的理想是人类生活多样统一体的榜样;另一方
面,"在现实社会中实现人类的多样统一体,是理解神的三位一体
的必要条件。只要在生活中,在现实中存在个人之间的纷争,只要
现实中的统一只是奴役,那么,多样统一体也像三位一体一样,就

---

① Федоров Н. Ф. Сочинения. М., 1982. С. 153.

② Федоров Н. Ф. Сочинения. М., 1982. С. 142.

③ 《圣经·马太福音》6:10。

只是思想上的、理想性的。只有我们不容许行为与思想的脱离,多样统一体对我们来说才不仅仅是理想,而是方案。只有在实际行动中才能理解"①。

三、第五诫命

费奥多罗夫认为,基督教赋予了第五诫命(孝敬父母)以彻底的形式,这一彻底形式的第五诫命也是基督教的本质。

> 神子永恒诞生的启示就在于,他作为一个独立位格的诞生不是与父脱离的,而是与父处于不可分割的统一中。这是与自然宇宙中的新老交替形式相对立的。自然宇宙中的生命表现为世代更替,新一代诞生,取代逝去的老一代,然后自己也死去,被诞生的下一代所取代。有情感有意识的人在不断死去,活着的只有抽象的类,只有类不死,不消灭,依然保存。从旧约第五诫命开始,宇宙中的新时代来临了,从此确立了前辈与后辈、父辈与子辈的新关系,而在基督教中,这一诫命转化为关于复活的诫命,这一诫命把子女对父母的义务不仅局限于孝敬,这项义务的完全实现将是父母的不死和永生。子女在衰老的父母与自己的生长的儿女之间,不是关照后者、抛弃前者。男女的结合不再是为了生育后代的联盟,而成为为了复活祖先的联盟。②

费奥多罗夫发现,在十诫中没有讲爱儿童,爱妇女和爱自己。遵照十诫的思想,甚至应当限制这三种爱。它教导严格教育,以此来限制爱子女这种直接的自然情感;它使对妇女的爱遵守纪律,把爱妻子看做是软弱的表现。费奥多罗夫认为,这种限制是不自然的,非动物性的,但却是更人性的。我们时代的特点是父子之间的

---

① Федоров Н. Ф. Сочинения. М., 1982. С.133.
② Федоров Н. Ф. Сочинения. М., 1982. С.374.

深刻脱离。子脱离了与父的联系,也就失去了生活的目的,第五诫命被抛弃了。我们时代所需要的已经是爱自己的诫命,确切地说,是爱自己的生命、保持自己生命的诫命。与爱自己的诫命相对立的是自杀。认为物质生活条件的改善和享乐能够减少自杀的数量,这是错误的。人不珍重白给之物,而生命显然是白给之物,偶然之物,人所珍重的是用劳动获取的东西。对子女的爱通过父母养育的持续劳动而得到强化。子女对父母来说不仅是他们生育的成果,而且是他们劳动、关照等等的结果。而子女对父母的爱则没有这些强有力的动机,对父母衰老生命的维护不能增强对他们的爱,因而是绝望的事业。

这就是为什么不能把对父母的义务仅限于孝敬。基督教消除了旧约诫命的这一缺陷,把绝望的变成希望的事业,复活的事业,从复活的义务中得出对子女的义务。子女是未来的希望,也是过去的希望,因为未来的复活把过去变成现在,变成现实。而博爱(兄弟之爱)也只有在复活事业中才能获得坚固的基础,因为复活是恢复我们共同祖先的生命,在这项事业中我们成为兄弟。如果我们的社会分化成忘记共同祖先的阶层、团体,如果这一分裂过程在我们的阶层和团体中继续发生,那么,其原因应该是缺乏牢固基础,也就是共同目的和共同事业,而人类的最高目的,自然的、非杜撰的、非人为的最高目的,没有也不可能有其他,只能是复活祖先,或重建博爱。这样,复活的义务,或对父的爱,由此产生的兄弟之爱,以及对作为复活事业继承者的子女的爱——这三项诫命就是全部律法。①

从这一思想出发,费奥多罗夫批评世俗人文主义的自由和平

---

① Федоров Н. Ф. Сочинения. М. , 1982. С. 349.

等观念。他说,脱离了自己祖先的人们在自己的旗帜上写着:自由,平等,博爱。然而,从自由中必然产生自己的个人喜好,从嫉妒的平等中必然产生敌对,而不是博爱。因此,最主要的应当是寻求博爱,其他的都是附属物,因为在真正的博爱中不可能发生奴役与不平等。

四、复活

费奥多罗夫不仅把自己的复活观念与基督教的复活观念联系起来,而且上溯到更远的古代。他说:"复活不是新的诫命,而是古老的诫命,就像拜祖一样古老,是和人本身一起产生的。复活是人性的自然要求,人在多大程度上成为人子,这个要求就在多大程度上被履行,人在多大程度上仍然是动物,这个要求就在多大程度上不被履行。人子复活祖先的义务,是与人本身一道出现于世界上的。从人开始采取直立状态,把目光投向天空的时刻开始,他的全部活动的目的就是为父辈服务。"[①]

在费奥多罗夫看来,基督教思想是与复活观念不可分割的。如果基督的复活与人类的普遍复活毫无关系,那么,基督教就不是博爱的基督教,基督就不是人子(也就是逝去的祖先之子),基督在客西马尼园为人类的分裂与不和而哭泣就完全无法理解。但基督学说不仅表现在语言上,而且表现在教堂的节日庆典上,按照这样的基督学说,基督自己的复活是与人类的普遍复活不可分割的。在这个意义上,应当把复活看做是尚未完成的行动,但不是只有在

---

① Федоров Н. Ф. Сочинения. М. , 1982. C.173.

未来才能进行的行动(像伊斯兰教所认为的那样),这一行动不是已经完全成为过去的,也不是完全是将来的,而是正在进行的行动,如《约翰福音》所说:"时候将到,现在就是了,死人要听见神儿子的声音,听见的人就要活了。"①

基督是第一个行动者,这一行动通过我们而继续进行,直到如今。复活不仅仅是思想,但也不是事实,而是方案;它作为圣言,作为诫命,作为神的指令,是正在发生的事实,而作为行动,作为诫命的履行,则是尚未完成的活动;它作为神的决定已经作出了,但作为人的行动还没有被完全贯彻实行。②

基督教思想与复活的关系也在基督教艺术中表现出来。费奥多罗夫认为,只有到了近代,在绘画中对基督复活的描绘才脱离了他对人类的复活。从14—15世纪开始,基督复活被描绘成基督带着神幡从棺木中飞起,这表现的是个人战胜死亡,而在古代绘画中,按照正典《福音书》的描写,基督复活是通过天使向妇人报告基督复活的消息来表现的,这是基督教的第一布道,号召人类为复活而走向统一;按照非正典的《尼哥底母福音书》的描写,复活被描绘成基督下到地狱,从地狱中拯救死去的人类先祖。③

---

① 《圣经·约翰福音》5:25。
② Федоров Н. Ф. Сочинения. М. , 1982. C. 208.
③ Федоров Н. Ф. Сочинения. М. , 1982. C. 208 - 209.

第十一章 艺 术

"共同事业"学说的艺术论,也是这一学说之根本思想的鲜明体现。质言之,这与其说是一种关于艺术的理论,不如说是实现"共同事业"理想的特殊途径或方式。这也从一个侧面反映了俄罗斯精神之艺术审美观的"务实"特点。

第一节 艺术应当是什么

在费奥多罗夫的人类学中,人的直立状态被赋予了决定性的意义——是人脱离动物状态、脱离盲目自然力量的第一个独创行为,与此相联系,在费奥多罗夫的艺术观中,直立状态也是人类的第一个艺术行为,这是人类塑造自我的开始。"在直立状态下,就像在一切自我反抗状态下一样,人或人子是艺术家和艺术作品。"①这样,艺术的第一行为也是人类生命本身的第一行为:摆脱地面,朝向天空。所以,从宗教方面看,"祈祷和祈祷(直立)状态,

---

① Федоров Н. Ф. Философия общего дела. II. М. , 1913. С. 155.

是艺术的第一行为"①。

那么,是什么力量激发了艺术的诞生呢?费奥多罗夫认为,艺术的主要动力是原始人思念逝者的情感。由于这种情感,在葬礼之后,人们力图以某种形式留住死者的形象,于是产生了纪念碑和肖像画,仿佛是死者的复活,虽然是虚假的复活。"埋葬或焚烧了死去的父之后,子马上就以艺术造型的形式重建父的形象。这种造型是直立状态的,像活人那样;而不是躺卧状态的,像死人那样。"②

可以作为这一观点之明显证据的是与葬礼相联系的古埃及艺术对象:在坟墓中有精确表现死者个人形象和服饰特点的雕像,用作木乃伊朽坏后代替死者,在死者周围还有仆人、食物和日常生活场景的绘画,等等。古埃及这种朴素的写实艺术明确表现了人类力图恢复逝去的生命、使流逝的生活凝固为永恒形象的深刻需要。正是这种需要产生了艺术。我们可以设想,如果费奥多罗夫知晓中国古代的随葬、祭奠死者和设拜列祖灵位的习俗,想必也会引以为据。

与此相联系,费奥多罗夫认为,史诗艺术不是某个天才人物的作品,而是产生于将关于列祖列宗及其活动的知识传授给后人的愿望,是对失去先辈的痛苦和对他们的怀念的表达。他说,这种没有结尾的编年史诗是一项神圣事业,应当世世代代相传下去,直到人类能够直接改造自然秩序、在现实上使死去的祖先复活的时候

① Федоров Н. Ф. Сочинения. М., 1982. С. 561.
② Федоров Н. Ф. Философия общего дела. II. М., 1913. С. 349.

为止。

费奥多罗夫把艺术划分为象形艺术和现实艺术。象形艺术是对地上和天上所有的一切的模仿,是对人们外在感觉到的世界的重建。它所重建的天与地不是作为上帝意志之表现的天与地,而是在盲目自然力量作用下的天与地,这些自然力量非但不受理性支配,而且被奉为天神。所以,象形艺术是对剥夺和吞噬我们生命的天与地的重新塑造,因此这种艺术被上帝的诫命判定为偶像崇拜或思想崇拜。偶像崇拜即对模仿盲目力量的偶像的崇拜,而不是对盲目力量的支配;思想崇拜即对抽象的、尚未变成行动的思想的崇拜,对无目的的、无精神的知识的崇拜。现有的大多数艺术种类都是这样的象形艺术:雕塑和肖像画是对生者或死者的模仿,建筑是对天与地的模仿,音乐是对内心情绪和感受的体现,等等。

象形艺术又有两种,此两者虽然都是对世界的重塑,但这是按照对世界的两种不同解释进行重塑的。一种是保持了对父之爱的"人子"的内在感觉所理解的世界,另一种是忘记父的"浪子"的内在感觉所理解的世界。这两种情况下所产生的艺术虽然都是象形艺术,但前者是宗教艺术,后者是世俗艺术。宗教艺术是以集一切艺术为一身的教堂的形式来重塑世界;而世俗艺术、"浪子"的艺术,是以世界博览会的形式重塑世界,其中所有艺术品都与工业有关。宗教艺术只违背了一条诫命,即把模仿当做现实,把仿造的再现当做真实的复活,把教堂弥撒当做教堂外的复活行动;而世界博览会形式的世俗艺术则违背了所有十条诫命,造成了反对信仰甚至反对理性的罪孽。因为它使理性服从于盲目自然力,不仅没有力图支配这种盲目力量,反而在为它效力。①

与象形艺术相对立的是现实艺术。如果象形艺术是对自然本身的客观的、消极的模仿,那么,现实艺术则是对自然界的积极的、创造性的理性改造。这种艺术距离我们通常所理解的艺术或纯粹艺术已相去甚远。"被正确定义的艺术不能脱离科学、道德与宗教",这样的艺术实际上是自然调节之大业的一部分,因此尤其与天文学有关。"美学是关于重建在微小的地球上存在过的全部理性生物的科学,为的是使这些理性生物在未来支配整个广阔宇宙。"②

如果说象形艺术是现有艺术的主要形式,那么,现实艺术则是"应有的"艺术。费奥多罗夫所说的现实艺术与通常所说的现实主义的艺术大不相同,因为他对"现实"的理解不同寻常。我们通常所理解的现实是指客观存在的事物,与主观想象、善良愿望相对立,所以,艺术中的现实主义主要是指艺术源于和反映客观现实的原则,反对脱离实际、远离生活实际的主观主义。但在费奥多罗夫哲学中,"现实"具有另一种含义,它不是变动不居的事物的现状,而是事物之永恒的理想状况,是实在的最高境界。用宗教术语来说,是上帝对该事物的安排和设想;用世俗语言来说,是该物的符合人的道德理想的状态,或"应有"状态。因此,这样的现实完全不是事物的自然状态本身,自然物本身被认为是盲目的无理性的,应当克服和改造的(与道家的"道法自然"恰恰相反)。所以,艺术

① Федоров Н. Ф. Сочинения. М. ,1982. С. 563 – 564.
② Федоров Н. Ф. Сочинения. М. ,1982. С. 564 – 565.

非但不应是对"自然事物"的客观反映,而且正应当是对自然状态
的改造。正如我们在代序中所看到的,持这样一种"现实"观者在
俄罗斯哲学家中不乏其人。在索洛维约夫的"应有哲学"和别尔
嘉耶夫的自由精神哲学中,都有类似的思想。

这样,"应有"的现实艺术就要担负起远远超出我们所说的艺
术范围之外的宏伟使命:

> 解决"艺术应当是什么"的问题,就是解决理性存在物与盲目自然力之间
> 的矛盾,就是解决人与自然之间的最不正常的关系,就是解决理性存在物何
> 以服从盲目力量的问题……如果说"艺术曾经是什么"的问题等同于"人们
> 之间的不和以及自然对人的不亲的原因何在"的问题,那么,"艺术应当是什
> 么"的问题就将是"如何团结一致以便使盲目自然力量成为人的理性所支配
> 的力量"的问题……完全重建亲的关系,这也将给艺术提供应有的方向,给艺
> 术指出目标。……把全部世界变成为复活了的世代人的理性所支配的世界,
> 这也是艺术的最高目标。[①]

这样,在"共同事业"的理想中,艺术就不仅仅是现实世界的消
极反映,而应当积极地创造现实本身:"伟大的艺术作品……在塑
造世界的同时,努力赋予世界以自己的形象;它们在自身之中反映
世界的时候,又在否定世界。没有什么艺术作品不在生活中发生
某种作用,不给生活带来某些变化……艺术作品是新生活的
方案。"[②]

艺术不是简单地模仿现实,也不是像浪漫主义者那样"改变"
现实,而是创造新的现实,创造新的、具有自己属性的世界——这

---

① Федоров Н. Ф. Сочинения. М. ,1982. C. 561 – 563.
② Федоров Н. Ф. Философия общего дела. II. М. , 1913. C. 434 – 435.

样一种对艺术的要求也是 20 世纪"新艺术"的理论与实践所表达的艺术观。用古典艺术形象来表达,堂吉诃德和浮士德就是人的这种创造精神的体现。正如诗人阿波利奈尔①所说:"我们想给你们一个广阔而奇异的世界……那里有新的火焰和永远看不见的颜色。"②

费奥多罗夫的这种艺术观对索洛维约夫的美学思想有很大影响。在《艺术的一般意义》一文中,索洛维约夫所表达的基本思想就是"真正的艺术是一项重要事业":因为艺术是对自然美的超越,是人的理念的体现。他提出艺术的三个任务是:(1)把那些自然美所无法体现的理念的最深层的内在规定性和本质直接客观化;(2)使自然美充满崇高精神;(3)借此使自然美的个体表现为永恒,就是把物理生命变成精神生命。所以艺术的最高任务是"在我们的现实中完全体现这种精神的完满性,实现绝对的美,或建立全宇宙的精神有机体"。换言之,"完善的艺术的终极任务应当是在现实事业中而不是在单一的想象中实现绝对理想——应当把我们的现实生活精神化"③。

这里再次表现了俄罗斯思想与西方思想在文化观上的不同特点。在西方,一般说来,文化对于社会现实、具体人生来说具有较大的相对独立性。文化没有许多负担,可以轻装前进,所以产生各种供消遣娱乐的通俗文化。在西方,文化本身就是最高价值,它无须和人生的最大不幸——死亡作斗争,文化本身就是人的自然存

---

① 阿波利奈尔(Apollinaire G. , 1880—1918)——法国诗人。
② Сененова С. Г. Николай Федоров:Творчество жизни. М. ,1990. С. 297.
③ Соловьев Вл. С. Сочинения. Т. 2. М. , 1988. С. 351, 404.

在之辉煌。虽然人终有一死,但人能创造出永恒的艺术作品,此艺术作品之美与完善并不关涉个人之死的悲剧。

　　而在俄国,首先是以果戈理、托尔斯泰、费奥多罗夫、索洛维约夫为代表,这种"文化是最高价值和民族最高使命"的观念遭到了坚决质疑。19世纪俄罗斯灿烂文化的创造者们,无论是文学家、音乐家、画家还是哲学家,他们之中的任何人几乎都从来不曾忘我地献身于作为最高价值的文化本身,也就是从来没有把艺术本身作为终极目标而忘却自己对现实的人民和社会的责任,这也是19世纪俄国知识分子的典型特点。

　　由此就不难理解这样一种奇怪现象:在文学艺术上登峰造极的托尔斯泰,自己却拒斥文化形式,这是因为作家认为文化本身并不能真正改造具体的人生的不幸和现实之恶。在托尔斯泰看来,在充满了敌对、贫穷、不公的社会里,对于具体的、活生生的个人生命来说,纯粹的艺术不仅是奢侈品,而且只是漂亮的外衣、虚假的玩偶,甚至是有意无意的骗人的把戏。

　　由此也不难理解何以"为艺术而艺术"的观点在俄国受到广泛批评,不仅革命民主主义思想家不能接受,而且宗教神秘主义哲学家也予以反对,这两大对立派别在这一点上彼此相投:索洛维约夫就称赞车尔尼雪夫斯基"美是生活"的著名论断是"走向积极美学的第一步"。

　　可见,在俄罗斯传统中,文化仿佛总是难得轻松,总要担负着关注和变革人生苦难和社会不公的历史重任,甚至负有战胜死亡的责任。

第二节　教堂是艺术的最高综合

　　宗教世界观与世俗世界观都把自然性与人为性对立起来,但两者对自然与人为的理解却各不相同。一般说来,宗教世界观所说的自然主要指人的自然欲望、堕落本性,而人为指人的似神性,也就是人的理想。宗教思想主张以人为性完全战胜自然性,主要是在内在道德意义上而言的。这里,人为性相当于精神性,自然性相当于物质性。人的自由就是精神性战胜物质性的内在自由,而世俗世界观所理解的自然性则是外部自然世界,人为性指人的理性。这时,以人为性战胜自然性,并不是对自然世界的完全否弃以重建人为世界,而只是以理性来认识、把握和利用自然规律,所以人的自由是在自然范围之内的对自然规律的把握程度,因此,绝对的人为性或自由是不可能有的。费奥多罗夫将这两种世界观混淆起来,他像世俗世界观那样将自然性理解为自然物质、盲目力量,又像宗教世界观那样要求对自然性的彻底改造、完全克服,实现人的绝对自由,不仅"内圣",而且"外王"。"共同事业"的目标就是按照人的理想和愿望完全重建整个宇宙,而教堂就仿佛是按照人的目标、符合美与和谐的愿望而建造的理想宇宙。

　　教堂作为一种建筑艺术,把沉重的、僵死的物质材料进行重新安排,克服了它们的沉落,并使其成为美的形象,这在费奥多罗夫眼中,象征着对物质世界的应有改造。教堂作为一种"象形建筑,是对堕落的反作用,是对堕落之物的支撑、提升,在一定程度上是对堕落物体的战胜"①。

教堂也是战胜死亡的某种象征。教堂壁画使祖先和圣徒栩栩如生。"教堂,甚至最大的教堂,同它所模拟的宇宙相比也是微不足道的;但在这一在规模上微不足道的空间中,有死的、有限的人被想象得无限深远、广阔和高大,以便能容纳在盲目自然中只活于瞬间的一切。"②

教堂是宇宙的相似物,它比现实的宇宙本身微小得多,但它的意义却比宇宙大得多。教堂的意义在于,它是万物复活的宇宙的方案。

在教堂中已开始了向另外的、更高的艺术的过渡;教堂不仅是现有之物的类似物,而且是应有之物的方案,也就是非虚假复活,而是真正复活的方案。③

教堂建筑和其功用相结合,成为一切艺术的活的综合。"人子在教堂中通过版画、油画、圣像画来精雕细刻地塑造无限空间、无穷威力和生命本身;为此又诉诸声音、语言、文字,最后,把死人描绘成活人;这样,共同祈祷变成了教堂礼拜。"④

教堂呼唤全部艺术走向灵性化,使艺术具有赋予生机的力量,但不是对生命的模仿,而是真正地重建生命,也就是使生命具有其全部完满性、力量和美。

---

① Федоров Н. Ф. Сочинения. М. ,1982. C. 570.
② Федоров Н. Ф. Сочинения. М. ,1982. C. 571.
③ Федоров Н. Ф. Сочинения. М. ,1982. C. 573.
④ Федоров Н. Ф. Сочинения. М. ,1982. C. 571.

第三节 博物馆的意义和使命

博物馆在费奥多罗夫学说中具有特殊的含义。它不仅具有艺术价值和纪念意义,而且是实现普遍复活之伟大事业所必需的现实手段。

博物馆的意义具有迫切性,费奥多罗夫感到,对博物馆,对历史和祖先的关注,在现代文明社会中仿佛显得不合时宜。博物馆在现代人眼中具有二重性:一方面,"在我们这个时代,这个傲慢自负的和孤芳自赏的(也就是'文明的'和'文化的')时代,要表达对某件作品的轻蔑,最合适不过的表达就是'把它交给博物馆、档案馆去'";但另一方面,"博物馆"一词还保留着敬重的含义,"因此轻蔑意义上的博物馆和敬重意义上的博物馆,还是一个需要解决的矛盾"。

应当指出,对被送进档案馆的东西的轻蔑是毫无根据的,此现象之所以发生,是由于我们的时代已经彻底丧失了对自己缺陷的自知之明。假如没有丧失这种能力,那么就会认为交给博物馆不仅不是羞辱,而且是荣耀。①

但是,博物馆在历史上曾经存在,在现代也没有完全消失,这证明人类对于保留历史、铭刻过去的不可磨灭的愿望。"博物馆的毕竟存在表明,子还在,子之情尚未泯灭,世界上还有拯救的希望";"博物馆所收藏的都是死的、过时的、不能使用的东西;但正因为如此,它才是时代的希望,因为博物馆的存在表明,没有终结

---

① Федоров Н. Ф. Сочинения. М. ,1982. С. 575.

的事业……对于博物馆来说,死不是终结,而是开端"。① 博物馆是生命的延续,是复活的希望。

费奥多罗夫对博物馆的理解是最广义的:一切对过去之物的物化纪念都属于博物馆之列。归根到底,人类的一切对象性活动都是现实的或潜在的博物馆的展品。因为今天也将成为明天的历史,成为记忆的事实,也就是被送进历史档案馆。这样,从一定观点看,整个世界就是一个巨大的不断充实的博物馆。这种观点就是不忘过去,力求使一切永驻不逝的观点。

博物馆收藏物和纪念品不是为了抽象认识,不是为了批判和借鉴。按照费奥多罗夫的观点,博物馆应当以人子之情使认识精神化,给认识指明"父业"的方向。因为人们之间的兄弟之爱是靠共同的父来维系的,如果忘记父,则兄弟之情就会遭到破坏,导致"不亲"。为了恢复、重建人们之间的"亲",就必须"使人类的全部知识成为关于父的科学,使人类的全部艺术,也就是全部事业,都以父为自己的对象"②。

博物馆是所有人纪念往昔的表达。但这里所纪念的不是旧时的物,而是逝去的人。博物馆是一切活人的教堂。博物馆的活动不仅表现为保存,而且表现为收集、恢复。它不应当是消极无为的,对世界之纷争不和睦状态漠不关心;博物馆不是唯心主义者的教堂,他们不是对世界纷争和生命丧失置之不理,一心追求世外桃源,如柏拉图主义者那样;博物馆也不是现实主义者的教堂,他们

---

① Федоров Н. Ф. Сочинения. М. ,1982. С. 578.
② Федоров Н. Ф. Сочинения. М. ,1982. С. 601.

不能将世界纷争和生命丧失视为合理和必然，并予以支持；博物馆
也不能是对世界纷争的纪念品的收藏，像商品陈列室、工业博览
会、法律档案馆那样；最后，博物馆不能只作为"学人"和艺术家的
教堂。博物馆知识不是抽象的、静观的知识，而是一种研究，即研
究世界不和睦状态的原因，包括直接和间接原因、基本和次等原
因、社会和自然原因。"也就是说，博物馆作为上帝意志的表现，作
为爱父和博爱方案的履行，包含了关于人和自然的全部科学。这
样，博物馆没有缩小知识的范围，而只是消除了纯知识与道德之间
的区别。"①

　　实际上，费奥多罗夫所说的博物馆是他的"共同事业"之宗教
的普世教会，此教会的使命就是重建人们之间的亲情与友爱关系。
"关于统一的学说也是一种宗教学说……把关于统一的学说变成
宗教学说，这表现了博物馆的跨宗教信仰的意义、跨宗教团体的意
义。"②走进博物馆就是走进仿佛是全人类之庞大躯体的大教堂，
就是接受统一的新宗教关于人类的目标与义务的诫命。

　　我们再次看到，费奥多罗夫关于博物馆的思想是和他的整个
学说一致的，也是他一般哲学观的一部分。如前所述，他将宗教
世界观与世俗世界观混为一谈，试图通过现实行为、物质手段、外
在道路，达到基督教世界观所追求的内在精神理想。正如他所直
言："基督教的作用是内在的、观念的、精神的，而博物馆的活动则
是物质的。"③宗教以精神、神秘、神奇战胜自然，而费奥多罗夫则

---

①　Федоров Н. Ф. Сочинения. М. ,1982. C. 597.
②　Федоров Н. Ф. Сочинения. М. ,1982. C. 603 – 604.
③　Федоров Н. Ф. Сочинения. М. ,1982. C. 596.

试图不以神奇行为克服自然规律,而是以现实行动。他相信能以人的认识、人的理性和力量逐步地直至彻底地改变盲目的自然秩序,最终建立完全符合人的道德理想的人间天国。艺术和博物馆,都成为实现这一理想目标的现实手段。

第十二章　费奥多罗夫与俄国宇宙论

俄国宇宙论,是俄国 19 世纪末至 20 世纪的一种哲学文化思潮,是关于宇宙、人在宇宙中的地位、人与宇宙的关系等问题的思想和观念,哲学思想和观念涉及多个文化领域,包括哲学—神学的,自然科学的,文学艺术的。费奥多罗夫是俄国宇宙论的代表人物之一。20 世纪一些俄苏科学家和文学家关于走向宇宙、人体改造、不死和复活的论题,都与费奥多罗夫的思想有这样或那样的关联。

第一节　齐奥尔科夫斯基

费奥多罗夫是一位幻想家,而俄国宇航学奠基人齐奥尔科夫斯基也被称做"卡卢加的幻想家"。相信人的理性改造活动是世界进化的最重要因素,此因素应使世界走向日益和谐与完善——在这一基本信念上,两位思想家是十分一致的。我们在前文论述"自然调节"时,已讲到费奥多罗夫对齐奥尔科夫斯基的影响,即费奥多罗夫是齐奥尔科夫斯基青年时代的直接思想导师。

当然,关于费奥多罗夫哲学在多大程度上影响了青年齐奥尔科夫斯基的世界观形成,还有另一种意见,认为这种影响发生比较晚,因为齐奥尔科夫斯基是在费奥多罗夫去世 10 年以后才了解他的学说的,即读了《共同事业的哲学》,给他留下了强烈印象。的确,齐奥尔科夫斯基不可能更早地了解"共同事业"学说的全部内容,因为《共同事业的哲学》第二卷是在 1913 年才问世的,而第一卷虽出版较早,但印数极少,很难见到。

但无可争议的是,费奥多罗夫是齐奥尔科夫斯基宇宙论思想的先驱者,是俄国宇宙论流派的预言者。在《共同事业的哲学》中直接预示了许多为齐奥尔科夫斯基后来所具体研究和确定的思想。齐奥尔科夫斯基在 1928 年出版的《地球与人类的未来》一书中就包括这样的思想,书中设想了未来对地球的改造过程的图景。在这里,我们可以找到费奥多罗夫方案的积极实现:气象调节、太阳能的广泛利用、植物形式的完善,等等。"透过温室的薄薄的透明顶棚,太阳能损失甚少。我们避开了暴风、浓雾、恶劣天气及其破坏作用,不再有对植物和人的危害者。植物利用了 50% 以上的太阳能,因为这是最合理的吸收利用,是对自己生存的最有利条件。"①他还认为,为了完成全部宏伟的未来任务,人类还应当进一步繁衍,使人口增加千百倍(达到每 100 平方米必须有一人),只有这样才能使人类成为陆地、海洋、空间和自身的绝对主人。

我们看到,这种设想在当今显得非常不现实和不合理,但在那个时代并不足为奇。在 19 世纪末和 20 世纪初,甚至到 20 世纪中期以前,人类的主导思想还是如何以科技手段征服自然界。那时

---

① Циолковский К. Э. Будущее Земли и человечества. Калуга, 1928. С. 26.

尚未暴露出资源与环境问题,没有看到"发展的极限"。齐奥尔科夫斯基主要把人看做生产者,只想到以增加人口来增加人类征服自然改造世界的力量,却未曾考虑到人也是消费者,而且是永无满足的消费者。随着条件的许可,人类的消费已远远不是当年的以温饱为限,人对生活舒适与享乐的追求仿佛永无止境,后人的人均资源消耗量已大大超过前人。这样,就必然导致资源与环境问题。如今,节约能源与保护环境已成为全球的时代强音。但在那个时代,这一"全球问题"还很少被意识到。几十年前的中国人口政策也曾遵奉"人多力量大"的信条。

科学家齐奥尔科夫斯基与哲学家费奥多罗夫对人类与宇宙之未来的设想"方案"有许多相似之处,但他们二人的本体论基础和伦理前提是各不相同的。对此不妨作一比较,以便更好地理解费奥多罗夫哲学的独特性。

齐奥尔科夫斯基对人与世界的基本观点是唯物主义的,他确认,在宇宙中存在和起作用的唯一本体和力量是无限发展变化的物质,人也是物质发展的一定阶段和物质构成的特定方式。一切现象都是物质的无限循环所致,物质或组合成星体,或分散到空间形成不可见的微粒。这种物质演化是日益复杂的,此复杂化有无尽头和是否会重新简单化——这是不得而知的,这个过程近乎自然过程。

费奥多罗夫世界观是一种宗教与唯物主义的混合的世界观。他也承认物质世界的不断复杂化发展,但这种发展不是自然过程,而是人为过程,要依赖于人自身。具有理性、认识、道德的人是这一过程的设计者和推动者,因为在他看来,人既来自自然,又来自上帝,人的特殊使命来自上帝,正是人的似神性给世界进程带来质变。人负有改变自然、调节宇宙的神圣使命,而且这一发展过程不是无限循环,而是直线前进。确切地说,这一过程甚至不是物质的"发展",而是人的"重建"。可见,费奥多罗夫的哲学观不是自然本体论和唯物主义的,而是人类中心论和人本主义。

费奥多罗夫所强调的有理性和道德的人与盲目自然界有本质区别,因而人的生命与动物生命也有本质区别,这是与基督教观念相符合的。齐奥尔科夫斯基则不看重这一区别,他从自然演化论出发,只讲生命一般,生命一般包含了各种生命形式,不论低级与高级,所以在他看来,生命分布于整个宇宙,从低级发展阶段的生命形式到最完善的、有高度意识的、不死的生命形式,而人类只不过是那些宇宙间所具有的高度组织化的和有意识的生物中的一个远远落后的小兄弟。

费奥多罗夫所说的人的生命是有血有肉、有情感、有意志、有道德的个人生命,这样的个人生命是最高价值,正因为如此,他才视死为世界之极恶和人类之大敌,以拯救人于死和复活祖先为最高道德义务,因为只有具体个人才有死,人类(在相应的自然条件下)是生生不息的。

齐奥尔科夫斯基所关心的不是具体的个人生命,他看到的宇宙基本单位是原子,原子是"生命的原始公民"。"生命的死亡只是一种原子组合的破坏、生命成分的分解,并不伴随着公民即原子的死亡。"①这样,被费奥多罗夫视为世界最大之恶与人类最大之

---

① Циолковский К. Э. Научная этика. Калуга,1930. С. 29.

敌的死,对齐奥尔科夫斯基的科学观点来说是不可怕的,甚至是不存在的,因为个人之死只是人类的生命过程的短暂间隔,生命之总进程是周而复始、生生不息的,并构成一个巨大的和完善的生命。这就是齐奥尔科夫斯基的《科学伦理学》(1930 年)一书中的观点。至此,我们看到,他对人的生命的科学观点已与其师费奥多罗夫对个人命运的悲悯精神大相径庭了。若费奥多罗夫老先生读到此书,或许会斥之为无情无义的"浪子"思想。

齐奥尔科夫斯基的宇宙伦理学是受了皮萨列夫[①]的道德虚无主义和车尔尼雪夫斯基的"合理利己主义"理论的影响,因此,这种宇宙伦理学具有一定的社会达尔文主义倾向。在他看来,地球上的道德"也像天上的道德一样,就是消除一切痛苦。这也是理性所指出的目标"[②]。"必须使地球和其他行星具有这样一种秩序,使得它们不成为生活在不完善形式中的原子的痛苦之源。"这种"科学伦理学"应成为未来改造地球和一切生物的基本标准。"以上述理论为根据,人就可以不客气地对待低等存在物,消除有害于己的东西,增加有益的东西。这样,我们也会心安理得……低等动物具有微弱的理性或完全没有理性。"[③]这样,"高等生命"对"低等生命的统治、消灭都是'合理的',甚至是符合'宇宙伦理的'"。

齐奥尔科夫斯基的这种观点与费奥多罗夫的思想格格不入。费奥多罗夫的理想是不丧失任何人性的东西,而且要找回逝去的东西,在此,不可能有只具备理性而不具有情感和道德的人。他对

---

① 皮萨列夫(Писарев Д. И., 1840—1868)——俄国哲学家、唯物主义者。
② Циолковский К. Э. Научная этика. Калуга, 1930. С. 46.
③ Циолковский К. Э. Ум и страсти. Калуга, 1929. С. 15.

人的最根本要求是道德之心,即对祖先、对他人的"亲"与爱,而不是"合理利己主义"。"而且这种道德之心不仅局限于个人和社会,还应推广到整个自然界。人的任务是把一切自然的东西道德化,把盲目的、无意识的自然力转变成自由的工具。"①

第二节　库普列维奇

长生不死是人类的永恒梦想,但也许仅仅是梦想。19世纪末,俄国"幻想家"费奥多罗夫对"人固有一死"的"普遍真理"提出了理论上的质疑,半个多世纪后,另一位苏联科学家、白俄罗斯科学院院士库普列维奇也论证了类似的观点。与费奥多罗夫不同的是,他是总结了自己一生研究植物学的经验而得出"死非必然"这一"哲学"结论的。

作为生物学家,库普列维奇熟知动植物的自然世界,正是这些知识使他怀疑死亡本身的不可避免性,怀疑死亡是生命之不可分割的属性。他在一篇文章中写道:"实际上,生命形式的基础是原生质体——是这样一团复杂物质,它在不断自我更新,能够在与外部环境进行物质与能量交换中无限改变自己的属性。原生质体构成一定种类的活物质的能力是无止境的。"②他看到,现在自然界中存在着不死的物质:许多单细胞生物(如鞭毛虫)和微生物机体在适宜条件下能存活几亿年,生长几千年的红杉之死并不是由于

① Федоров Н. Ф. Сочинения. М. ,1982. С. 433.
② Купревич В. Ф. Долголетие: реальность мечты//Литературная газета. 1969. №49.

衰老（它的细胞还是年轻的），而是由于外部原因。

有机物与无机物的原则区别就是能够进行自我更新。库普列维奇在另一篇文章中说："人坚于岩石，我把人比做河流，河中之水常新，而河总是依旧。试问，为什么这一永远流动的生命过程应当有终呢？"[①]

当年，费奥多罗夫提出："死只是受某些原因制约的一种属性、一种状态"，而不是人之为人的本质。现在，库普列维奇在科学研究基础上也确信，死并不是自然界中原初就有的，死只是在进化过程中为加速物种完善、在自然选择作用下所形成的一种适应手段。但对人来说，这种通过更新换代来完善物种的有效机制已不起作用，通过这一机制已达不到自然的进步了。因为已产生了一种改造世界和自身的能动力量——理性，它在本质上要求个体的无限完善。世代更替和把死亡作为生物进化手段已变成旧时代的残余，形象地说，仿佛这种机制已经由于惯性作用而在空转，只是自然界一旦采取了此机制就停不下来了。但随着意识的产生，自然界创造出了自觉地停止这一机制的前提——人的劳动与创造。"死是与人的本质相敌对的"，"死作为使人世代完善的因素，已不再被需要了。从社会观点看，死是无意义的"。

可以看出，在死的问题上，费奥多罗夫与库普列维奇的目标是一致的，而动机和论证方式则不同。费奥多罗夫作为宗教思想家、哲学家，侧重于道德方面，指出死是世界之极恶、人之大敌，不死和复活是个人生命意义之必然要求；库普列维奇作为科学家，则侧重

---

① Купревич В. Ф. Путь к вечной жизни//Огонёк. 1967. №35. С. 15.

于科学方面,指出死并非必然,长生不死在生物学上是可能的。他在《长寿:梦想的现实性》一文中认为,人的平均寿命年限是现代人的祖先的生理本质长期演化的结果,它并不是绝对的、不可动摇的,像许多人所认为的那样,"我们相信,人的寿命界限是在历史上产生的,就是说,它在原则上可以延长到任何一年"[①]。

人的寿命是这样一种"类的"生命形式,它是历史上形成的,通过个体更新换代而实现的,而生命的基本机理本身——与环境的物质交换和机体的不断更新——并没有指出这种变换与更新过程的必然终点。而且,在生命的原始阶段就存在着实际上的不死状态(单细胞生物的周期性复壮),在高级组织阶段这种状态丧失了,但在原则上没有重新获得此状态的禁区,就是说,并没有生命之长寿不死的理论禁区。

生理学表明,与人体所有其他细胞不同,人的高度分化的神经细胞从生至死是不更换的。库普列维奇相信,将来会出现这样一种心理治疗法,它能防止神经系统的损耗和促使其再生。如果像一些科学家所认为的那样,有被设定好程序的"死亡病毒",那么,也能够代之以"不死病毒",它透入机体的每一个细胞,使其年轻化或成为不死的细胞。

库普列维奇表示,将会有一个长寿的时代,然后是人类在实践上战胜死亡。但目前还很难想象战胜衰老与死亡会给人类带来多大福利。因为随着人类力量的增长和社会发展,人类的空间分布

---

① Купревич В. Ф. Долголетие: реальность мечты//Литературная газета. 1969. No49.

日益扩大,长寿和不死将使生命活动的有限范围——地球变得十分拥挤,只有向宇宙空间寻找出路。而要征服宇宙,也需要实际上不死的人,因为"只有几十年寿命的人,不可能克服星际距离,正如朝生暮死的蝴蝶不能飞越海洋一样"。

第三节　维尔纳茨基

费奥多罗夫的"自然调节"思想实际上是19世纪末20世纪初的俄国宇宙论(或能动进化论)这一大的科学—哲学流派的先声。苏霍沃－科贝林、齐热夫斯基、齐奥尔科夫斯基都是这一流派的代表人物。当然,其中最为著名的当属维尔纳茨基,而他的最著名的思想就是"理智圈"理论。这一理论为宇宙论的某些大胆设想提供了一定的现实基础。

"理智圈"(俄语 ноосфере,法语 noosphere,法语词根 noos 的希腊语原意为理性、理智、精神,中文又译"智力圈"、"精神圈")一词最初出自法国数学家、哲学家爱德华·勒鲁瓦之口,是他在巴黎法兰西学院 1927—1928 学年讲座上提出的。还有一位合作者是他的朋友,法国古生物学家、哲学家夏尔丹(德日进),但他们关于"理智圈"的思想是在维尔纳茨基的"生物圈"(биосфера)和"活物质"(живое вещество)概念基础上提出的,而这些概念是维尔纳茨基于 1922—1923 年在巴黎的索邦大学讲座中进一步论证和发展的。

"理智圈"的含义是什么呢?从哲学上看,可以说这一理论是从生物进化历程上对人在其中的作用、意义和使命的说明。有意识有理智的人的产生,是进化史上的一种飞跃或质变。人的出现意味着"进化过渡到了对新的、纯心理手段的运用",因为人具有自然史上前所未有的理性、精神、心理属性,不仅能认识世界,还能反省自身。勒鲁瓦说:"在动物的生物圈之后,是更高级的人圈,是反思圈、自觉和自由发明创造之圈,简言之,是思想圈:特别是理智圈,或 noosphere。"①就是说,理智圈与生物圈有质的不同,而且可以对生物圈进行改造,人可以通过理性和创造来能动地支配世界进化。由此可见,费奥多罗夫把"自然调节"解释为"以理性和意志介入自然",便包含着理智圈思想之内核。

维尔纳茨基是在地质学、生物学基础上说明理智圈理论的,或者说,他为作为一般哲学观念的理智圈理论提供了自然科学根据。他提出了一个新概念:生物地质化学能(биогеохимическая энергия)。这是一种由自然有机体(活物质)的生命活动所形成的自由能量,它引起生物圈化学原素的迁移,进而形成了生物圈的历史。随着有理智的生物——人的出现,活物质具有了一种前所未有的复杂而强大的能量,它引起了化学原素的特殊形式的迁移。活物质的通常的生物地质化学能是通过繁殖来生产的,一旦有理智的人类成为一种能量形式,这种能量就成为无限壮大和十分有效的能量,虽然它相对于地球的全部历史来说还相当幼小,但已成为地球地质史的一个基本事实。这样就创造出了"活机体统治生

---

① Le Roy, E., Les origines humaines et l'évolution de l'intelligence. Paris:Boivin et Cie. 1928, p.46.

物圈的新形式"①,就有可能"完全改造它周围的全部自然界"②。

维尔纳茨基认为,20世纪已产生了向理智圈过渡和实现自觉—能动进化理想的某些物质因素:第一,人类的全世界性,亦即"人为生活而完全占领了生物圈"。整个地球,直到最难以达到和最不适宜生活的地方,都得以改造。人能够进入地下、水里和空中。第二,人类的趋同性。一方面,由于科技发展、交通通讯的快捷,形成了全世界相近的生活方式和文化;另一方面,许多人已习惯于把全人类的统一、平等、友爱之理想看做高尚道德理想。虽然此理想距离真正实现还道路遥远,但统一性作为一种自发的、自然的现象,必然为自己开辟道路,尽管还客观存在着许多社会和国际矛盾与冲突。第三,"人民群众正在获得影响国家和社会事业进程的越来越多的机会"。第四,科学的发展,科学成为创造理智圈的强大"地质力量"。维尔纳茨基相信,"表现为创造理智圈的地质力量的科学知识,不可能导致与它所创造的过程相反的结果"③。

维尔纳茨基的这些理论都写于第二次世界大战之前,而第二次世界大战明确地告诉人们,科学不仅造福人类,还可以出色地服务于恶的、反"理智圈"的力量,但这并未推翻维尔纳茨基的理论。而且,他也曾见证了第一次世界大战"将科学知识前所未有地运用于军事破坏的目的"。那时他还预言,科学技术在此前所发现和运用的杀人手段"未必在这次战争中表现出来,但有可能在将来造成

---

① Вернадский В. И. Размышление натуралиста. М. , 1977, С. 95 – 96.

② Вернадский В. И. Химическое строение биосферы земли и её окружения. М. , 1965. С. 272.

③ Вернадский В. И. Размышление натуралиста. М. , 1977. С. 19.

更大灾难,如果这些手段不以人类精神力量和更完善的社会组织加以限制的话"①。所以那时他就提出应建立"科学家国际"来推行"科学家对科学发现之运用的道德责任意识"。

　　既有此经验,维尔纳茨基何以还坚持相信科学技术和人类理智的积极力量呢? 因为这不是从善良愿望和道德感出发而产生的信仰,也不是仅以眼前事实为根据的信仰。对他来说,理智圈的方向是千千万万年进化史的必然选择,具有地质发展史的客观规律性,不为某些暂时的、局部的反面事实所动摇。因此,他对人类的未来持乐观主义态度:"庸人以及某些哲学家和人文学科的代表们关于文明可能毁灭的一切断言和恐惧,都是由于低估了地质过程的深度与力量。我们现在所经历的从生物圈向理智圈的过渡就是这样一个地质过程。"②据说,从第二次世界大战爆发之日起,维尔纳茨基在日记中就表示相信"野蛮力量"必将失败,因为它们反对理智圈过程。

第四节　勃留索夫

　　费奥多罗夫逝世不久,在刚刚开始出版的俄国象征主义学派机关刊物《天平》杂志1904年第2期上就刊登了费奥多罗夫的画像和论文片段《建筑与天文学》。发表这个片段并为之命名的就是俄国著名诗人、象征主义派领袖勃留索夫。

①　Вернадский В. И. Очерки и речи. Т. 1. Пг,1922. С.131.
②　Вернадский В. И. Размышление натуралиста. М. , 1977. С.36.

关于费奥多罗夫其人和思想,勃留索夫是在 19 世纪 90 年代任《俄罗斯档案》杂志秘书和常任编辑时知道的。该杂志主编巴尔捷涅夫是费奥多罗夫的老同事,他的两个儿子谢尔盖和尤里对费奥多罗夫学说很信服,谢尔盖自称是他的学生,曾写诗倡导"共同事业",此诗至今仍保存在费奥多罗夫手稿材料中。勃留索夫是通过尤里认识费奥多罗夫的,他在 1900 年 4 月 21 日的日记中记录了相识的情景。

后来,《共同事业的哲学》一、二卷相继出版,勃留索夫更详细地了解了费奥多罗夫的思想。这些思想在勃留索夫的许多诗作(尤其是晚年)中被广泛涉及。在勃留索夫十月革命前的诗集中就可以明显看到费奥多罗夫的思想主题:对世界的创造性改造、自然调节、把地球变成可控制的宇宙飞船等等,如在《未完成的大厦》(В неоконченном здании)、《人赞》(Хвала человеку)等诗中;也有"进攻天空"、克服人的生理局限性等思想,如《致第一批飞行员》(Первым авиаторам)、《致幸福的人》(К счастливым)、《年轻的地球》(Земля молодая)、《儿童的期望》(Детские упования)等诗。在《幻想的界限》(Пределы фантазии)一文中勃留索夫写道:"俄国哲学家费奥多罗夫认真地设想了驾驭地球在空间运动的方案,把地球变成一块巨大的磁铁,乘坐地球,就像乘坐一艘巨轮一样,人们不仅可以到达其他行星,而且可以造访其他星球。我曾经在自己的《人的颂歌》(Гимн человеку)等诗中试图转达哲学家的这一理想。"①

---

① Литературное наследство. Т. 85. М., 1976. С. 70 – 71.

十月革命后,勃留索夫把实现"科学诗歌"的理想看做自己创造的主要任务。他计划创作一部完整的诗集,名为《Planetaria》。在诗集前言中他表示相信人类生活将迎来这样一个阶段,那时整个地球都成为团结一致的,或以统一国家形式(全世界社会主义共和国),或以另外的形式,把世界所有人的劳动和努力联合起来,为了共同的目标。那时人就进入了生命的新阶段:在太阳系争取自己的地位。[①]

但《Planetaria》没有问世,取而代之的是另外两本诗集《Дали》(1922)和《Mea》(1924)。其中勃留索夫把对现时代"现象与事件"的行星—宇宙学考察方法引进诗歌,号召通过集体的努力来掌握空间和时间——走向宇宙和战胜死亡。如《进攻天空》(Штурм неба)、《一去不返》(Невозвратность)、《恰如秋叶》(Как листья в осень)等诗。诗人始终不渝地相信:

作为生命的君王,我们要住在另外的世界、另外的星球上!

第五节　高尔基

在十月革命后的十几年间,热衷于费奥多罗夫思想的仍有一批科学家和文人(那是一个充满世界幻想的年代,尤其是在喜爱幻想的俄罗斯)。为中国读者所熟知的俄国作家高尔基也是其中一位。他在 20 世纪 20 至 30 年代初发表的许多政论和文学作品中拥护"自然调节"的方案,相信人类的无限发展,甚至达到长生不

---

① Литературное наследство. T.85. M., 1976. C.237.

死的可能性。如《论知识》（О знании）、《论与自然斗争》（О борьбе с природой）、《论天气权》（О праве на погоду）、《干旱将被消灭》（Засуха будет уничтожена）等文章。

高尔基在费奥多罗夫生前就听说过他的"共同事业"思想，而且曾在图书馆见过他。高尔基对死亡问题的关注和论述也不乏与费奥多罗夫思想有相呼应之处。在他的短篇小说系列《俄罗斯游记》①中有两篇作品《墓地》（Кладбище）和《安息者》（Покойник），就表达了这一思想。在《墓地》中，作者在墓地遇到一个已不年轻的退伍中尉萨瓦·霍尔瓦特，此人这样表达了他对死去的人及其最后安息之地的看法："我看，墓地所象征的不应是死亡的力量，而应是生命的胜利，是理性与劳动的胜利。"这仿佛是费奥多罗夫的原话："如果宗教是对死者的崇拜，那么这并不意味着对死的崇敬，相反，这意味着生者在认识导致饥饿、灾难和死亡的盲目力量的劳动中的团结一致。"②

这位霍尔瓦特还仿佛遵照费奥多罗夫的道德律令说："我应当知晓，这些人为什么献出自己的生命，我靠他们的劳动和智慧活着，我活在他们的尸骨之上。"

富有诗意的《安息者》主人公在死者的床边这样表达自己的思考："我带着敬意和柔情思考着关于地球上的所有人们：大家都负有这样的使命——以自己身上的神秘力量战胜死亡……"

---

① По Руси. 1912—1917. 高尔基力图以这些小说来"勾画……俄罗斯心理的某些属性和俄罗斯人民的最典型心态"。// Горький М. Материалы и исследования. Т. 3. М., Л., 1941. С. 152.

② Федоров Н. Ф. Сочинения. М., 1982. С. 103.

20 世纪 20 年代后半期,当高尔基创作史诗性的巨著《克里姆·萨姆金的一生》时,对费奥多罗夫思想的兴趣还不减当年。此间他与费奥多罗夫的后继者多有接触,并同哲学家、经济学家赛特尼茨基(Н. А. Сетницкий)有书信往来。在这部未完成的小说中,谈到妇女在当今社会中的作用时,作者几次援引了费奥多罗夫《1889 年博览会》一文中"关于并不沉重但却致命的妇女统治"的话。费奥多罗夫在该文中表达了"现代社会工业发展的动因是满足女性装饰的需要"的思想,高尔基在《论妇女》一文中再次引用了费奥多罗夫的下述文字:"我们 1882 年的地方的、全俄的手工艺品展览也曾很接近真理,它几乎揭露出了 1889 年世界博览会所表现的那个社会究竟在为谁服务。我们的展览会之所以揭露了这一点,是因为它的入口处就摆放着一位身着特殊服装的妇女(或者确切地说,是太太,贵妇人,艺伎,或者是夏娃、海伦、欧罗巴、阿斯帕西亚的后代)塑像,这套服装是全俄的工业所提供的,由所展出的最好原料制成的。塑像的妇女对镜自照,仿佛意识到自己在世界(当然只是欧洲世界)上的核心地位,意识到自己是文明与文化的终极原因。"①

费奥多罗夫的这些思想成为小说《克里姆·萨姆金的一生》的主题之一。女人点燃性欲,大众艺术围绕她打转,服装和饰品工业为她生产。小说中的小歌剧演员、"可爱的"娟妇阿莉娜就是这样一个女妖和"性选择"社会中的偶像。在小说的最后部分,萨姆金来到巴黎,这里的轻便马车队、时装妇女、商店橱窗、街头生活——

---

① Федоров Н. Ф. Сочинения. М. ,1982. С. 443.

一切都显示出这里是女人的王国。他想:"是的,这里女人的统治表现得更确定不移、明目张胆。文学和工业都证明了这一点。"

* * *

费奥多罗夫的学说在 20 世纪不仅在俄罗斯及前苏联有一定反响,而且在国外也有对其的研究。在英国、法国、美国、波兰、捷克斯洛伐克、德国和日本都有他的原著或研究专著出版。例如:

Fiodorov N. F. : Filosofia obsh-chego dela. 2 Vls. Reprint, England,1970. (《共同事业的哲学》英文版);

Grünward J. : "Fedorov et la Philosophie de l' Euvre Commune." In:Contract. Revue Française de l' Orthodeoxie, vol. 20. No. 61, Paris. 1968. (《费奥多罗夫与共同事业的哲学》);

Lukashevich S. : N. F. Fedorov. A Study in Russian Eupsychian and Utopian Thought. Newark the University of Delaware Press, Londou, Associated University Press, 1977.(《尼·费·费奥多罗夫:俄国优心态与乌托邦思想研究》);

Koehrer L. : Fedorov N. F. :The Philosophy of Action. Institute for the Human Action. Pittsburg, 1979. (《费奥多罗夫:行为哲学》);

Voung G. M., Nikolai F. Fedorov. An Introduction. Belmont, Mass. ,1979.(《尼古拉·费·费奥多罗夫介绍》);

Teskey A. : Platonov and Fyo-dorov. Amersham, England,1982. (《普拉东诺夫与费奥多罗夫》)。

费奥多罗夫著作选译

什么是善？

——评托尔斯泰的《什么是艺术?》

一

正如索洛维约夫在《善的证明》中只是对恶德进行了否定和谴责一样，托尔斯泰也是如此。虽然借美学的形式(《什么是艺术?》)写的也是伦理学，但他只知道否定的善，只知道什么不是善，而不知道什么是善。托尔斯泰把艺术理解为情感从一些人向另一些人的传达，而不是每个人所具有的充分思考和充分感受到的东西的实现，只是这个人应当是具有自己父母和祖先形象的真正人子，而不是追求物质和财产的浪子，像通常的情况那样。并且人们通常把自己的这一嗜好真诚地或不真诚地掩盖起来，用对孩子、对未来，也就是对延续那昙花一现的和毫无目的的生存的关心来掩盖。托尔斯泰不是把艺术的目的看做是实现人子所具有的东

247

西,而是看做是在某种情感中的团结,他不知道这种情感的内容是什么,而当他按照惯例把这种情感叫做兄弟情谊的时候,他却忘记了,人们只有从父辈和祖先方面论才是兄弟,如果忘记父辈,人们就彼此成为外人,因此,托尔斯泰叫做兄弟情谊的东西,根本不是兄弟情谊。

托尔斯泰的文章主要是伦理学而不是美学,这一点从下述情况可以看到,这就是,他不承认美,却显然愿意承认善,可这是怎样的善呢? 托尔斯泰说,善是"任何人也不可能定义的"。但托尔斯泰之所以不能定义善,还因为他只承认否定的善。如果"勿杀人"或"勿争斗"(如果更喜好这样说的话)、勿淫乱、勿偷盗、勿做假证、勿责备(即勿争吵)等诫命都得到履行,那么将只能没有恶,而且只是那种人们彼此强加给对方的恶,这样可以说,什么不是善,在哪里没有善,但不能说,什么是善,善在哪里。按照托尔斯泰的观点,我们可以从否定方面来定义善,但要给善下一个肯定的定义是不可能的。然而,勿杀人就是不剥夺生命,勿淫乱就是不剥夺自己的生命给予别人,勿偷盗就是不夺取用于生命的财产;做假证也可能导致剥夺生命,无论如何会导致对生命的削弱和死亡的临近,正如一切争吵一样。这些诫命只是要消除恶,吩咐不要剥夺生命,而不是保持生命。那么,如果这些诫命都得到履行,还将保持生命。这样,我们甚至通过否定的途径也可以得到善的定义:什么是善——善是生命。善在否定意义上只是不剥夺生命,而在肯定意义上则是保持和恢复生命。善是保持活人的生命和恢复死者的生命。

这样,甚至从托尔斯泰所宣扬的观点中,都可以按照严格的逻辑得出结论,善就在于复活死者的生命和保持生者的不死。这个结论是所有人都应当承认的,即便他们将证明这个结论不合逻辑。如果有人虽然承认这个结论是合逻辑的,但认为也只能在可能的情况下保持和恢复生命,那么,这意味着容许自己的任性,出于自己的任性而给善提出界限,这是最大的恶,是反对一切死人和活人的恶;这意味着像托尔斯泰那样容许自己的任性。他说善是"任何人"也不能定义的,并且,假如他不给自己赋予绝对权威的话,他应当意识到,只是自己没有能力(也许是缺乏勇气)来定义什么是善,而不应该说谁也不可能定义。并且,不能不指出,托尔斯泰虽然认定仿佛善是谁也不可能定义的,但他自己至少有两次定义了什么是善。如前所述,托尔斯泰把善看做是实现人们的兄弟般团结。但这与逝去的父辈毫无关系,而我们只有从父辈那里来论才成为兄弟。然而,只有为了实现严格的逻辑所要求的善,也就是子女之爱所要求的善,为了履行基督关于"你们要像孩子一样"的遗训,才能实现"人们(也就是子女们)的兄弟般团结",只有履行复活的义务才能实现人们的兄弟般团结。因为为了实现这一义务需要作为理性存在物的人们在认识带来饥饿、瘟疫和死亡的自然力量的劳动中团结一致,以便使这一自然力量从盲力量变成可以被理性掌管的力量,从带来死亡的力量变成带来生命的力量。这正是艺术所应具有的东西,没有这种东西,全部艺术都没有能力建立兄弟般团结,因为当"半数人类还在饥饿"的时候,人们之间的兄弟情谊是不可能的。假如艺术劝告人类的一部分自愿因饥饿而送命,以便拯救另一部分饥饿的人,那么,自愿送命的人的行为当然可以叫做兄弟情谊,但那些接受这种牺牲而保持自己生命的人,他们的行为叫做什么呢？

公正地说，托尔斯泰为了团结所提出的一切观点，已经被基督教会试验过了，因为基督教会在教堂中把全部艺术都统一起来以便让它们一起发挥作用，但这没有带来兄弟情谊。有许多这样的尝试，它们不关注使人们不成为兄弟，也就是造成人们之间的敌对的原因，却试图建立兄弟之爱。这样的尝试在历史上不可计数。

把艺术定义为"任何一个人从人民中体验到的强烈情感的传达"，这样的定义在本质上没有任何不对，但这个定义是非常有局限的，只是形式上的，然而不仅限于形式，艺术所拥有的全部内容和全部手段，都可以包括在这个定义中。艺术按其本质来说不仅仅是传达，而且是运用全部人类子女所能够运用的一切方法、一切力量，来实现这样一种希望或愿望，此愿望是在人们所能体验的最强烈的情感的影响下被唤起的，也就是在最亲近的人即父母的死所引起的情感的作用下产生的，这种情感是所有人所共有的，正如死是所有人所共有的一样，因此它也可以把所有人团结起来。情感从情感较强的人向情感较弱的人的传达，只具有暂时的意义，不包含更大的重要性，而死不需要能言善辩的解释者，就可以强烈地促进团结，特别是在以越来越新的手段来对造成死亡的力量加以作用的情况下。只有在恢复全部死者生命的事业中，才能把全部生者团结起来，没有这一事业，任何美丽言辞和艺术手段都不能带来兄弟般团结。一切诱惑都是与这一团结相对抗的，这些诱惑的总和可以在世界博览会上看见。什么样的艺术能够战胜容纳了全部艺术的这种博览会呢？

二

用托尔斯泰的话说,当今时代艺术的使命是明显和确定的;基督教艺术的任务就是实现人们之间的兄弟般团结。是的,假如把"人们"这个词替换成"人子",那么这一任务是确定和明显的,这样"兄弟般的"也就具有了直接的和确切的含义。在通常意义上,也就是从儿童开始大家都能理解的意义上,兄弟情谊是建立在父的基础上的,只有从父而论我们才是兄弟,没有父的兄弟情谊是不可理解的,只有在父的事业中才能完全实现兄弟般的团结。但托尔斯泰不提及父辈,即便是他不否定父辈,至少是忽略父辈。那么他所说的人们的兄弟般团结是建立在什么基础上的呢? 真正的、自然的、现实的兄弟情谊,完全的兄弟情谊,是从父而论的兄弟情谊,但也有其他基础上的兄弟情谊,例如,武器基础上的兄弟情谊。但武器基础上的兄弟情谊是为了保护父辈的,如果武器用于使人们摆脱饥饿和荒年,正如我从 1891 年开始设想的那样[①],那么,在这个意义上,武器将不再是消灭的工具,而成为普遍兄弟情谊的工具,这样,将不仅不再需要裁军(这也是不可能的),而且要求吸引所有人一生都要服兵役,因为这种兵役是为了消灭作为导致死亡的原因之一的饥饿和疾病的。在使活人脱离死亡的时候,也不应忘记那些已经死去的人,这是对父辈事业来说的兄弟情谊。

兄弟情谊不仅有武器方面的,也有手工业方面的,工作或劳动方面的,但为了普遍的兄弟情谊,应当使工作成为普遍的;为了团

---

① 指费奥多罗夫所提出的把军队变成自然科学力量、把爆炸物运用于气象调节的方案,这个方案是托尔斯泰所熟知的。——译者注

结一致,还必须使大家都有一项共同事业,只有在这种情况下,兄弟情谊才不是空洞的和无所作为的。农业可以成为这样的事业,但农业要求人们从城市回到农村,回到父的墓地,虽然农业现在是把父辈的遗骨转化成后人的食物,但这种转化只是暂时的,不彻底的,使世界分裂的。

这样,如果消灭生命的武器变成农业工具,变成获取维持和恢复生命的手段的工具,那么,在这样的武器方面的兄弟情谊就是真正的兄弟情谊,是人子为了恢复父辈生命而结成的联盟,同时这样的兄弟情谊也是共同工作和劳动方面的兄弟情谊。

兄弟情谊也有食物方面的:有些词语就表达这个意思,比如形容同窗好友的词"同喝一碗粥长大的","同一个槽喂大的","同喝一碗汤长大的";基督教把作为生活条件的食物与对死者的怀念联系起来(举行葬后宴以表示追悼)。这种食物与悼念的结合在直接的、严格的意义上表示,食物所给予人子的充分力量应当用来补充正在衰老和走向死亡的父辈的力量损失,用来恢复死去者的生命。那些把食物给予的过剩力量用于生育和生长的人,他们在圣餐仪式中作这种悼念。可以说,组织疗法和器官疗法是把子的剩余力量用于补充父辈力量损失的一个微弱开端。

但托尔斯泰可以说,他所承认的兄弟情谊不是从父而论的,而是从人类而论的。在这种情况下,为了理解从人类而论的兄弟情谊的意义,就应当定义人是什么。人首先被定义为有死的;但这个定义是很不准确的,甚至是不正确的。在严格意义上人不是有死的,而是有死去的父辈之子,也就是说,死不是我们在自己身上知道的,而是从先前发生的状况知道的,有死的属性是归纳出来的,不是演绎出来的。如果人是死去的父辈之子,在这样的情况下我们又回到了父,显然,死在这种情况下应当带来团结,但为什么要团结呢?

如果人是有语言的存在物,与作为无语言的存在物的动物相对立,在这种情况下人们的团结将构成文字的或语言的社会。但如果把这样的团结叫做兄弟情谊,那么它能够排除敌对吗? 而且,为了这种团结成为普遍的,就需要在所有民族的语言中的团结,而且不是在人工语言中,比如世界语中,而是在自然语言中,也就是先祖的语言中。研究全部语言的语言学除了为所有民族制定共同语言之外,不可能有其他用途;现在有雅利安语系的各种语言的词源词典,当然也将会有全部语言的词源词典。通过普遍教育的途径研究词根,这种研究将到处推广,对本国语言和外国语言的研究将造成这样一种认识,即在所有这些语言中都有共同的、亲缘的、父辈的、先祖的要素。在字母中音节被替换成共同的词根,并以此说明它们的含义。以这种方式创造的共同语言,必然接近于先祖的语言,但这种共同先祖语言只能根据共同劳动的全部人类对它的掌握程度而得到运用,而只有父的事业才能成为共同的劳动。这样,在语言中的真正团结同样把人们引向父。

如果人是理性存在物,在这种情况下,团结或兄弟情谊将形成学人的社会(但即便所有人在认识中的统一是可能的,即便这种团结是普遍的,但它仍然不能消除敌对,这种团结显然也不是兄弟情谊)。只有所有人共有的子的情感,才能给知识赋予目的,也就是使人们在对导致父辈死亡的力量的认识中团结一致,展现人们的灵魂,使得他们在互相认识中统一起来,使他们成为最深刻意义上的兄弟,带领他们致力于恢复死者生命。

但托尔斯泰会说,这是不可能的。虽然我们也像托尔斯泰一样,不知道为什么这是不可能的,但我们也不能确认复活一定会实现;但有一点是正确的,即如果我们大家不在复活事业中团结起来,我们就不会成为兄弟。人既然是道德存在物,那么为此他就需要复活死者生命,要么自己死去,但感受了父的死之后认定复活之不可能——这意味着不是人子,也不是兄弟,因此不是道德存在物。

还有时把人叫做安葬的存在物,指出安葬是只有人才具有的特征。众所周知,安葬、安魂祈祷、洗净,这些词的原初含义是活跃起来,恢复生机。现在这个含义已经丧失了,甚至对于"做完安魂祈祷的人"(отпетый)来说这个词也不是在"活跃起来"的意义上使用,而是在"毫无希望地死去的人"的意义上使用的。而且"人子"这个词也失去了意义,甚至不再被使用了,而代之以毫无意义的"人"这个词。与这种丧失一起,与人子的情感(这种情感是由复活意义上的安葬所唤起的)相关的一切要求也都丧失了意义。由于把确定的"人子"一词换成了不确定的"人",我们就使自己不可能说出,谁是我们的共同敌人,什么是我们的共同事业。

如果说我们的共同事业是消除和摆脱我们所共同遭遇的不幸,那么可以说我们的时代完全不知晓和不承认任何共同事业。同样,我们的时代也不知道我们大家面对的共同敌人,甚至不愿意知道,因为盲目自然力量作为我们的共同敌人不可能感觉到自己的仇恨。我们时代也同样不懂得爱,就像不懂得基督教一样,因为在对一部分人的爱(比如对穷人的爱)的背后通常隐藏着对另一

部分人(对富人)的恨。对基督教的完全不理解可以从以下现象
中看出来,即把基督不叫做人子(就像他自称那样),而是叫做人;
人们知晓抽象的神,而不是父辈的神;"你们要像孩童那样"(也就
是为人子女)的诫命完全不被人们承认,虽然其中包含着、从中产
生出最大的诫命。所有这一切带来这样的结果,即把兄弟情谊理
解为不是众子的团结,而是众人的团结,也就是人们之间的善良
的、非敌对的关系。不知晓共同事业,不知晓共同敌人,这是我们
这个时代的最显著特点。在应当被认为是这个时代的完成者的托
尔斯泰那里,这种不知晓、不清楚、不确定表现得特别明显,这也导
致他倡导"无为"。

论索洛维约夫哲学

如果像索洛维约夫所做的那样,把敌基督叫做超人,那么,这是尼采意义上的超人。在基督教中"超人"的意思是"新人"或"得到更新的人",是"脱掉旧人的人"和"重生的人",这是与洗礼相联系的。洗礼不是特权,而应当成为普遍的,因为"去教导万民并给他们施洗"的诫命,其目的是与教导人类成为"超人类"相联系的,不是在神秘意义上,而是在物质意义上实现复活和不死。

有两种唯物主义:服从于盲目物质力量的唯物主义和支配物质力量的唯物主义,不是只在思想中,也不是在办公室或实验室经验中,而是在自然界本身中支配物质力量,成为自然界的理性和调节力量。

*　　　*　　　*

显然,在此与当今世界的悲观主义相对立的,是索洛维约夫的乐观生活的哲学,而与不可知论(这是相对于阶层知识而不是普遍知识而言的,是相对于孤立的知识、没有共同事业的知识而言的不可知论)相对立,至少是应当相对立的,是作为重建神造世界的科学经验的复活。至今被人所破坏的世界,被作为统一实验者和艺术家的人类所重建,被复活所有父母的全部人子之爱所重建。

这样的复活可以叫做神秘知识论,或把知识论变成知识术,把知识变成普遍事业,从神秘的教堂活动或礼拜活动,走向教堂之外的活动,即复活前辈、调节整个世界的活动。

索洛维约夫把什么和实证主义不可知论或实证主义局限性对

立起来呢？索洛维约夫把什么和唯意志论的悲观主义或意志的局限性对立起来呢？是事业吗？乐观生活的哲学对悲观主义问题的很不对应的回答。不应当是哲学，也就是乐观生活的哲学，而是乐观生活的事业。

＊　　　＊　　　＊

承认不死是生者的特权，同时也就是否定复活祖先的义务。对于把父作为子的牺牲品的野蛮的西方来说，达到不死被某些人认为是进步的最高阶段。

不难理解，我们叫做生者的人，要么是未成熟的，要么是已衰老的，也就是诞生的，因此也是走向死亡的。不死作为超人的特权，是最大的自私自利，要比不死作为全部生者的特权更加严重，虽然后者也是可怕的自私自利。也许，人们必须经历父死时子却有不死的特权这样一种恐惧（这种特权的不死把亲近的人彼此分开），才能承认复活义务的必要性。歌德没有如此明白浮士德对时间所说的话——你停下来吧，不要催人死亡！在我国即便是西方派的卡拉姆津都明白，什么东西能够令所有人满意，更不用说那些没有被教育所扭曲的普通人了。

可以想象一下这些目睹一代代人死亡的不死的超人。这将是多神教的完全胜利。我们将看见这些不死的超人的代表是多神教的诸神，他们与我们的区别只是机能上的，而不是形态学上的。不需要研究古典语言，因为我们将用肉眼看见男女诸神。神话将变成现实。

当然，不死的超人与有死的人之间的关系，也只能是地主与农民的关系，这还是在最好的情况下。荷马的不死诸神与有死的人是什么关系,索洛维约夫的超人与人就是什么关系,也就是说,不死的超人与有死的人之间的距离,比有死的人与动物之间的距离更大。但是,这种特权将会使超人们自己满意吗?在他们中间会不会有这样一些正直的人,他们(既然不可能使所有人都不死)也将遭受有死的人的命运?另一方面,有死的人将会对不死的人怀有怎样的情感?!……

令人好奇的是,索洛维约夫是怎样从生命的外部条件中创造出超人的特权的,他是怎样使太阳只照耀超人,却给有死的人以炎热或黑暗的?应当给予水或一切自然发生物以教诲,才能使它们不因一时糊涂而淹没超人或给他们带来任何危害,因为超人没有任何形态学的优越性。

＊　　　＊　　　＊

不仅全部器官的机能,而且器官的形态学,都应当成为知识、事业和劳动的产物。应当使显微镜、麦克风、分光镜等等,都成为每个人的自然的,但又是自觉的属性,也就是每个人都拥有在基本物质中重建自身的能力,因此也可能连续性地(而不是一时性地)到处存在。

机体由于无意识的发展而创造了病态的器官:嗅觉器官成为伤风器官,也就是经常分泌有病物质的器官;分泌粪便和尿的两个主要器官是病理学形态的器官。有死性——是人和动物的机体缺陷,形态学的缺陷,而不仅仅是机能的缺陷。

真正的、真实的要求是使一切思想所能达到的东西,也能够被感觉所达到;应当使所有的震动都能够被我们感觉到。

只有在这样的条件下才可能有不死,而且只有通过复活父辈,才能有子辈的不死,因为复活是用有意识的活动代替无意识的诞生过程。索洛维约夫完全没有想一想,在怎样的条件下死亡才是不可能的。只有在全部宇宙的盲目自然力量通过复活的、而不是诞生的人类而成为被理性所支配的力量的时候,死亡才是不可能的。

当然,索洛维约夫如果得知,那些现在把祖先的遗骸变成后代的衣食的农夫将变成超人,在这个意义上所有人都将变成农夫,那么他会感到非常惊奇。然而索洛维约夫显然设想,为了复活需要建立和设立一个人们的特殊等级,特殊团队——复活骑士团。他完全不理解,复活是一项普遍事业,但同时对于每一个人来说又是亲爱的事业。普遍复活是整个自然、全部宇宙世界的完善、完满,是思想的、审美的、道德的完善。

附录二

费奥多罗夫年表

1829 年 6 月 12 日

出生于俄罗斯南部坦波夫省萨索沃庄园,贵族之家。私生子,不享有公爵特权。

1836 年 7 月—1842 年 7 月

在沙茨克县立小学读书。

1842 年—1849 年

在坦波夫中学读书。

1849 年 8 月

进入敖德萨市里舍利厄高等法政学校财经部。

1851 年

因家境贫困而中途退学。

1851 年秋

因失亲失学,触发许多思考,产生了关于"亲"、"死"和"复活"思想之萌芽。

1851 年—1854 年初

生活经历不详。

1854 年 2 月 23 日—1858 年 2 月

担任坦波夫省利彼茨克县立中学历史和地理教师。

1858 年—1864 年

担任莫斯科省波果罗茨克县立中学历史和地理教师。

1864 年 3 月

结识他的终生朋友和学生、他的传记作者和著作编辑出版者之一尼·巴·彼得松。

1864 年夏—1867 年春

先后在几所中学教历史和地理。

1867 年 4 月末

与彼得松一起来到莫斯科,生活不稳定。

1869 年 5 月

任莫斯科切尔特科夫图书馆助理馆员。

1874 年 11 月

因切尔特科夫图书馆并入鲁缅采夫博物馆而成为该馆阅览室值班员,成为图书管理员,直至退休。

1898 年 9 月 15 日

从鲁缅采夫博物馆退休。

1903 年 12 月 15 日

在莫斯科病逝。

1906 年

费奥多罗夫著作《共同事业的哲学》第一卷由科热夫尼科夫和彼得松整理在维尔内出版。

1913 年

《共同事业的哲学》第二卷在莫斯科出版。

参考文献

一、费奥多罗夫原著

［1］Федоров Н. Ф. , Философия общего дела. I. Верный, 1906.

［2］Федоров Н. Ф. , Философия общего дела. II. М. , 1913.

［3］Федоров Н. Ф. , Сочинения. М. ,1982.

［4］Из материалов к третьему тому？Философия общего дела？ // Вопросы философии. 1993. № 1.

二、关于费奥多罗夫的研究著作

［1］Сененова С. Г. , Николай Федоров：Творчество жизни. М. , 1990.

［2］Бердяев Н. А. , Религия воскрешения Философия общего дела Н. Ф. Федорова // Бердяев о русской философии. Ч. 2. Свердловск,1991.

［3］Пазилова В. П. , Критический анализ религиозно-философского учения Н. Ф. Федорова. М. ,1985.

［4］Коган Л. А. , Философия Н. Ф. Федорова // Вопросы

262

философии. 1990. №11.

[5] 弗洛罗夫斯基:《俄罗斯宗教哲学之路》(原书名为《俄罗斯神学之路》),吴安迪等译,上海世纪出版集团 2006 年版。

三、相关主题著作

[1] Толстой Л. Н. , Полн. собр. соч. Т. 23. М. , 1957.

[2] Толстой Л. Н. , Путь жизни. М. , 1993.

[3] Соловьев Вл. С. , Общий смысл искусства, Сочинения. Т.
2. М. ,1988,

[4] Соловьев Вл. С. , Сочинения. Т. 1. М. , 1989.

[5] Данилевский Н. Я. , Россия и Европа. М. , 2003.

[6] Плеханов Г. В. , Избранные философские произведения в 5
т. . Т. 1. М. ,1956.

[7] Гусейнов А. А. , Великие моралисты. М. , 1995.

[8] 别尔嘉耶夫:《历史的意义》,张雅平译,学林出版社 2002
年版。

人名索引

阿波利奈尔 Apollinaire，G.

阿尔马佐夫 Армазов Б. Н.

阿克萨科夫 Аксаков К. С.

阿廖沙 Алеша Карамазов

阿列克谢耶夫 Алексеев В. И.

阿斯帕西亚 Aspasia

奥多耶夫斯基 Одоевский В. Ф.

奥尔洛夫 Орлов

奥古斯丁 Augustinus，A.

巴格罗娃 Багрова Л. С.

巴尔捷涅夫 Бартенев Юрий

保罗 Павел

贝特洛 Berthel ot，P. M.

彼得松 Петерсон Н. П.

别尔嘉耶夫 Бердяев Н. А.

别里亚夫斯基 Белявский Ф. К.

柏格森 Bergcon Henli

柏拉图 Platon

勃留索夫 Брюсов В. Я.

布尔加科夫 Булкаков С. Н.

布尔索夫 Бурсов Б. И.

布哈列夫 Бухарев А. М.

车尔尼雪夫斯基 Чернышевский Н. Г.

达尔文 Darwin, Charles Robert

但丁 Dante Alighier

丹尼列夫斯基 Данилевский Н. Я.

笛卡儿 Descartes R.

费奥多罗夫 Фёдоров Н. Ф.

费尔巴哈 Feuerbach, L. A.

费希特 Fichte, J.

弗拉基米尔 Владимир, Святой

弗洛连斯基 Флоренский П. А.

弗洛罗夫斯基 Флоровский Г. В.

弗雷泽 Frazer, James

傅立叶 Fourier Ch.

弗洛伊德 Freud, S.

浮士德 Faust

高尔基 Горький М.

歌德 Goethe

果戈理 Гоголь Н. В.

海德格尔 Heidegger M.

海伦 Helena

赫尔岑 Герцен А. И.

黑格尔 Hegel, G. W. F.

胡塞尔 Edmund Husserl

霍布斯 Hobbes, Thomas

霍米亚科夫 Хомяков А. С.

基列耶夫斯基 Киреевский И. В.

加加林 Гагарин П. И.

加加林 Гагарин И. А.

津科夫斯基 Зеньковский В. В.

居维埃 Geogers Cuvier

卡拉津 Каразин

卡拉科佐夫 Каракозов Д.

卡列耶夫 Кареев Н. И.

卡维林 Кавелин К. Д.

康德 Kant, I.

康斯坦丁·伊万诺维奇 Константин Иванович

克留切夫斯基 Ключевский В. О.

科热夫尼科夫 Кожевников В. А.

孔多塞 Condorcet, M. J.

库普列维奇 Купревич В. Ф.

拉多涅日斯基 Радонежский, Сергий

涅斯梅洛夫 Несмелов В. И.

欧罗巴 Europa

帕斯捷尔纳克 Пастернак Б. Л.

帕斯捷尔纳克 Пастернак Л. О.

帕丝洛娃 Пазилова В. П.

皮萨列夫 Писарев Д. И.

普里斯特利 Priestley, Joseph

普列汉诺夫 Плеханов Г. В.

齐热夫斯基 Чижевский А. Л.

齐奥尔科夫斯基 Циолковский К. Э.

恰达耶夫 Чаадаев П. Я.

切尔特科夫 Чертков А. Д.

丘特切夫 Тютчев Ф. И.

荣格 Jung, C. G.

萨马林 Самарин Ю. Ф.

舍斯托夫 Шестов Л. И.

圣西门 Saint-Simon, C. H. de

施本格勒 Spengler, O.

施蒂纳 Stirner, M.

施佩特 Шпет Г. Г.

叔本华 Schopenhauer, A.

斯宾诺莎 Spinoza B.

斯宾塞 Spenser, Herbert

亚里士多德 Aristoteles

雅斯贝尔斯 Jaspers, K.

叶莉扎维塔·伊万诺夫娜 Елизавета Ивановна

伊壁鸠鲁 Epicurus

以撒 Isaac

以瓦金 Ивакин И. М.

英诺肯提 Иннокентий, Вениаминов